Wie Sie

Berge versetzen

**Praktische Anleitungen zur
Kommunikation nach der
WINTERHELLER methode©**

Claudia Jiménez Arboleda

Verlag Dr. Manfred Winterheller

Autorin

Claudia Jiménez Arboleda leitet seit 1993 erfolgreich Kommunikations-trainings, Seminare und Workshops und trainiert Führungskräfte und Teams international tätiger Unternehmen aller Branchen. 18 Jahre lang enge Zusammenarbeit mit Dr. Manfred Winterheller, Senior Trainerin und Partnerin bei WINTERHELLER management, Vortragende in Fachhoch-schulen und Postgraduate Universitäten. Trainerausbildnerin.
Viele tausend Seminarmanntage Erfahrung in der praktischen Anwendung der Kommunikation nach der WINTERHELLER methode©.
Sie ist Mutter von 2 Kindern und lebt mit ihrer Familie in Graz.

Verlag Dr. Manfred Winterheller
Radetzkystraße 6/5, A-8010 Graz
www.start-living.com, mailto:office@start-living.com

3., neu überarbeitete Auflage, Graz 2010
Gestaltung: Christa Baresch
Grafiken im Innenteil: Alonso Jiménez Arboleda
Druck: Druckerei Theiss GmbH, St. Stefan im Lavanttal

ISBN 3-902148-03-9

INHALT

VORWORT ZUR 3., ÜBERARBEITETEN AUFLAGE

Herzlich willkommen im Buch „Wie Sie Berge versetzen". Dies ist das Praxisbuch zur Kommunikation nach der WINTERHELLER methode©. Es wird Ihnen anhand zahlreicher Beispiele und Erklärungen von Kommunikationstechniken zeigen, wie Sie die Macht Ihrer Worte und Gedanken im positivsten Sinne „sinnvoll" einsetzen können.

Für mich zählt Kommunikation zu den absolut faszinierenden Dingen im Leben. Wir kommunizieren immer - und je besser wir die Zusammenhänge zwischen unserem Verhalten und den Reaktionen unserer Umwelt darauf verstehen, desto gezielter können wir agieren. Desto höher wird die Wahrscheinlichkeit, dass wir in zunehmendem Maß das erreichen, was wir erreichen wollen.

Mein Ziel, das ich mit diesem Buch und mit meiner Arbeit verfolge ist es, Menschen dabei zu unterstützen, sich in ihrer Kommunikation zu verbessern. Je besser wir kommunizieren, desto mehr Erfolg erzielen wir - auf allen Ebenen. In dem Ausmaß, in dem wir anderen verständlich machen können, was wir wollen, in dem wir andere besser verstehen, in dem wir weniger Missverständnisse und Konflikte haben, in dem wir besser durchsetzen was wir erreichen wollen, wird unser Leben entspannter, leichter und erfolgreicher.

Es ist gar nicht schwierig, gut und klar zu kommunizieren. Die allermeisten Menschen haben es nur nicht systematisch gelernt. Kommunikation ist Verhalten. Verhalten ist beobachtbar und die Auswirkungen unseres Verhaltens sind es ebenso.

Wenn Sie verstehen wollen, wie das, was Sie tun, wirkt, dann brauchen Sie es eigentlich nur zu beobachten und dann daraus Ihre Schlüsse zu ziehen. Welches Verhalten verursacht welche Wirkung? Womit kommen Sie gut an, womit stoßen Sie auf Widerstand? Mit welchem Verhalten verbessern Sie Ihre Beziehungen, mit welchem verschlechtern Sie diese? Wodurch wirken Sie professionell und sicher, was lässt Sie unsicher erscheinen? Wie setzen Sie Ihre Wünsche und Vorstellungen erfolgreich durch und woran scheitern Sie?

Ursache-Wirkungs-Zusammenhänge sind beobachtbar. Bei uns selbst genauso wie bei allen Menschen um uns herum. Da aber die wenigsten von uns gelernt haben, dies bewusst zu tun und Schlüsse für ihr eigenes Leben und ihr eigenes Verhalten daraus zu ziehen, ist die gezielte Beschäftigung mit diesem Thema meist eine große Hilfe.

Das ist es auch, was ich in meiner Arbeit mit Menschen bezwecke und was ich über dieses Buch vermitteln möchte:

1. ein erhöhtes Verständnis und Sensibilität für die Faktoren von erfolgreichem Verhalten zu erzielen und

2. konkrete Verhaltensempfehlungen, bzw. Kommunikationstechniken zu vermitteln, die Ihnen dabei helfen werden, in jenen Bereichen erfolgreicheres Verhalten zu erlernen, in denen Sie persönlich damit noch nicht zufrieden sind.

Wenn Sie lernen wollen, Ihr Kommunikationsverhalten zu verbessern, gibt es zwei Zugänge: Zum einen sind das Kommunikationstechniken, zum anderen ist es Ihre innere Einstellung. Für Menschen, die gerade erst beginnen, sich mit Kommunikation zu beschäftigen, stehen oft die Techniken im Vordergrund. Es geht um Fragen, wie: Wie stehe ich?, Wie halte ich die Arme?, Wie formuliere ich meine Aussagen?, Wie lerne ich es, *"ähh"* und *"ömm"* wegzulassen?, etc. Später bemerken diese Menschen dann immer deutlicher, dass vieles davon gar nicht so wichtig ist.

Wir brauchen keine Schauspieler zu werden, die perfekt auftreten und rezitieren. Gute Kommunikation drückt das aus, was wir denken. Sie vermittelt unsere Wünsche und Absichten. Die erlernten Techniken unterstützen uns dann perfekt, wenn sie uns diesen Transfer von Innen nach Außen erleichtern.

Wenn die Ergebnisse unserer Kommunikation nicht dem entsprechen, was wir uns wünschen, kann das an der mangelnden Form liegen - es kann aber auch am Inhalt mangeln. Mit anderen Worten: Erfolgreiche Kommunikation ist nicht nur eine Frage der Technik - sie ist ganz wesentlich auch eine Frage der Einstellung. Und genau das empfinde ich so ungemein spannend an Kommunikation: Sie ist viel mehr als nur Technik. Sie ist mehr als das, was wir bewusst tun und zu bestimmten Zwecken einsetzen.

Wir kommunizieren immer - ob es uns bewusst ist, oder nicht. Und wir geben damit erstaunlich viel von uns preis. Wir senden und empfangen und sind dadurch in ständigem Austausch mit unserer Umwelt. Diese ständige Kommunikation beeinflusst unser Leben. Sie ist ein wesentlicher und grundlegender Faktor für unseren Lebenserfolg - beruflich und privat in gleicher Weise. Denn wer erfolgreiche Verhaltensweisen hat, der ist erfolgreich - von morgens bis abends und unabhängig vom Ort, an dem er oder sie sich gerade befindet.

Die meisten Menschen unterteilen ihr Leben gedanklich in ein Berufsleben und ein Privatleben und unterscheiden somit zwischen beruflichem und privatem Erfolg. Die einen tun sich beruflich leichter und haben privat mehr zu kämpfen, bei den anderen ist es umgekehrt. So geht es uns allen. Jeder hat seine individuellen Stärken und Schwierigkeiten in anderen Bereichen.

Dennoch gilt: Wenn Sie erfolgreiche Verhaltensweisen, wie hier in diesem Buch beschrieben, lernen, wird sich Ihr Erfolg schrittweise in allen Bereichen verbessern. Auch wenn Sie sich nicht in allen Bereichen gleich leicht tun. Das ist normal. Aber in dem Ausmaß, in dem Sie erfolgreiche Einstellungen und Verhaltensweisen verinnerlichen, wirken diese sich positiv auf Ihr gesamtes Leben aus. Sie sind immer Sie - egal ob Sie im Büro sitzen oder zu Hause. Je erfolgreicher Ihre Gewohnheiten sind, desto leichter werden Sie sich auf allen Ebenen tun.

Es geht hierbei keinesfalls um Perfektion, oder darum, dass man keine Fehler mehr machen dürfe. Das wäre unrealistisch, würde unglaublichen Druck machen und ergäbe daher gar keinen Sinn. Mit diesem Buch möchte ich Sie darin unterstützen, besser zu verstehen, was sich in Ihren Gesprächen abspielt und warum manche so erfolgreich verlaufen und andere total schief gehen. Sie finden hier eine Menge von ganz konkreten Anregungen, welche Verhaltensweisen in den überwiegenden Fällen gut ankommen und gut funktionieren. Wenn Sie in Ihrem Leben und vor allem in Ihrer Kommunikation ein Stück weiter kommen wollen, ganz unabhängig davon, wo Sie im Moment gerade stehen, kann Ihnen dieses Buch eine große Hilfe dazu sein.

Der folgende Gedanke ist dabei von besonderer Bedeutung: Es ist nicht wichtig, wo Sie jetzt gerade stehen! Es geht darum, wo Sie sein wollen, dass Sie sich mit großer Begeisterung an diesem Ziel zu orientieren beginnen. Sie können momentan in Ihren Beziehungen unzufrieden sein, im Job nicht die gewünschten Erfolge erzielen oder überhaupt gerade keinen Job haben, zuviele Streitereien haben oder sonstwie unglücklich sein - das ist belanglos, wenn Sie klare Ziele haben, in denen Sie einen besseren Zustand anstreben. Alle hier beschriebenen Kommunikationsregeln können Ihnen den Weg dorthin ganz wesentlich erleichtern.

Dieses Buch beschäftigt sich mit einem System von Kommunikation, das Dr. Manfred Winterheller entwickelt hat und das wir in unseren Seminaren, Trainings und Coachings seit vielen Jahren mit unzähligen Menschen umsetzen und aufgrund der Erfahrungen damit ständig weiterentwickeln.

Eines der Ergebnisse davon ist, dass das Unternehmen von Dr. Manfred Winterheller, WINTERHELLER software GmbH im März 2003 von der European Commission of Employment & Social Affairs zu einem der zehn besten Arbeitgeber Europas gewählt wurde.

Für Sie als Leser kann dies ein Ansporn sein, die beschriebenen Dinge ebenfalls umzusetzen. Diese Kommunikationstechniken sind erfolgreich - und sie sind lernbar. Sie funktionieren durch ganz schlichtes Tun.

Mein Ziel beim Schreiben dieses Praxisbuches war es, Ihnen die Techniken so verständlich und transparent zu vermitteln, dass Sie - was immer Sie davon ausprobieren und erlernen möchten - dies auch ohne Besuch von Seminaren, ohne Rückfragen und ohne sonstige Hindernisse unmittelbar tun können.

Ich habe in diesem Buch meine Erfahrungen aus der Arbeit mit meinen Seminarteilnehmern, aus ungezählten Videoanalysen, Beispielen und Erklärungen in der mir bestmöglichen Form zu Papier gebracht. In der Zeit von der ersten Auflage dieses Buches im September 2003 bis heute, Anfang 2010, habe ich meine Arbeit und meine Art zu erklären schrittweise weiterentwickelt. Ein paar Details in den Techniken sind dazugekommen und meine Erklärungen sind teilweise einfacher und noch klarer strukturiert geworden. Das Ziel meiner Arbeit ist bestmögliche praktische Anwendbarkeit dessen was ich lehre. Aus diesem Grund habe ich im Laufe der letzten Monate auch dieses Buch neu überarbeitet und an verschiedenen Stellen etwas adaptiert oder ergänzt. Es sollte nun für Sie als Leser noch übersichtlicher, verständlicher und leichter lesbar und anwendbar sein.

Ich freue mich, durch dieses Buch viel mehr Menschen zu erreichen, als ich es in meinen Seminaren jemals kann. Wenn Sie auch nur eine einzige der Anregungen in Ihr Leben aufnehmen und sich dadurch besser fühlen, habe ich erreicht, was mein Anliegen war: einen Beitrag zu leisten, der es anderen Menschen ermöglicht, sich durch die praktische Anwendung unseres Wissens wohler, glücklicher und erfolgreicher zu fühlen - und dies auch tatsächlich zu sein.

Selbst wenn Sie zu Beginn noch wenig davon verstehen sollten ist es möglich, das eigene Kommunikationsverhalten schrittweise immer besser und bewusster einzusetzen. Sie werden damit zu einem besseren Verhältnis zu Ihrem Partner oder Partnerin, zu Ihrer Familie, zu Ihren Freunden, Arbeitskollegen, Vorgesetzten und Mitarbeitern finden. Und Sie werden Ihren Zielen näher kommen.

Alle vorgestellten Kommunikationstechniken sind einfach erlernbar. Sie können sie lernen, wenn Sie ganz einfach und konsequent die Dinge so umsetzen, wie wir sie hier empfehlen. Sie finden in diesem Buch klare und sehr genaue Anweisungen dazu. Man muss in keiner Weise "besonders" sein, um seine kommunikativen Fähigkeiten zu verbessern. Nichts davon ist elitär oder gar mystisch. Die Dinge sind einfach. Man muss sie nur tun. Nicht mehr und nicht weniger.

Tun, Tun, Tun, Üben, Üben, Üben und konsequent dranbleiben. Vertrauen Sie darauf, dass Sie etwas sehr Erfolgreiches lernen und stellen Sie nicht bei jeder Anstrengung, oder bei eventuellen zwischenzeitlichen Schwierigkeiten das ganze System in Frage.

Ich mache diesbezüglich im Rahmen meiner Arbeit regelmäßig eine erstaunliche Erfahrung: Viele Menschen probieren ein neues Verhalten, eine neue Technik ein-, zweimal aus. Wenn die damit erzielten Ergebnisse nicht gleich perfekt sind, glauben diese Menschen, dass die Technik "nicht funktioniere". Das ist genauso unsinnig, wie wenn Sie erwarten würden, z.B. im Sport eine neue Technik nach zwei Versuchen zu beherrschen. Wenn Sie beim Schifahren einen neuen Schwung lernen, üben Sie tagelang, vielleicht sogar wochenlang. Anfangs fühlt es sich unsicher und holprig an. Sie werden wackelig unterwegs sein und wahrscheinlich auch stürzen. Aber je mehr Sie sich an die neue Bewegung gewöhnen, desto leichter wird sie. Eines Tages beherrschen Sie den Schwung. Geschmeidig, elegant und mühelos. Dann fühlt er sich richtig gut an, dann müssen Sie sich nicht mehr anstrengen.

Exakt genauso ist es mit Kommunikationstechniken. Solange sie noch neu sind, fühlen sie sich ungewohnt, fremd, unsicher und holprig an. Manchmal weniger, manchmal mehr. Hin und wieder können Sie sogar "stürzen", im Sinne von: genau das Gegenteil dessen erreichen, was Sie eigentlich erreichen wollten. Aber eines Tages funktioniert es. Sie beherrschen die neue Technik. Geschmeidig, elegant und mühelos. Sie haben dann ein neues Verhalten gelernt, das sich vertraut anfühlt. Erst jetzt haben Sie die Möglichkeit, sich in einer bestimmten Situation überhaupt zu entscheiden, wie Sie handeln wollen. Verhalten A: wie bisher, oder Verhalten B: neu. Solange Sie nur eine automatisch auftretende Verhaltens- bzw. Reaktionsweise für diese Situation gekannt haben, hatten Sie gar nicht die Wahl. Die Wahl zu haben, erweitert unseren Handlungsspielraum. Wir sind dann nicht mehr gefangen in unserem Verhalten, sondern frei, uns zu entscheiden.

Der Lohn wird daher weitaus höher sein, als beim Schifahren. Ihr Leben wird leichter und freier. Sie werden entspannter, sicherer und erfolgreicher sein.

Das wünsche ich Ihnen jedenfalls von Herzen. Genießen Sie das Buch und genießen Sie Ihre Erfolge beim Umsetzen.

Ihre
Claudia Jiménez Arboleda

HINWEISE ZUR HANDHABUNG DIESES BUCHES

Dieses Buch enthält eine große Zahl an praktischen Anleitungen zur Kommunikation nach der WINTERHELLER-methode© . Es ist ein Praxisbuch mit dem Ziel, Ihnen als Leser klare, konkrete und leicht umsetzbare Anregungen, Anleitungen und Übungsvorschläge zu geben. Das Praxisbuch bezieht sich immer wieder auf das Buch "Wenn die Berge sich hinwegheben" von Prof. Dr. Manfred Winterheller. Das Buch von Manfred Winterheller ist das Basiswerk, in dem die Kommunikation nach der WINTERHELLER methode© umfassend beschrieben ist. Es ist jedoch nicht Voraussetzung für das Verständnis dieses Praxisbuches.

Das Buch "Wenn die Berge sich hinwegheben" von Manfred Winterheller erklärt die Zusammenhänge und Grundlagen der Kommunikation nach der WINTERHELLER methode©. Es erklärt Ihnen das "Was" und das "Warum". Es erklärt Ihnen, warum unsere Worte so stark wirken und wie wir dies positiv beeinflussen können. Es informiert Sie umfassend und enthält auch jede Menge Dialogbeispiele, jedoch keine Techniken und Umsetzungsanleitungen.

Dieses Praxisbuch hingegen erklärt Ihnen das "Wie". Der Titel "Wie Sie Berge versetzen" steht für die Anleitungen und Erklärungen, wie Sie Ihre Kommunikation verbessern können, wie Sie es schaffen, die gewünschten Wirkungen zu erzielen und die Macht Ihrer Gedanken und Worte sinnvoll einzusetzen. Dieses Buch hat seinen Schwerpunkt in der detaillierten Erläuterung der Kommunikationstechniken und in Übungsempfehlungen. Es fasst den theoretischen Hintergrund zu jedem Thema kurz zusammen.

Aus Einfachheitsgründen bezeichne ich das Buch von Manfred Winterheller in Folge hier als "Buch", diese praktischen Anleitungen hingegen als "Praxisbuch".

Das Praxisbuch ist inhaltlich ähnlich aufgebaut, wie das Buch von Manfred Winterheller. Ich habe mich in der Kapitelreihenfolge und -bezeichnung eng an sein Werk angelehnt, um Ihnen das Auffinden der gesuchten Stellen zu erleichtern.

Wenn Sie vorhaben, beide Bücher zu lesen, gibt es verschiedene Möglichkeiten, dies zu tun:

1. Sie können zuerst das Buch von Manfred Winterheller und dann dieses Praxisbuch lesen. Diese Variante bietet den Vorteil, dass Sie bereits einen fundierten Wissenshintergrund haben, wenn Sie mit den Praxisübungen beginnen.
2. Sie können mit beiden Büchern parallel arbeiten und während der Lektüre des Buches immer wieder die empfohlenen Übungen im entsprechenden Kapitel des Praxisbuches nachlesen. Dies bietet den Vorteil, dass Sie Dinge, die Sie sofort testen wollen, sofort testen können.
3. Wenn Sie es nicht erwarten können, mit dem Experimentieren zu beginnen, können Sie auch zuerst das Praxisbuch lesen, sofort mit den Übungen beginnen und sich dann in der Umsetzungsphase weiterführende Tipps und Vertiefungen aus dem Buch holen.

Welche Variante auch immer Sie wählen, wir haben die Bücher in der Absicht verfasst, Ihnen als Leser offenzulassen, in welcher Weise und Reihenfolge Sie damit umgehen möchten. Sie werden auf jeden Fall davon profitieren, unabhängig davon, ob Sie eines oder beide Bücher lesen.

Das Praxisbuch gliedert sich in drei Hauptbereiche:

1. Übersicht über die Methode. In diesem Abschnitt erhalten Sie einen Überblick über unser Verständnis von Kommunikation sowie über die wichtigsten Grundsätze und Zusammenhänge der Methode, kurz zusammengefasst und teilweise mit einfachen Beispielen versehen.

2. Kommunikationstechniken. Dies ist der Hauptteil des Buches und beschreibt ausführlich alle von uns empfohlenen Techniken des Forderns und des Förderns, versehen mit zahlreichen ausführlichen Beispielen und Übungsanleitungen.

3. So werden Sie zum Freund. Dieser Abschnitt enthält zusätzliche Tipps zur Anwendung der Kommunikationstechniken. Er beleuchtet kommunikative Verhaltensweisen aus unterschiedlichen Gesichtspunkten. Er gibt Anregungen, wie Sie sich - ausgehend von Ihrem momentanen Standpunkt - der Idealfigur unserer Kommunikationstypologie und der Fordern-Fördern-Matrix, dem "Freund", nähern können.

Der Text des Buches ist zur besseren Übersichtlichkeit und rascheren Auffindbarkeit gesuchter Stellen mit unterschiedlichen Schriftarten und Symbolen versehen.

Die Symbole haben folgende Bedeutung:

 Hervorgehobene Textstellen und Beispiele ohne Dialoge.

 Der Sender hat es gut gemacht. Empfehlenswerte Formulierungen entweder alleinstehend oder im Rahmen von Dialogbeispielen.

 Der Sender hat es nicht gut gemacht. Formulierungen, die Sie vermeiden sollten.

 Nachahmenswerte Verhaltensweisen des Empfängers.

 Verhaltensweisen des Empfängers, die Sie vermeiden sollten.

 Empfehlenswerte Formulierungen in Dialogbeispielen oder gut gelöste Situationen in Beispielen ohne Dialog.

 Formulierungen und Verhaltensweisen, die Sie vermeiden sollten.

Am Ende des Buches finden Sie ein Verzeichnis aller Übungen und Grafiken mit Seitenverweisen, um Ihnen ein rasches Auffinden einer gewünschten Buchstelle zu ermöglichen.

I. ÜBERSICHT ÜBER DIE GRUNDSÄTZE DER KOMMUNIKATION NACH DER WINTERHELLER METHODE©

1. Was ist Kommunikation?

Kommunikation ist viel mehr, als der Austausch von Information, als der gezielte Einsatz von bestimmten Worten und Gesten.

Kommunikation entsteht immer durch die Beziehung, die ein Sender und ein Empfänger zueinander haben. Es können dies auch mehrere Sender und mehrere Empfänger sein - der Einfachheit und Erklärbarkeit halber sprechen wir bei allen Erläuterungen jedoch immer von je einem Sender und einem Empfänger.

Kommunikation hat das Ziel, Informationen vom Sender zum Empfänger zu übermitteln. Die Qualität der Informationsübermittlung, das heißt, inwieweit der Empfänger das versteht, was der Sender vermitteln wollte, wird ganz wesentlich von zwei Faktoren beeinflusst:

1. Von der Qualität der Beziehung, die Sender und Empfänger zueinander haben, und
2. von den Gefühlen der beiden in der aktuellen Gesprächssituation.

In untenstehenden Kommunikationsmodell ist die Informationsübermittlung als Pfeil von Sender zu Empfänger dargestellt, die Gefühle von Sender und Empfänger als Kreise um die jeweilige Person und die Beziehung zwischen den beiden als Wellenlinie unterhalb der Informationsübermittlung.

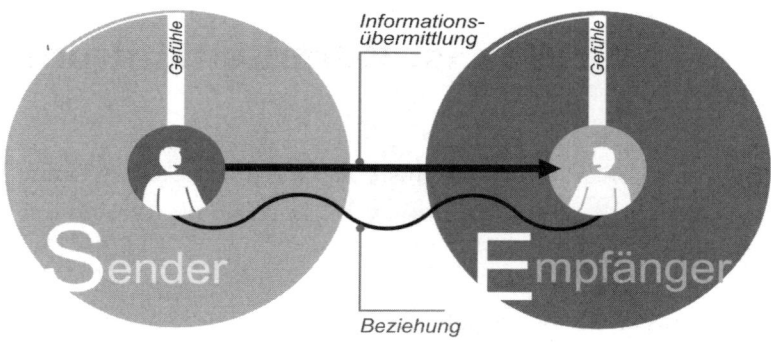

Grafik 1: Kommunikationsmodell mit Sender und Empfänger mit deren Beziehung und Gefühlen.

In diesem Buch finden Sie eine Reihe von Grundsätzen über das Funktionieren von Kommunikation. Und Sie finden eine Reihe von Kommunikationstechniken, deren Anwendung Ihre Kommunikation deutlich verbessern wird.

1.1. Wir kommunizieren immer

Zunächst ein ganz zentraler Grundsatz: Wir kommunizieren immer! Ob wir es wollen oder nicht, ob wir es bewusst oder unbewusst tun - wir sind in ständigem Austausch mit unserer Umwelt. Dieser Austausch kann wenig erfolgreich verlaufen, wenn es uns nicht gelingt, zu vermitteln was wir vermitteln wollen, wenn wir unabsichtlich unerwünschte Wirkungen erzielen, oder wenn die Empfänger unsere Botschaften fehlinterpretieren. Und er kann erfolgreich verlaufen, wenn es uns gelingt, das zu vermitteln, was uns wichtig ist und Missverständnisse zu vermeiden. Dementsprechend verläuft auch unser ganzes Leben mehr oder weniger erfolglos oder erfolgreich.

Die Wichtigkeit unserer Kommunikation für unseren Lebenserfolg ist vielen Menschen viel zu wenig bewusst. Viele erachten Kommunikation sogar als unnotwendige Zutat, als manipulativen Schnickschnack - ihrer ganz und gar unwürdig. Viele Menschen glauben, Fleiß, gute Leistungen, hoher Arbeitseinsatz und reine Sachorientierung wären ausreichend für ein erfolgreiches Leben. Sie irren sich. Sie fühlen sich ungerecht behandelt und sind verbittert, wenn sie nicht die gewünschten Erfolge erzielen. Sie werden nicht befördert, sie kommen mit ihren Chefs nicht aus und werden von ihren Partnern verlassen. Meine Erfahrung ist, dass solche Menschen oft kommunikativ von einem Fettnäpfchen ins nächste tappen und nicht einmal ahnen, was sie damit für ihr Leben anrichten.

Das möchten wir mit diesen Büchern verändern. Denn - weiß man einmal wie - ist es einfach, erfolgreicher zu kommunizieren und erfolgreicher zu leben. Das heißt nicht, dass deswegen gleich das ganze Leben perfekt und mühelos verläuft. Wir können trotzdem Schwierigkeiten mit unserem Partner haben, und auch im Beruf muss nicht immer alles nach Plan verlaufen. Aber die Wahrscheinlichkeit, dass alles besser läuft, steigt. Und im Falle von Schwierigkeiten erkennen wir schneller, was wir ändern können, um die Dinge wieder ins Lot zu bringen.

Wir kommunizieren also immer. Was heißt das? Unterscheiden wir zum besseren Verständnis zwischen Sender und Empfänger. Der Sender teilt etwas mit, der Empfänger nimmt etwas wahr. Was bedeutet dies für die beiden?

Konsequenzen für den Empfänger: Wir empfangen immer

Wenn wir Empfänger sind, heißt das: Wir hören Worte und geben diesen eine Bedeutung. Wir sehen Bilder und geben diesen eine Bedeutung. Wir nehmen darüber hinaus mit all unseren Sinnen wahr und deuten immer - egal, ob wir es wollen, oder nicht. Egal, ob es uns bewusst ist, oder nicht.

Wenn wir z.B. jemanden zum ersten Mal sehen, haben wir sofort einen "Eindruck", ein Bild von diesem Menschen. Auch wenn noch gar nichts gesprochen wurde, hat Kommunikation bereits stattgefunden. Unbewusst deuten wir alles, was wir wahrnehmen: Aussehen, Auftreten, Kleidung, Frisur, Haltung, Bewegung, Geruch, Stimme - und was der/diejenige sagt. Die Person kann uns nun unsympathisch, sympathisch, müde, energievoll, schlecht gelaunt, gut gelaunt, elegant, sportlich, ungepflegt, gepflegt, arm, wohlhabend etc. erscheinen. Einem anderen Menschen erscheint dieselbe Person vielleicht ähnlich - möglicherweise aber ganz anders. Tatsache ist, dass wir immer, auch ohne etwas zu sagen, senden und empfangen. Wir kommunizieren immer, egal ob wir dies nun aktiv tun wollen, oder nicht.

Wichtig für unsere Kommunikation als Empfänger und damit wichtig für unseren Lebenserfolg ist dabei folgendes: Abgesehen von unserer rein kommunikations-"technischen" Fähigkeit des Zuhörens hat es einen wesentlichen Einfluss auf unsere Lebensqualität, wie wir die Dinge deuten, die wir wahrnehmen. Und noch wesentlicher ist die Tatsache, dass wir diesen Einfluss bewusst steuern können.

Wenn wir eine negative Grundhaltung zum Leben haben, werden wir dazu neigen, alles negativ, aggressiv, triste etc. wahrzunehmen. Oder uns auf die unerfreulichsten Aspekte jeder Sache zu konzentrieren. Haben wir hingegen eine positive Grundhaltung, werden wir dazu tendieren, dieselben Dinge positiver und optimistischer zu interpretieren und unseren Fokus auf das Erfreuliche zu richten.

Negative Interpretationen sind eine absolut unnotwendige Belastung für unser Leben, denn dadurch erscheint uns unser ganzes Leben schwierig und insgesamt sehr anstrengend. Wer negativ interpretiert, versteht selbst den bestgemeinten Rat als Angriff, als Vorwurf, als Falle oder ähnliches. Solchen Menschen ist meist schwer zu helfen. Wenn überhaupt, dann lernen sie durch Schmerz und die hoffentlich daraus entstehende Einsicht, dass es eine bessere Lebensweise geben muss.

Wir müssen aber nicht gezwungenermaßen durch Schmerz lernen. Wir können auch durch Klugheit lernen. Wenn Sie jetzt erkennen, dass Ihre negative Grundhaltung zu Unglück, Einsamkeit, Frustration und schließlich zu Depression führt, dann können Sie das jetzt ändern.

Das Erfreuliche an der Sache ist nämlich: Wir können lernen, unsere Wahrnehmung auf das Positive zu richten und damit eine positivere Wahrnehmung und ein schöneres Leben zu erleben. Dieselben äußeren Umstände in einer positiveren Sichtweise betrachtet, ergeben ein glücklicheres Leben. Wir müssen gar nicht unbedingt etwas ändern. Es kann reichen, die Dinge anders zu betrachten. Klingt toll, nicht? Kommunikationstechnische Übungen dazu finden Sie z.B. im Kapitel über die positiven Beiträge (ab Seite 86).

Konsequenzen für den Sender: Wir senden immer

Wie sieht die Sache nun aus, wenn wir gerade Sender sind? Die Tatsache, dass wir immer kommunizieren, bedeutet nicht nur, dass wir immer wahrnehmen. Sie bedeutet auch, dass wir immer senden. Wir bewirken immer etwas, ob wir es wollen, oder nicht. Ob es uns bewusst ist, oder nicht.

So wie wir als Empfänger unsere gesamte Umgebung wahrnehmen, so sind wir als Sender ein aktiver Teil dieses Prozesses. Wir sehen vielleicht die Person gar nicht, die im Bus hinter uns steht - und doch teilen wir ihr etwas mit. Durch unsere Kleidung, unseren Haarschnitt, unsere Haltung etc.

Dieser Eindruck von uns kann richtig oder falsch sein. Wichtig ist an dieser Stelle die Tatsache, dass wir immer eine Wirkung erzielen, ob wir es wollen oder nicht - und das sogar im Umkreis von 360 Grad.

Wie bereits im Vorwort erwähnt, besteht gute Kommunikation darin, unsere Absichten und Ziele klar und eindeutig zu vermitteln. Es geht also einerseits darum, kommunikationstechnisch klar und verständlich zu senden. Wenn uns aber unser permanentes Senden nicht bewusst ist, kann es passieren, dass wir verschiedene Elemente unserer Erscheinung zu wenig beachten und unabsichtlich ein nicht gewolltes Bild von uns selbst vermitteln. Dieses Bild kann sich auf unseren Erfolg sehr ungünstig auswirken.

Manche Menschen weigern sich bewusst, in dieser Hinsicht Kompromisse einzugehen. Andere wären zu einem Kompromiss bereit, sind sich aber seiner Bedeutung gar nicht bewusst. Das kann - wie die folgenden Beispiele zeigen werden - sehr leicht zu schlechter Kommunikation in dem Sinne führen, dass ein Sender etwas anderes vermittelt, als er eigentlich mitteilen möchte.

Nehmen wir an, jemand geht zu einem Bewerbungsgespräch und möchte seine flexible, dynamische und jugendliche Haltung durch ein entsprechendes Outfit verdeutlichen. Es kann nun sein, dass sein/ihr Gegenüber dieses Outfit aber nicht im gewünschten Sinn interpretiert, sondern als schlampig, herausfordernd und provozierend. Das Bewerbungsgespräch wird dann wahrscheinlich nicht zum gewünschten Erfolg führen, obwohl es vielleicht genau die vom Bewerber gemeinten Eigenschaften sind, die gesucht wurden. Es kann sogar sein, dass die inoffizielle Kleiderordnung des Unternehmens genau dem Stil entspricht, in dem der Bewerber zum Gespräch kam, dass aber die Entscheider für einen derart wichtigen Termin wie ein Bewerbungsgespräch andere Anforderungen an das Outfit der Bewerber setzen.

Es macht daher durchaus Sinn, sich seiner Wirkung als Sender deutlich bewusst zu sein und vor allem bei wesentlichen Ereignissen dieses "Senden" in die Überlegungen einzubeziehen. Kurzfristig können wir unser Senden also durchaus bewusst in eine bestimmte, von uns absichtlich gewollte Richtung lenken. Mittel- und langfristig gesehen kann sich aber kein Mensch verstellen. Unser echtes Wesen scheint immer durch, beim einen rascher, beim anderen später. Sie sollten sich also überlegen, was Ihr langfristiges Ziel in der betreffenden Angelegenheit ist.

Wollen Sie genau in diese Firma, oder wollen Sie nur irgendeinen Job? Wozu sollten Sie eine "Verkleidung" anlegen, um in einem Unternehmen beschäftigt zu werden, das diese Art von Outfit fordert, falls Ihnen dieses Outfit (oder gar das Unternehmen) im Grunde Ihrer Seele zutiefst zuwider ist? Wenn Sie hingegen genau diesen Job in genau diesem Unternehmen unbedingt wollen, ist es sinnvoll, sich auch dementsprechend zu kleiden.

Dasselbe gilt natürlich nicht nur für berufliche, sondern genauso für private Beziehungen. Wie lange werden Sie sich in einer Beziehung - falls Sie eine dauerhafte Beziehung anstreben - als Vamp, als Märchenprinzessin, als Supertyp oder als Märchenprinz geben können? Vielleicht ist es klüger, weniger Fassade aufzulegen, damit später weniger abbröckeln kann...?!

Wie auch immer Sie sich im einen oder anderen Fall entscheiden - wesentlich ist, dass Sie sich dessen bewusst sind, dass Sie immer senden. Und dass Sie dadurch immer über sich "sprechen". Vorstandsdirektor A, der im dicken Prestige-Auto vorfährt, vermittelt damit seine ganz persönliche Botschaft: eine Darstellung seiner Person und seiner Werte. Vorstandsdirektor B, der bewusst ein ganz normales Mittelklasseauto fährt, teilt ebenfalls etwas mit: nämlich dass obige Werte für ihn nicht gelten und dass ihm statt dessen andere Dinge wichtig sind. Punks, Hippies, Yuppies, Aussteiger... und alle "ganz normalen Durchschnittsbürger" - jeder erzählt durch sein Auftreten immer etwas über sich selbst, über seine Einstellung, seine Werte. Für sensible Empfänger sind wir alle wie offene Bücher. Es ist zumindest gut, sich dessen bewusst zu sein.

1.2. Kommunikation ist viel mehr, als die bloße Übermittlung von Informationen

Kommunikation ist unendlich viel mehr, als nur die Übermittlung von Informationen. Ein kurzer Satz mit viel Bedeutung, der zugleich ein gutes Beispiel für sich selbst ist. Betrachten wir die Sache einmal genauer:

Ob wir exakt das ausdrücken, was wir sagen wollen und ob wir exakt das verstehen, was uns andere sagen wollen, hängt von einer Reihe von Faktoren ab. Ganz zentral dabei sind:

1. Die Qualität unserer Beziehungen
2. Die verursachende Wirkung unserer Worte
3. Die kommunikativen Fähigkeiten von Sender und Empfänger

1.2.1. Die Qualität unserer Beziehungen

Wie gut unsere Kommunikation funktioniert, hängt ganz wesentlich davon ab, wie die Qualität unserer Beziehung zu der Person ist, mit der wir gerade kommunizieren. Ohne Beziehung gibt es überhaupt keine Kommunikation. Mit jedem Blick und mit jedem Satz stellen wir eine Beziehung zu jemand anderem her. Dies geschieht üblicherweise weitestgehend unbewusst. Wie Sie im Verlaufe dieses Buches sehen werden, lautet unsere Empfehlung jedoch, Beziehungen durchaus bewusst zu gestalten. Haben wir eine gute Beziehung, das heißt, kennen wir und verstehen wir einander gut, wird unsere Kommunikation tendenziell erfolgreich verlaufen. Umgekehrt, wenn wir keine oder eine schlechte Beziehung führen, gibt es unendlich viel mehr potenzielle Problemherde, auch wenn wir meinen, "alles richtig zu machen". Missverständnisse treten häufiger auf, was nicht nur der Kommunikation schadet, sondern auch der Beziehung an sich.

Das klingt logisch und ist es auch. Trotzdem kümmern sich die wenigsten Menschen aktiv um ihre Beziehungen und wundern sich dann, wenn es öfter "kracht". Beziehungsmanagement ist für sie ein Fremdwort. Das sollte sich für Sie als Leser dieses Buches ändern.

Vielleicht haben Sie im Buch "Wenn die Berge sich hinwegheben..." das Beispiel von der Nachricht auf dem Anrufbeantworter und den unterschiedlichen Interpretationsmöglichkeiten dazu gelesen. Lesen Sie hier ein weiteres:

Ein Mitarbeiter kommuniziert nicht oder viel zu wenig mit seinem Chef. Die beiden haben dadurch keine tragfähige Beziehung zueinander. Der Mitarbeiter berichtet nicht regelmäßig über seine Arbeit und seine Projekterfolge. Der Chef hört daher - solange alles gut läuft - nichts von seinem Mitarbeiter.

Eines Tages tritt in einem der Projekte des Mitarbeiters ein ernstes Problem auf. Der Mitarbeiter arbeitet nach bestem Wissen und Gewissen an der Lösung des Problems. Er macht dabei nur einen wesentlichen Fehler: Er berichtet seinem Chef nie, dass er mit der Lösung beschäftigt ist und welche Fortschritte er dabei macht.

Probleme sprechen sich schnell herum, der Chef erfährt daher davon. Da der Mitarbeiter aber, genauso, wie er nie über seine Erfolge spricht, auch nicht über die Lösungsschritte berichtet, gewinnt der Chef den Eindruck, dieser Mitarbeiter würde nichts weiterbringen und sei nicht lösungsfähig. Der Chef hat von dem Problem gehört, aber nie etwas von der Problembewältigung.

Das kann zu einer ernsthaften Gefährdung der Position des Mitarbeiters führen. Der Mitarbeiter wird dies als höchst ungerecht empfinden, da er nicht weiß, dass er an seiner mangelnden Beziehungspflege scheitert - und nicht an seiner Sachkompetenz.

Der Mitarbeiter muss seinem Chef laufend über seine Projekte und Projekterfolge berichten und sollte auch sonst Gespräche mit seinem Chef führen. Es geht hier um Informationsvermittlung auf der einen Seite und Beziehungsmanagement auf der anderen. Die meisten Chefs hören die meiste Zeit ausschließlich von Problemen. Das ist nicht angenehm! Auch für Chefs ist es angenehmer, zu hören, was alles gut läuft. Selbstverständlich muss der Mitarbeiter auch über Probleme berichten, allerdings nie, ohne zugleich über seine Lösungsvorschläge zu sprechen. Und nie, ohne in Folge über die Fortschritte bei der Lösungsfindung laufend zu berichten. Auf diese Weise gewinnt der Chef einen Einblick in die Arbeitsweise des Mitarbeiters und wird den verdient guten Eindruck von diesem als Person gewinnen. Er kann dem Mitarbeiter vertrauen, da er sieht und erlebt, wie dieser sich um seine Aufgaben kümmert.

Derselbe Mitarbeiter, der exakt dieselbe Arbeit leistet wie oben beschrieben, und der im Ernstfall ohne Beziehungsmanagement sogar um seine Stelle fürchten muss, wird auf diese Weise in höchstem Ausmaß geschätzt werden.

Vielleicht spüren Sie an dieser Stelle einen inneren Widerstand. Vielleicht haben Sie den Eindruck, es müsse doch genügen, gute Arbeit zu leisten, ohne dass man darüber auch noch berichten und sich sozusagen noch "selbst loben" soll. Das ist ein verständlicher Wunsch, der aber leider nicht in Erfüllung gehen wird. Wenn Ihr Name immer nur in Verbindung mit Problemen aus der Versenkung auftaucht, ist die logische Folge, dass Ihr Image schlechter sein wird, als wenn Ihr Name mit Lösungen und konstruktiven Vorschlägen in Verbindung steht. Es hilft auch nichts, sich zu fragen, ob das gerecht oder ungerecht, richtig oder falsch ist. Es ist ein Faktum. Wer nicht bereit ist, mit seiner guten Arbeit auch in Erscheinung zu treten, über seine Erfolge zu berichten und seine Umgebung über seine Fortschritte auf dem Laufenden zu halten, braucht sich nicht zu wundern, wenn dieselbe Umgebung ihn unterschätzt und entsprechend unter seinem Wert beurteilt.

Unsere Empfehlung lautet daher: Achten Sie auf die Qualität Ihrer Beziehungen und arbeiten Sie laufend an deren Verbesserung. Wie im Kapitel über die Trägerfrequenz beschrieben (ab Seite 77) gibt es dazu eine Reihe von Dingen, die Sie tun können. Nett sein, sich bedanken, positive Beiträge und PALES© sind nur einige davon.

Was Ihr Berufsleben angeht, ist das laufende Informieren über positive Projektfortschritte ein wesentlicher Bestandteil des Beziehungsmanagements innerhalb Ihres Unternehmens. Gewöhnen Sie sich an, über Ihre Arbeit und Erfolge zu berichten. Dies hat mit Eigenlob nichts zu tun. Es ist Information. Dass diese im Berufsleben der meisten Menschen überwiegend positiv sein wird, ist normal und logisch. Wenn uns immer alles schief laufen würde, hätten wir ohnehin grundsätzlichen Handlungsbedarf. Dass es hin und wieder auch über Misserfolge oder Probleme zu berichten gibt, wird Ihnen niemand übel nehmen. Auch das ist normal. Es gibt niemanden, der nie Probleme hat. Schwierig wird es nur, wenn Sie sich ausschließlich mit Problemen zu Wort melden, da dann der Eindruck entstehen kann, Sie hätten ausschließlich Probleme und nie Erfolge. Auch das Vertuschen von Problemen ist problematisch. Es kann weitaus unangenehmer sein und unerfreulichere Folgen haben, als das Problem an sich.

Bedenken Sie beim Beziehungsmanagement in Ihrem Unternehmen, dass Sie Beziehungen zu Menschen in unterschiedlichen Positionen haben und diese auch bewusst pflegen sollten. Selbstverständlich sind für Ihre Kollegen in den unterschiedlichen Positionen unterschiedliche Informationen oder Informationsschwerpunkte relevant. Faktum ist jedoch, dass es ein ganzes Beziehungsnetz in Unternehmen gibt, das Sie berücksichtigen sollten.

Betrachten wir das Beispiel eines hierarchisch aufgebauten Unternehmens, in dem Sie Vorgesetzter oder Vorgesetzte eines Teams sind. Nehmen wir an, Sie haben noch mindestens einen Chef/Chefin und es gibt außer Ihrer Abteilung noch andere Abteilungen mit Vorgesetzten, die hierarchisch auf derselben Ebene wie Sie stehen. Abgesehen von den Kunden und Lieferanten außerhalb des Unternehmens haben Sie also innerhalb Ihrer Firma Beziehungen zu folgenden Personen: Zu Ihrem direkten Vorgesetzen, zu den Vorgesetzten anderer Abteilungen auf derselben hierarchischen Ebene, wie der, auf der Sie sich befinden und zu den MitarbeiterInnen Ihres Teams.

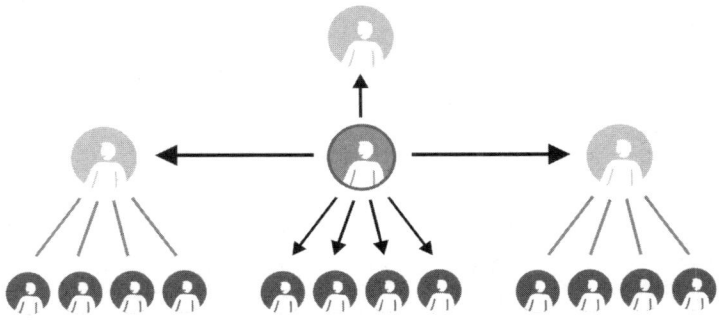

Grafik 2: Beziehungsmanagement innerhalb eines Unternehmens.

Analog dazu gibt es auch in unserem Privatleben ein Beziehungsnetz zu unterschiedlichen Personen (Eltern, Geschwister, Partner, Kinder, Freunde...), mit denen wir unsere Beziehung pflegen sollten, um uns bestmöglich zu verstehen. Für den Erfolg unserer Kommunikation ist es also wesentlich,

1. Beziehungen zu anderen Menschen aktiv herzustellen bzw. zu verbessern und
2. dann die Art und Qualität der Beziehung in dem, was wir sagen und wie wir es sagen, zu berücksichtigen.

Durch das Investieren in eine bestehende Beziehung oder durch das aktive Herstellen einer neuen Beziehung definieren wir unser Verhältnis zur betreffenden Person. Aufgrund der Art dieses Verhältnisses können wir dann die entsprechend passenden Worte wählen, um erfolgreich das zu vermitteln, was wir vermitteln wollen.

An Beziehungen zu Menschen, mit denen wir leben und arbeiten, müssen wir laufend arbeiten, um uns wirklich verstehen zu können. Zu Menschen, mit denen wir nur vorübergehend zu tun haben, stellen wir eine Beziehung zu exakt diesem Anlass her. Das Herstellen oder Klären eines kommunikativen Beziehungsverhältnisses kann mit einem Satz geschehen.

Ein Polizist hält einen Autofahrer auf, der zu schnell gefahren ist:

Autofahrer: Wirklich, so schnell bin ich gefahren? Das war mir gar nicht bewusst! Da bin ich froh, dass Sie mich darauf aufmerksam machen...

In diesem Fall hat der Autofahrer entschieden, dass er sich in dieser einen Angelegenheit freiwillig dem Polizisten unterordnet. Das geschieht genau durch die oben beschriebenen Worte. Sie bedeuten in etwa: *"Ich wehre mich nicht, du bist im Recht, ich unterwerfe mich"*. Sie definieren die Beziehung des Autofahrers zum Polizisten für diesen bestimmten Anlass.

Ich weiß, das ist für viele Menschen nicht einfach. Dem einen oder anderen Leser steigt möglicherweise schon der Ärger auf, wenn er diese Worte nur liest. Unser ego wehrt sich, will immer Recht haben und sich nichts gefallen lassen. Kein Problem, Sie müssen sich nicht unterwerfen. Sie können auch streiten. Wer das schon probiert hat, weiß, dass es auf Stress, Ärger und - im Normalfall - auf Verlieren hinausläuft. ego-kämpfe sind nie gut, nie gesund und auf Dauer nie erfolgreich. Betrachten wir nun ein Beispiel aus dem persönlichen Bereich.

Jemand hat ersthafte Probleme und fragt einen Freund um dessen Sichtweise. Der Freund würde gerne seine Meinung zu dem Thema mitteilen, seine Erfahrung sagt ihm aber, dass andere Menschen meist schlecht zuhören - ganz besonders, wenn sie unter Druck stehen. Er leitet daher seine Aussage folgendermaßen ein:

Du weißt ja, ich verstehe nichts von dieser Sache und wahrscheinlich ist das, was ich sage, Unsinn, aber mein Eindruck ist:..

Auch in diesem Fall nimmt der Sprecher sich und seine "Wichtigkeit" durch den einleitenden Satz zurück. Der Effekt dieser Einleitung ist, dass der Sprecher dadurch seine nun folgende Aussage von Druck möglichst freihält. Er nimmt damit den Eindruck, sich einzumischen oder alles besser zu wissen, von seinem Gesprächspartner. Der Sprecher definiert durch den ersten Satz die Beziehung zu seinem Gegenüber in dieser einen Angelegenheit. Was der Sprecher seinem Freund durch diese Einleitung mitteilt, bedeutet in etwa: *"Ich bin nicht besser oder ge-*

scheiter als du. Ich fühle mich dir auch nicht überlegen. Ich möchte dich nicht belehren, sondern dir nur meine Sichtweise sagen. Ich bin stolz, dass du mich um meine Meinung fragst."

Dadurch verschwinden die Abwehrmechanismen des Zuhörers. Er kann zuhören und muss nicht befürchten, dass der andere sich einmischen oder wichtig machen will. Jeder Mensch kann und soll seine Probleme selbst lösen. Unsere Meinung und Sichtweise ist häufig gefragt und kann durchaus interessant sein. Wir sollen uns aber nicht einmischen, sondern unserem Gesprächspartner das Erfolgserlebnis der eigenen Lösungsfähigkeit lassen.

Was die Qualität unserer Beziehungen angeht, ist weiters zu berücksichtigen, dass diese nicht immer stabil und gleichförmig ist. Nach einem Streit beispielsweise ist jede Beziehung anders als vorher. Man muss danach vorsichtiger miteinander umgehen und - was besonders wichtig ist - neuerlich aktiv in die Beziehung investieren.

Die Qualität unserer Beziehungen ist also essentiell für unsere kommunikativen Erfolge. Je besser die Beziehung ist, desto besser funktioniert das gegenseitige Verstehen. Die Kommunikationstechniken zum Herstellen und Verbessern von Beziehungen finden Sie ausführlich im Kapitel "Die Trägerfrequenz als kommunikatives Abbild von Beziehungen" (ab Seite 77) beschrieben.

1.2.2. Die verursachende Wirkung unserer Worte

"Worte schaffen die Welt." Diese Aussage finde ich besonders faszinierend. Unsere Kommunikation wirkt gestaltend auf unser Leben, auf unsere Realität.

Erst wenn Sie diese Aussage in sich dringen lassen, die Wirkung dieser Worte auf Ihr Leben überlegen, werden Sie bemerken, wie gewaltig sie ist. Was bedeutet das für uns?

Es bedeutet, dass alles, was wir sagen, unmittelbare Auswirkungen auf unser Leben hat. Der Glaube, wir würden nur das beschreiben, was ist, ist ein Irrglaube! Wir beschreiben auch das, was wird!

Dies ist bei gegenwärtigen und zukünftigen Angelegenheiten meist einigermaßen vorstellbar. Wenn wir z.B. sagen *"Heute wird ein schöner Tag"*, dann ist es für die meisten Menschen vorstellbar, dass durch diesen Satz die Wahrscheinlichkeit steigt, dies tatsächlich zu erleben.

Wie sieht es jedoch mit vergangenen Angelegenheiten aus? Indem wir an etwas denken und es beschreiben und besprechen, erleben wir es innerlich wieder. Bei schwach emotional gefärbten Erinnerungen ist das nicht wesentlich. Wenn aber jemand z.B. an eine erlebte schwere Kränkung denkt, dann erlebt er sie erneut wieder. Angst, Enttäuschung, Wut, alles das ist dann erneut vorhanden.

Solange Sie nur wissen, dass Sie einmal zornig waren, ist das keine Erinnerung an den Zorn, sondern nur an die Tatsache, dass er einmal da war. Sobald Sie sich aber wirklich an den Zorn selbst erinnern, sind Sie erneut zornig. Und dadurch erhält das Erlebnis neue Energie. Es wird sich im Gedächtnis weiter nach vorne schieben und es wird eine erneute und dann nicht erinnerte, sondern tatsächlich passierende Kränkung begünstigen. Es schafft Kränkung in Ihrer Realität, obwohl von außen betrachtet gar keine stattgefunden hat.

Somit wirken unsere Worte immer auf unsere Realität. Dies gilt für unsere gesprochenen Worte ebenso, wie für jene, die wir nur denken. Es bedeutet, dass wir unser Leben selbst gestalten und dass wir für das, was uns passiert, verantwortlich sind. Es bedeutet, dass wir uns nicht als Opfer irgendwelcher Umstände sehen können, sondern maximal als Opfer unserer eigenen Gedankengefängnisse.

Ich weiß, dass dieser Gedanke zu Beginn schwierig scheinen kann und dass er vielleicht auf ersten Blick gar nicht erfreulich sein mag. Wir müssten uns eingestehen, dass wir nicht nur für unser Erfolge, sondern auch für unsere Misserfolge verantwortlich sind! Das absolut Erfreuliche an der Sache ist jedoch: Wir können unser Leben selbst gestalten. Niemand kann uns ernsthaft dazwischenpfuschen, wir sind selbst verantwortlich. Wir gestalten unser Leben.

Auf unsere Kommunikation angewandt bedeutet diese Aussage ganz konkret: Wir können lernen, durch positive Kommunikation positiv auf unser Leben und auf das Leben unserer Umwelt zu wirken. Wir können achtsamer werden, um nicht ungewollt durch unsere Worte Schaden anzurichten. Und wir können lernen, negative Wirkungen zu vermeiden, indem wir negative Aspekte aus unserer Kommunikation streichen.

Es kommt also auf unsere Wortwahl an - was leicht fallen mag, wenn man über Erfreuliches spricht, was aber anfangs eine ziemliche Herausforderung darstellen kann, wenn man sich auf Unerfreuliches bezieht. Dies ändert aber nichts dran, dass es funktioniert. Das folgende Beispiel ist eines, das aus meinem eigenen Erfahrungsschatz als Mutter zweier Kinder kommt. In einem ähnlichen Beispiel habe ich persönlich einen großen "Sieg" davongetragen: für mich, aber vor allem für eines meiner Kinder. Ich kann Ihnen daher wärmstens ans Herz legen, es einfach auszuprobieren.

> Ein kleines Kind stellt sich oft ungeschickt an. Es stürzt leicht, läuft häufig gegen Tischecken, schlägt sich den Kopf oft an. Dieses Kind hat sich vorgenommen, heute erstmals ohne Stützräder Radzufahren. Eine wackelige, sturzträchtige Angelegenheit.

Die Mutter sieht kurz zu, wird dann ungeduldig und "hilft" dem Kind. Sie sagt: "Komm, ich halte dich. Bei deiner Ungeschicklichkeit schaffst du das sonst nie." Wenn das Kind öfter stürzt, sagt sie: "So pass doch auf... das ist wieder typisch... so hab ich mir das vorgestellt, du bist wirklich ungeschickt...".

Es ist unwahrscheinlich, dass sich das Kind aufgrund dieser Bemerkungen heute geschickter anstellt, als sonst immer. Es hört - jetzt wie bei jeder anderen Gelegenheit - dass es ungeschickt ist. Die Wahrscheinlichkeit, dass sich das ändert, ist gering. Im Gegenteil, durch die ständige Betonung der Ungeschicklichkeit wird diese eher zunehmen. Das Kind wird früher oder später "seine Ungeschicklichkeit" als ein individuelles Persönlichkeitsmerkmal empfinden - quasi als einen genetischen Fehler, gegen den es nichts unternehmen kann.

Dadurch verlässt es sich mehr und mehr auf die Hilfe der Mutter und strengt sich, weil es ja ohnedies sinnlos erscheint, nicht besonders an. Die Mutter behält also "Recht" und würde nie auf die Idee kommen, dass sie kommunikativ etwas beitragen könnte, um die Geschicklichkeit ihres Kindes zu verbessern. Auch sie betrachtet die Ungeschicklichkeit als trauriges Faktum. Die scheinbare Beschreibung von Tatsachen erzeugt zugleich die Zukunft. Betrachten wir zum obigen Beispiel eine Variante:

> Die Mutter sieht dem Kind zu. Wenn Sie überhaupt eingreift, dann so unauffällig, dass das Kind es kaum bemerkt. Sie ignoriert sämtliche Misserfolge und lobt stattdessen ausgiebig jeden kleinsten Erfolg.

> *"Das finde ich super, wie du das schon kannst! Toll! Wunderbar! Das funktioniert ja schon perfekt! Schau, wie weit du diesmal schon gefahren bist! Ich bin stolz auf dich!"*

Die Mutter hat gehört, dass Worte die Welt schaffen und testet dies nun. Obwohl ihr Kind sich zu Beginn kein bisschen geschickter anstellt als sonst, beherrscht sie eisern alle wie gewohnt in ihr aufkeimenden Kommentare. Sie lobt statt dessen ihr Kind, gibt ihm Kraft und Zuversicht. Vielleicht kämpft sie dabei mit sich selbst, weil sie der Überzeugung ist, ihr Kind stelle sich furchtbar ungeschickt an, und sie rede Unsinn. Aber sie beherrscht sich. Wenn sie unterstützend eingreift, dann so unauffällig, dass das Kind nicht in seinem Erfolgserlebnis, es alleine zu schaffen, beeinträchtigt wird. Sie sagt Positives und spricht damit über das Potenzial ihres Kindes - nicht über das, was bereits Vergangenheit ist. Sie sagt das, was sie gerne erleben würde: dass ihr Kind sich geschickt anstellt. Und es ist absolut sicher, dass dieses Ereignis eintritt.

Sie glauben es nicht? Kein Problem. Dies ist - wie alles, was Sie hier lesen - keine Frage des Glaubens, sondern eine Frage des

Ausprobierens und des Bewertens der Ergebnisse. Testen Sie es! Es liegt an Ihnen.

Lesen Sie hier noch einen Hinweis für den Fall, dass Sie jemandem Kraft geben wollen, dem es gerade nicht gut geht, oder dass Sie eine Situation zum Besseren wenden möchten: Die Kunst beim Erwähnen positiver Dinge, wenn diese gerade nicht zu existieren scheinen, ist es, über das positive Potenzial eines Menschen oder einer Situation zu sprechen. Ignorieren Sie das, was nicht gut läuft und üben Sie sich im Sehen von Potenzialen. Betrachten Sie einen Menschen und überlegen Sie, wozu er/sie in der Lage wäre, wenn er/sie seine vermeintlichen Grenzen und Einschränkungen vergessen könnte und auf seine unendlichen Ressourcen zurückgreifen würde. Sprechen Sie über diese, als ob sie schon Realität wären. So müssen Sie nicht "lügen". Das Sehen von Potenzialen ist eine Frage der Einstellung und der Übung - und es kann dem anderen um Riesenschritte weiterhelfen.

Was aber ist das Potenzial eines Menschen? Die meisten Menschen verwirklichen von ihren Fähigkeiten nur einen sehr geringen Prozentsatz. Das, was sie noch nicht verwirklichen, ist ihr Potenzial. Albert Einstein und Margaret Mead haben darauf hingewiesen, dass sie ihrer eigenen Einschätzung nach selbst nicht einmal 10% ihrer tatsächlichen Möglichkeiten genutzt haben. Wir können daher davon ausgehen, dass der durchschnittliche Mensch einen noch geringeren Prozentsatz seiner Möglichkeiten realisiert. Die Differenz zwischen dem, was wir von unseren Fähigkeiten realisieren und dem, wozu wir eigentlich imstande wären, nennen wir das Potenzial eines Menschen. Aus diesen Feststellungen folgt automatisch die Erkenntnis, dass jeder Mensch imstande ist, seinen Lebenserfolg immens zu erhöhen! Wenn wir z.B. annehmen, jemand realisiert derzeit 3% seiner Möglichkeiten, dann bedeutet eine Verdopplung dessen immer noch nur 6%. Dies wäre ein Wert, der weit unter dem Potenzial dieses Menschen liegt - und damit absolut im Bereich des Vorstellbaren.

Umsetzungsempfehlungen zu diesem Thema finden Sie besonders in den Kapiteln "Legen Sie Energie in Ihre Kommunikation" (S. 115) und "Geben Sie in schwierigen Situationen Kraft" (S. 118).

1.2.3. Die kommunikativen Fähigkeiten von Sender und Empfänger

Um wirkliches gegenseitiges Verstehen zu erlangen, kommt es auf die kommunikativen Fähigkeiten von Sender und Empfänger an. Der beste Sender kann nichts erreichen, wenn ein Empfänger nicht empfangen will oder kann. Und der beste Empfänger kann nichts verstehen, wenn ein Sender nicht oder nur mangelhaft sendet. Beide Fähigkeiten lassen sich auf einfache Weise verbessern.

Nehmen wir als Beispiel einen Sender, der sehr klar sendet, der aber auf einen Empfänger trifft, der verzerrt empfängt:

Zwei Freundinnen treffen sich. Freundin A hat einen neuen, extrem kurzen Haarschnitt. Freundin B findet das sehr hübsch.

B: Hallo, schön dich zu sehen! Du hast einen neuen Haarschnitt, toll! Jetzt siehst du noch jünger aus!
A (zynisch): Ja sehr toll, jetzt sieht man meine Falten besser.

Es ist offensichtlich die innere Haltung der Empfängerin, die ihre Wahrnehmung steuert. Menschen mit so geringem Selbstwertgefühl neigen dazu, jede an sie gerichtete Botschaft als negativ zu interpretieren und ihr bestehendes Unwohlsein damit weiter zu bestärken. Mit dieser inneren Haltung wird A in ihrem Leben nicht glücklich werden. Egal, was jemand sagt, wird sie immer etwas Negatives heraushören. Sie ist ein Mensch, der jeglichen Kommentar daraufhin überprüft, inwiefern er als Bestätigung ihrer eigenen negativen Sichtweise zu interpretieren ist. Sie hört somit nicht zu, was ihr jemand anderer sagt. Sie hört ausschließlich sich selber zu und hört dabei ihre eigene innere Stimme, die ihr ununterbrochen ihr eigenes negatives Weltbild widerspiegelt und dieses für sie realisiert - denn Worte schaffen die Welt!

B hat ihren Kommentar ernst gemeint, sie ist von der neuen Frisur ihrer Freundin begeistert. Sie kann damit aber bei A keinen positiven Effekt erzielen. Genauso gut hätte sie über die Frisur schimpfen können, da A ohnedies auf alles gleichermaßen unzufrieden reagiert. Der beste Sender kann also bei einem derart verzerrenden Empfänger nichts ausrichten.

Kennen Sie jemanden, der so reagiert? Oder erkennen Sie sich sogar selbst wieder? Vielleicht auch nur eine Spur? Ändern Sie das! Ändern Sie es jetzt! Lernen Sie durch Klugheit, statt durch Schmerz. Es ist schade um Ihr Lebensglück und um Ihre Lebenszeit. Lesen Sie hier eine positive Reaktionsvariante zum obigen Beispiel, in der dieselbe Botschaft so gehört werden kann, wie sie gemeint ist.

B: Hallo, schön dich zu sehen! Du hast einen neuen Haarschnitt, toll! Jetzt siehst du noch jünger aus!
A (freut sich): Wirklich? Oh, das freut mich, danke! Ich war ein wenig verunsichert, ob ich mit dieser Frisur nicht sogar älter aussehe....
B: Aber nein, ganz im Gegenteil! Total flott und hübsch finde ich dich!
A: Oh, danke, das tut gut!

A kann das positive Urteil ihrer Freundin annehmen und sich darüber freuen. Falls sie - wie in diesem Beispiel - unsicher war, ob die Frisur die gewünschte Wirkung hat, bringt sie dies zur Sprache. Sie tut dies aber fragend und nicht negativ vernichtend, wie im ersten Beispiel. Ihre innere Haltung ist grundsätzlich positiv und sie ist bereit, sich darin bestätigen zu lassen. Auf Grund dessen kann sie die nochmalige Bestätigung von B annehmen und sich darüber freuen. Sie hat die Fähigkeit, anderen zuzuhören - nicht nur ihren eigenen inneren Interpretationen.

Falls A ohnehin selbst von der neuen Frisur überzeugt war, fällt natürlich die Zwischenfrage ersatzlos weg und die Antwort kann sofort lauten *"Ohh, Danke!"*. Ist doch total einfach, stimmts?!

In Ihrer Rolle als Empfänger können Sie also lernen, kommunikationstechnisch besser zuzuhören und darüber hinaus die Zielrichtung Ihrer Wahrnehmung mehr und mehr auf positive Dinge zu lenken.

Für Ihre Rolle als Sender können Sie lernen, Ihre Ausdrucksweise zu verbessern, so dass die Botschaften, die Sie senden, höhere Chancen haben, so verstanden zu werden, wie sie gemeint sind. Die Frage ist in diesem Zusammenhang, was tatsächlich Ihre Meinung ist. Auch als Sender können Sie lernen, die Zielrichtung Ihrer Wahrnehmung mehr und mehr auf positive Dinge zu lenken, um diese in Folge tatsächlich zu erleben und genießen zu können. Ihnen Ausdruck zu verleihen, macht Ihre Kommunikation dann wirklich erfolgreich.

Lesen Sie in Folge ein Beispiel, wie ein Sender seine Botschaft so schlecht gestaltet, dass der Empfänger sie nicht versteht - und wie er diese statt dessen klar und verständlich formulieren kann:

Ein Kind hat im Moment Probleme in der Schule. Es lernt fleißig, hat jedoch die letzen Schularbeiten mit mäßigen bis schlechten Noten abgeschlossen. Das Kind ist verunsichert und die Eltern sind es auch. Die Eltern wünschen ihrem Kind von Herzen, dass es möglichst bald wieder die verdienten Erfolge erzielt. Heute kommt das Kind von der Schule nach Hause und berichtet stolz über eine besonders gute Note auf die letzte Mathematikschularbeit.

Kind (begeistert): Ratet mal, was ich auf die letzte Matheschularbeit bekommen habe: ein "sehr gut"!!!

Eltern: Na bitte, da sieht man's wieder: Du kannst es ja doch! Du könntest ruhig öfter so gute Noten heimbringen! Hoffentlich klappt das in Englisch und Bio auch so halbwegs. Hast du für Englisch schon gelernt? Die Schularbeit ist doch schon kommende Woche, oder? ....

Die Eltern mögen erleichtert sein und sich über die gute Note freuen - sie können dem aber keinen Ausdruck verleihen. Sie sagen etwas ganz anderes: Statt ihre Freude oder ihren Stolz über den Erfolg des Kindes auszudrücken, verhalten sie sich besserwisserisch und fordern präventiv gleich ähnlich gute Leistungen für die Zukunft. Das Kind kann diese Bemerkung beim besten Willen nicht als Lob oder Begeisterung erkennen. Es hört einen Vorwurf und eine hohe Erwartungshaltung für die Zukunft. Das verdirbt die Freude, macht Druck auf das Kind und erweckt den Eindruck, seine Sache nie gut genug zu machen, nie den Vorstellungen der Eltern zu entsprechen. Wie schade um die Freude über den Schulerfolg und wie traurig für den Selbstwert des Kindes! Lesen Sie hier eine Variante, wie die Eltern dem Kind ihre Freude erfolgreich vermitteln können.

Kind: Ratet mal, was ich auf die letzte Matheschularbeit bekommen habe: ein "sehr gut"!
Eltern: Na DAS ist aber toll! Gratuliere! Da kannst du wirklich stolz auf dich sein - und wir sind es auch... Komm, setz dich her und erzähle - und dann gehen wir gemeinsam ein Eis essen...

Diesmal können die Eltern ihre Freude und ihren Stolz über den Erfolg des Kindes so ausdrücken, dass das Kind es auch verstehen und sich daran freuen kann. Sie fassen Freude und Stolz in klare Worte und geben dem Kind damit Kraft und die Anerkennung, die es sich gewünscht hat. Sie signalisieren, dass sie ihrem Kind zuhören wollen und kündigen mit dem gemeinsamen Eis essen gleich ein gemeinsames Feiern des Erfolges an.

Sehen Sie, wie einfach es ist, erfolgreich zu kommunizieren? Wir brauchen nur unsere positiven Gefühle in Worte fassen - und nicht neunmalklug darüber hinwegdenken und hinwegreden. Die Freude und Erleichterung der Eltern ist in beiden Fällen gleich groß. Im ersten Beispiel sind die Eltern aber kommunikative "Haubentaucher" (das sind Menschen, die sehr wenig Persönliches reden und wenig in Beziehungen investieren, siehe Fordern/Fördern, Seite 61 und Kommunikationstypen, Seite 281). Sie verstecken ihre positiven Gefühle hinter - wie sie vielleicht irrtümlich glauben - "erzieherisch wertvollen" Worten. Diese Worte drücken aber nur ihre eigenen Ängste und Unsicherheiten aus, anstatt dem Kind, das ja einen großen Erfolg erzielt hat, von Herzen zu gratulieren. Im zweiten Beispiel tun Sie das Richtige: Sie vermitteln ihrem Kind ihre Freude und geben ihm damit sehr viel Kraft und die Bestätigung, es gut gemacht zu haben.

Gemeinsam einen Erfolg zu feiern stärkt das Teamgefühl jeder Gruppe, auch das einer Familie. Es gibt Kraft, es verbessert die Beziehungen und macht noch dazu riesig Spaß. Durch die Kraft, die entsteht, wird die Sorge um mögliche zukünftige Misserfolge automatisch geringer - und die Wahrscheinlichkeit dafür auch. Worte schaffen die Welt.

Sie können also sowohl als Sender, als auch als Empfänger zwei verschiedene, wesentliche Aspekte Ihrer Kommunikation verbessern:

Aspekte unserer Kommuni- kation:	Sender	Empfänger
Kommuni- kations- technik	Sie können Ihre Sende-Technik verbessern, um genau das zu vermitteln, was Sie wirklich sagen wollen.	Sie können Ihre Zuhör- Technik verbessern, um wirklich zu hören, was Ihnen gesagt wird, anstatt das Gehörte auf persönliche gefärbte Weise zu interpretie- ren.
Wahrnehmung und innere Einstellung	Sie können Ihre Wahrnehmung auf das Erfreuliche Ihres Lebens und auf alle positiven Potenziale richten, um eine konstruktive und glücklichmachende Weltsicht zu erhalten. Diese ist dann der Ausgangspunkt für das, was Sie in Folge senden.	Aus den unendlich vielen Eindrücken der Welt um Sie herum können Sie sich entscheiden, Ihre Wahrnehmung auf alles Erfreuliche und auf die positiven Potenziale zu richten. So werden Sie diese auch in unklaren Botschaften oder uner- freulichen Situationen wahrnehmen können.

Unsere Einstellung und Weltsicht bildet die wesentliche Voraussetzung für unseren Erfolg, unser Wohlbefinden und alles, was wir tun. Sie ist die Basis unseres Lebens und Erlebens. Die Kommunikationstechniken sind das Werkzeug, um unsere Weltsicht erfolgreich zu vermitteln.

Ist Ihre Weltsicht positiv, lebensfroh und konstruktiv, so sind alle hier aufgezeigten Kommunikationstechniken die perfekte Hilfestellung, dies auch entsprechend nach außen zu kommunizieren und damit einen hohen Lebenserfolg, Glück und Zufriedenheit zu erzielen.

War Ihre Weltsicht bisher negativ, pessimistisch und destruktiv und wollen Sie diese zum Positiven ändern, so stellen alle hier gezeigten Kommunikationstechniken eine praktikable, einfache und sichere Hilfestellung dar, über das Erlernen neuer Techniken eine neue, positivere Weltsicht zu erlangen und dadurch ebenfalls zu mehr Lebenserfolg, Glück und Zufriedenheit zu gelangen.

Über Wahrnehmung und Einstellung finden Sie in diesem Praxisbuch, sowie in den Büchern "Wenn die Berge sich hinweg-heben..."und "Start living! Das 6 Wochen Training" von Dr. Manfred Winterheller eine Reihe von Anregungen.

Alle von uns empfohlenen Kommunikationstechniken zur Verbesserung des Sendens und des Zuhörens sind im Kapitel "Kommunikation als Medium zur Übertragung von Energie" ab Seite 125 dieses Praxisbuches detailliert und mit zahlreichen Beispielen und Übungsanregungen versehen beschrieben.

1.3. Die verschiedenen Ebenen von Kommunikation

Im gängigen Kommunikationsverständnis werden üblicherweise zwei Kommunikationsebenen unterschieden: die sprachliche und die körpersprachliche Ebene. Die Kommunikationsausbildung konzentriert sich daher meist auf diese beiden Bereiche. Dabei wird die Körpersprache oft als besonders wichtig erachtet, da ihr gezielter Einsatz relativ einfach erlernbar und ihre Wirkung sehr hoch ist.

Wir legen jedoch ganz besonderen Wert auf andere Ebenen bzw. Faktoren, die die Basis der sichtbaren sprachlichen und körpersprachlichen Signale darstellen: Es sind dies die Gefühle, die Stimmungen, die Energie und das Wohlbefinden der Gesprächspartner. Ganz besonders die Gefühle jedes Gesprächspartners und die Qualität der Beziehung zwischen den Gesprächspartnern wirken sehr stark auf den Erfolg der Kommunikation. In unserem Kommunikationsmodell ist daher die Ebene der sprachlichen und körpersprachlichen Informationsübermittlung, die Ebene der Gefühle von Sender und Empfänger und die Beziehungsebene zwischen den beiden explizit dargestellt.

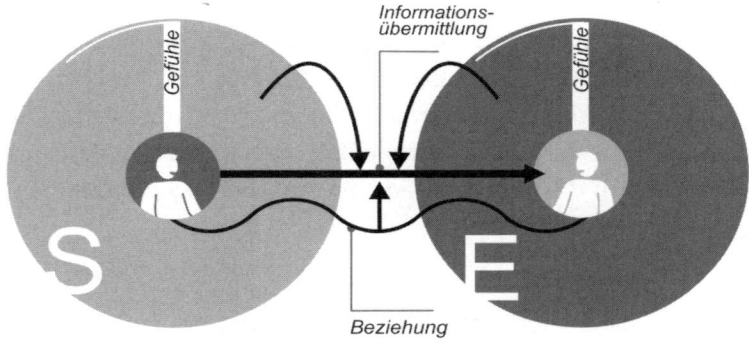

Grafik 3: Einfluss der Gefühle der Gesprächspartner und der Beziehung zwischen den Gesprächspartnern auf den Erfolg der Kommunikation.

Wir gehen davon aus, dass Stimmungen und Gefühle immer wirken, auch durch den Deckmantel von darüber gebreiteten Verhaltensmustern, Kleidung, Haltung, Sprache etc. Wir nehmen sie manchmal bewusst, immer aber unbewusst wahr.

Vielleicht kennen Sie das: Sie stoßen zu einer Gruppe von Bekannten und bei diesen herrscht "dicke Luft". Es wird wenig bis nichts geredet, die Stimmung ist gedrückt und Sie gewinnen den Eindruck, gerade eben wurde über etwas sehr Unangenehmes oder Belastendes gesprochen. Selbst wenn diese Personen versuchen, gute Laune vorzutäuschen, zu lächeln, etwas Nettes zu sagen - Sie spüren genau, dass da etwas nicht stimmt.

Wir nehmen also Stimmungen wahr. Je nachdem, wie gut unser Gespür für andere ist und wie intensiv wir uns mit dem Thema Kommunikation beschäftigen, bemerken wir sie mehr oder weniger deutlich. Kommunikativ geschulte Menschen entwickeln eine deutlich höhere Sensibilität für Stimmungen und lernen auch, damit umzugehen. Ich habe aber noch niemanden kennen gelernt, der Stimmungen gar nicht wahrgenommen hätte. Dies funktioniert in Trainings auf beeindruckende Weise sogar in Rollenspielen, wo der Gegenspieler sich in eine bestimmte Stimmung nur hineinversetzt, um sie spielen zu können, diese aber niemals so intensiv erlebt, als wenn es sich um eine Echtsituation handeln würde. Trotzdem ist diese Stimmung immer spürbar und erzeugt immer eindeutige Wirkungen.

Genauso wie die Stimmung anderer wirkt natürlich auch unsere eigene emotionale Verfassung:

Sie hatten gerade ein unangenehmes Erlebnis und fühlen sich schlecht, oder stehen unter Druck. Sie müssen aber in 10 Minuten in Ihrem Job einen wichtigen Auftritt absolvieren. Sie werden deutlich mehr Energie benötigen, um Ihre "normale" Professionalität an den Tag zu legen, als wenn Sie sich gut fühlen würden. Wenn Sie als Sender kommunikationstechnisch viel gelernt haben, kann es sein, dass niemand etwas von Ihrer schlechten Stimmung bemerkt. Feinfühlige Kommunikationsprofis auf der Seite der Empfänger können es aber trotzdem spüren.

Das ist weder gut noch schlecht. Es ist bloß ein Faktum. Wir sollten uns primär um unser Wohlbefinden kümmern. Dann sind die Techniken einfach anwendbar und unser Leben wird ungleich leichter.

Wie stark die Gefühle eines Gesprächspartners auf den anderen Gesprächspartner und auf die Stimmung im Gespräch wirkt, ist, wie später genauer beschrieben, eine Frage der Expressivität beider Gesprächspartner. Expressive Menschen haben eine sehr stark beeinflussende Wirkung auf andere Menschen. Nicht expressive Menschen lassen sich von der Stimmung anderer leicht anstecken und haben selbst eine sehr schwache oder gar keine beeinflussende Wirkung auf andere. Aus diesem Grund sind Gesprächsstimmungen oder Stimmungen von Menschen nicht immer gleich intensiv wahrnehmbar. In irgendeiner Form, wenn auch nur ganz schwach, sind sie jedoch immer zu spüren.

Die Körpersprache bewusst einzusetzen und über die Wirkung bestimmter Haltungen und Bewegungen Bescheid zu wissen macht dann Sinn, wenn Sie damit eine klarere und eindeutigere Vermittlung Ihrer inneren Haltung anstreben.

Nehmen wir als Beispiel die bekannte Regel, dass man sich als Redner nicht mit der Hand ins Gesicht fahren soll, weil diese Geste als Unsicherheit interpretiert werden kann. Aus meiner Arbeit weiß ich, dass schon geringe Nervosität genügt, um unerfahrene Redner genau zu solchen Gesten zu veranlassen. Das bedeutet, dass eine nur geringe Nervosität zu einer Geste führen kann, die als viel größere Nervosität und sogar tiefe Unsicherheit interpretiert werden könnte. In einem solchen Fall ist es sehr wohl sinnvoll, wenn jemand in entscheidenden Phasen einer Rede derartige Impulse bewusst unterdrückt.

Wenn aber bewusst gesetzte Körperhaltungen überhaupt nicht mit der inneren Haltung übereinstimmen, werden auch die besten nonverbalen Techniken nur kurzfristige Wirkung haben. Wenn Sie unsicher sind und sichere Körperhaltungen trainieren, können Sie sich damit über einen bestimmten Zeitraum hinweg retten. Ihre Unsicherheit wird aber nach kurzer Zeit an anderer Stelle zum Ausdruck kommen: durch Ihre Ausstrahlung, Ihre Wortwahl, durch die Art Ihres Vortrages usw.

Wir halten es daher für wichtig, als gesunde Basis für unsere Kommunikation und unser gesamtes Leben für unser grundsätzliches Wohlbefinden zu sorgen. Wir erachten es für wesentlich, wie es jemandem geht. Wenn wir uns gut fühlen, wenn wir klare Ziele in unserem Leben haben, Spaß, Begeisterung und Vertrauen, brauchen wir negative Regungen in unserer Sprache und Körpersprache nicht vermeiden zu lernen, da es sie selten geben wird.

Wenn Sie ein zufriedenes Leben führen, wenn Sie wissen, was Sie wollen, wofür Sie kämpfen und wenn Sie begeistert sind, sind alle hier genannten Techniken die perfekte Ergänzung am Weg zu einem erfolgreichen und erfüllten Leben. Solange Sie diese Voraussetzungen noch nicht haben, müssen Sie mehr Arbeit in die Techniken stecken.

Meine persönliche Empfehlung lautet, an beiden Fronten etwas zu verbessern. Überlegen Sie, was Sie in Ihrem Leben erreichen wollen und lernen Sie die Kommunikationstechniken. Sie kommen damit viel rascher zum Ziel.

1.4. Kommunikation ist mehr als Sprache

Kommunikation ist viel mehr als nur Sprache, als das Wechseln von Worten und das Einnehmen bzw. Interpretieren bestimmter Körperhaltungen.

Kommunikation beginnt bei unserer inneren Einstellung und Weltsicht, die unsere Aussagen und unsere Wahrnehmung färbt. Sie ist abhängig von der Klarheit, die wir betreffend unsere Ziele und Ansichten haben. Sie ist durch unsere Beziehungen und Gefühle beeinflusst. Die Aussage, die ein Sprecher trifft und die Botschaft, die beim Empfänger ankommt, sind "nur" der sprachliche Teil unserer Kommunikation. Dieser hängt von der Klarheit in den Formulierungen des Senders und von der Fähigkeit zum Zuhören des Empfängers ab. Sie endet schließlich bei den Konsequenzen, die sich aus dem Gesagten ergeben.

Auf Gefühle, Beziehungen und kommunikative Fähigkeiten von Sender und Empfänger bin ich schon eingegangen. Betrachten wir nun noch den Faktor der Klarheit und Konsequenz. Beides ist für uns wichtig, wenn wir Sender sind.

Wann immer wir etwas erreichen wollen, muss uns klar sein, was wir erreichen wollen und was wir tun werden, wenn dies nicht eintritt. Sie finden dazu im Buch "Wenn die Berge sich hinwegheben..." das Beispiel einer Tochter, die zu spät nach Hause kommt und das eines Mitarbeiters, der seine Aufgaben nicht pünktlich erledigt. In beiden Fällen ist höchstmögliche Klarheit des Senders - sowohl in der Botschaft als auch in der Konsequenz erforderlich, wenn Sie zu entsprechenden Ergebnissen gelangen wollen.

Wenn Sie es beispielsweise mit jemandem zu tun haben, der notorisch unpünktlich ist und wenn Sie dieses Faktum so stört, dass Sie es keinesfalls mehr dulden wollen, müssen Sie sich darüber klar werden, wie Sie in dieser Sache agieren. Sie müssen sich entscheiden, dass Sie es nicht mehr dulden und Sie müssen sich für Konsequenzen entscheiden, für den Fall, dass auch nur eine minimale Überschreitung der von Ihnen festgesetzten Grenze eintritt.

Wenn Sie also vereinbaren, dass Ihr Gesprächspartner z.B. bis 14 Uhr etwas Bestimmtes zu erledigen hat, dann ist eine Minute nach 14 Uhr zu spät und die Konsequenzen treten ein. Für den Fall, dass Sie eine allgemein bekannte Toleranzgrenze von maximal 5 Minuten haben, ist erst 14,06 Uhr endgültig zu spät. Aber dann endgültig. Seien Sie sich dessen bewusst, dass es von Ihrer Klarheit abhängt, wie ernst man Ihre Aussagen nimmt. Es muss klar sein, wann es für Sie zu spät ist. Wenn es zu spät ist, lassen Sie sich nicht auf Diskussionen ein. Ignorieren Sie Ausreden, Vorwürfe und Beschimpfungen. Sie haben sich an Ihre Worte gehalten. Der andere nicht. Sie sind klar und konsequent.

Würden Sie nicht derart klar und konsequent handeln, hätte Ihre Aussage keine Wirkung. Sobald Ihr Gesprächspartner erkennt, dass Sie mit sich handeln lassen, wird aus einer Minute sukzessive mehr werden. 5 Minuten, 15 Minuten, 20 Minuten, 1 Stunde. Ihre Kommunikation war dann nicht erfolgreich. Sie ist es nur dann, wenn Sie sich selbst daran halten, was Sie zuvor klar angekündigt haben. Die Technik dazu nennen wir das Lichtschwert. Das Wort "Licht" steht für die Klarheit und das Wort "Schwert" für die Konsequenz. Sie finden es ab Seite 229 ausführlich beschrieben.

Wenn Sie also konsequent sind, und sich selbst an das halten, was Sie angekündigt haben, verleihen Sie damit auch Ihren zukünftigen Aussagen große Kraft. Sie machen anderen Menschen klar, woran diese mit Ihnen sind. Sie machen klar, dass Sie Ihr Wort halten. Dies verleiht ihren Worten in Zukunft ungleich mehr Stärke und Schlagkraft, als wenn Sie sich nicht an Ihre eigenen Aussagen halten würden. Sagen Sie hingegen eine Sache und tun Sie dann eine andere, so werden auch Ihre zukünftigen Aussagen nicht - oder zumindest nicht besonders - ernst genommen werden.

1.5. Zusammenfassung der Faktoren, die die Kommunikation zwischen Sender und Empfänger beeinflussen

Betrachten wir zum Abschluss des ersten Kapitels nochmals die wichtigsten Faktoren, die die Kommunikation zwischen Sender und Empfänger beeinflussen.

Indirekte Wirkung auf die Kommunikation haben:
→ Einstellung und Ausrichtung der Wahrnehmung von Sender und Empfänger
→ Der Grad an Klarheit über die persönlichen Ziele und Werte von Sender und Empfänger

Direkte Wirkung auf die Kommunikation haben:
→ Die Gefühle von Sender und Empfänger
→ Die Qualität der Beziehung zwischen den Gesprächspartnern
→ Die kommunikationstechnischen Fähigkeiten beider Gesprächspartner

Zukünftige Wirkung haben:
→ Die verursachende Wirkung der Worte
→ Die Konsequenz des Senders in Bezug auf seine Ankündigungen

2. Fordern und Fördern

In diesem Kapitel sind die zwei Verhaltensweisen Fordern und Fördern anhand der Fordern-Fördern-Matrix dargestellt und erläutert. Es beschreibt die Konsequenzen dieser Verhaltensweisen in ihrer extremen Ausprägung und erklärt, wie Sie zu einer ausgeglichenen Ideallinie zwischen diesen beiden Extremen gelangen können, die beide Dimensionen bestmöglich kombiniert und die wir daher als hoch erfolgreich erachten.

Alle in Folge erläuterten Kommunikationstechniken dienen dazu, Sie sowohl im Fordern als auch im Fördern bestmöglich zu unterstützen.

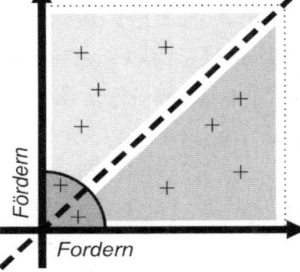

Grafik 4: Unterschiedliche Ausprägungen von Fordern und Fördern.

In diese Grafik kann die Ausprägung der Verhaltensweisen Fordern und Fördern eines jeden Menschen eingezeichnet werden. Fordern ist auf der waagrechten x-Achse eingezeichnet, Fördern auf der senkrechten y-Achse. Der Bereich, in dem das Fördern überwiegt, ist hell und der Bereich, in dem das Fordern überwiegt, dunkler markiert. Die strichlierte Linie in der Mitte zeigt den Bereich, in dem beide Dimensionen ausgeglichen verwirklicht sind. Der graue Viertelkreis um den Ursprung der beiden Achsen ist ein Bereich, in dem weder merkbar gefördert noch merkbar gefordert wird.

Fordern bedeutet, von anderen etwas zu verlangen. **Fördern** bedeutet, andere zu unterstützen. Solange beide Dimensionen einigermaßen ausgeglichen vorhanden sind und sich gegenseitig ergänzen, ist Wachstum möglich. Sowohl der Forderer, als auch der Förderer, sowie die Mitmenschen beider können in einer Mischung an Herausforderungen und Rücksichtnahme optimal wachsen und ihre Ziele verwirklichen.

Schwieriger wird das mit zunehmendem Überwiegen einer der beiden Dimensionen. Wird überwiegend gefördert, vernachlässigt der Förderer sich selbst und seine Bedürfnisse. Wird überwiegend gefordert, vernachlässigt der Forderer andere und deren Bedürfnisse.

Menschen, in deren Verhalten das Fördern überwiegt, können im hellen Bereich der Grafik eingetragen werden, Menschen, bei denen das Fordern überwiegt, im dunkleren Bereich der Grafik. Je intensiver die jeweilige Verhaltensweise ausgeprägt ist, je höher die kommunikative Energie ist, mit der die jeweilige Person agiert, desto größer ist der Abstand vom Nullpunkt.

Wenn ich das Beispiel eines extremen Förderers nehme, dann ist das jemand, der alles für andere und nichts für sich selbst tut. Es ist jemand, der hilft, unterstützt, Kraft gibt und für alles Verständnis hat. Dies klingt ja an sich nach einem netten Menschen. Im hier dargestellten Extrem ist er/sie aber nicht nett - und auch nicht erfolgreich, weil beide Seiten verlieren: Die Geförderten werden in einer Weise unterstützt, die ihre Selbstlösungskapazitäten verkümmern lassen. Sie gewöhnen sich daran, selbst nichts zu schaffen und sich alles erlauben zu können - und werden unzufrieden und unglücklich. Die Förderer bleiben ebenfalls auf der Strecke. Da sie nicht auf ihre eigenen Bedürfnisse hören und nie etwas von anderen verlangen, bekommen sie auch viel zu wenig von anderen - und werden mit der Zeit unzufrieden und unglücklich. Wer könnte schon ahnen, dass auch sie Bedürfnisse haben? Sie fühlen sich dann überlastet und sind enttäuscht, dass die von ihnen Geförderten so wenig Dankbarkeit zeigen. Beide Seiten verlieren.

Denken Sie z.B. an Kinder, die von ihren Eltern überfördert werden. Die gestützt, gehalten, getragen und angekleidet werden, wo sie dies, wenn auch vielleicht mit Anstrengung, schon selber könnten. In deren Angelegenheiten sich ihre Eltern einmischen, auch wenn sie diese selbst lösen könnten. Kinder, die im Haushalt nichts beitragen müssen, die verlorene Gegenstände nicht selbst suchen müssen, denen die Mutter auch noch im jugendlichen Alter die täglichen Schulbrote zubereitet, die Reisetasche packt usw. Kurz gesagt, Kinder oder Jugendliche, für die Aufgaben erledigt werden, zu denen sie - mit Leichtigkeit oder auch mit Anstrengung - selbst bestens in der Lage wären und an deren Bewältigung sie wachsen könnten.

Kinder, die in dieser Haltung großgezogen werden, werden auch als Erwachsene nach jemandem suchen, der sie genauso betreut, wie es einst die Eltern getan haben. Nicht, weil sie von Natur aus faul oder dumm wären, sondern weil sie nichts Anderes kennengelernt haben. Den Eltern wird das ständige "Bedienen" ihrer Kinder früher oder später reichen. Sie werden nicht verstehen, warum ihr Nachwuchs nicht selbständiger wird und werden sich darüber beklagen, dass sie weiterhin als Kümmerer und Handlanger dienen. Beide - Kinder und Eltern - verlieren.

Dasselbe gilt auch für überförderte Mitarbeiter, Kranke, Behinderte oder sozial am Rande Stehende. Beispiele für typische Förderer sind dementsprechend "viel zu gutmütige, sich aufopfernde, verständnisvolle" Eltern, Chefs oder Beschäftigte in sozialen Berufen.

Ein Aspekt, den ich am extremen Förderer besonders interessant finde ist, dass er nicht lösungsorientiert, sondern rein problemorientiert denkt. Wenn der Geförderte einen Fehler macht, genügt eine Erklärung, warum dies so sei - und der Förderer ist zufrieden und beschützt vielleicht sogar den Geförderten. *"Er ist halt so...", "Das muss man verstehen...", "Wenn wir unter diesen Voraussetzungen aufgewachsen wären, würden wir wahrscheinlich genauso handeln..." etc.*

Dass der Geförderte sein Verhalten ändern könnte, um in Zukunft denselben Fehler nicht mehr zu verursachen und statt dessen wachsen zu können, kommt dem Förderer gar nicht in den Sinn! So bleibt das Problem ungelöst. Der Förderer wird sich ewig um die Probleme anderer kümmern und selbst verkümmern. Und dem Geförderten wird die Chance genommen, zu wachsen.

Extreme Förderer neigen dazu, sich selbst zu überfordern. Sie sind dann mit ihren Leistungen permanent unzufrieden und persönlich unsicher. Sie reflektieren ununterbrochen, ob sie sich richtig verhalten und neigen dazu, sich selbst geringer zu schätzen als andere. Um diesen Zustand zu verbessern, stapeln sie Selbsthilfebücher und besuchen Seminare oder Therapien. Sie können aber nur dann um wesentliche Schritte weiterkommen, wenn sie verstehen, dass es für ihren Lebenserfolg und für den Lebenserfolg der Menschen, die sie umgeben, richtig, gut und notwendig ist, andere auch zu fordern.

Genau diese Sorgen hat ein typischer Forderer nicht. Ein extremer Forderer ist jemand, der nichts für andere tut, sondern fordert, was diese seiner Ansicht nach zu tun haben. Er neigt dazu, sich selbst zu überfördern. Er hat jede Menge Verständnis und Nachsicht mit sich selbst, aber weder Verständnis noch Nachsicht mit anderen. Er ist überzeugt, selbst alles richtig zu machen und fordert dies von seiner Umgebung ebenso ein. Da er so überzeugt davon ist, immer Recht zu haben und sich richtig zu verhalten, liest er üblicherweise keine Selbsthilfebücher und besucht auch keine Seminare. Er kommt gar nicht auf die Idee, dass auch er etwas verbessern könnte.

Der extreme Forderer denkt rein lösungsorientiert. Begründungen, warum ein Fehler passiert ist, interessieren ihn nicht. Nur Lösungen und Erfolg zählen. Dies lässt ihn oft hart und herzlos wirken. Damit kann er zwar sachlich sehr erfolgreich sein, er läuft jedoch Gefahr, persönlich zu vereinsamen. Ob er überhaupt Gefühle hat, ist schwer zu erkennen, außer wenn er sich lautstark über die Unfähigkeit seiner Mitmenschen beschwert und sein Schicksal beklagt, immer alles für alle anderen lösen zu müssen. Die Geforderten fühlen sich ebenso ungeliebt wie der Forderer selbst und müssen zusätzlich mit dem unangenehmen Gefühl leben, nichts richtig zu machen und ständig korrigiert zu werden. Dadurch ist die Lösungskompetenz eines extrem Geforderten oft ähnlich gering wie die eines extrem Geförderten. Und der extreme Forderer fühlt sich - wie der extreme Förderer - überlastet und unverstanden. Insgesamt ergeben also diese beiden so gegensätzlichen Verhaltensweisen in ihrer einseitigen Ausprägung überraschend ähnlich negative Ergebnisse für alle Beteiligten.

Auch das Extrem des Forderns ist also weder nett noch erfolgreich, weil beide Seiten verlieren: Die Geforderten werden überfordert und erhalten auch dann keine Hilfe, wenn sie tatsächlich selbst nicht mehr zu Rande kommen. Dies gibt ein Gefühl des Alleingelassenseins und der Unfähigkeit, Probleme zu lösen.

Der Forderer selbst leidet an Dauerüberlastung und bleibt vor allem emotional auf der Strecke. Durch seine Härte und Verständnislosigkeit Problemen oder Schwächen anderen gegenüber macht er sich systematisch unbeliebt, scheitert in Beziehungen und verliert dadurch an Kraft und Lebensfreude. Beide Seiten verlieren.

 Denken Sie nun als Gegensatz zum obigen Beispiel an Kinder, die von ihren Eltern überfordert werden. Kinder, die wenig Verständnis ernten, die nie zu hören bekommen, dass sie geliebt sind oder dass ihre Eltern stolz auf sie sind. Statt dessen hören sie ihr Leben lang Sätze wie "Lern etwas!", "Mach etwas aus dir!", "Was glaubst du, wie schwer ich es gehabt habe...", "Das Leben ist hart...", "Wenn du dich nicht anstrengst, wird nichts aus dir..." etc. Wünsche oder Sorgen solcher Kinder werden tendenziell als unwichtig oder lächerlich abgetan. Forder-Eltern können nicht zuhören und zeigen wenig Verständnis für die Vorstellungen und Bedürfnisse ihrer Kinder. Wie auch? Sie "wissen" ja, was für ihre Kinder das Beste ist.

Kinder, die auf diese Weise großgezogen werden, laufen Gefahr, sich ungeliebt, einsam und unverstanden zu fühlen. Sie werden der Ansicht sein, bei soviel brutalem Drill und so wenig Menschlichkeit sei es wohl das Mindeste was sie erwarten können, dass sie wenigstens finanziell unterstützt werden. Sie werden sich also nicht bedanken - weder für die fordernde Erziehung, noch für materielle Unterstützung. Auch die Forderer selbst werden früher oder später an ihrer vermeintlichen Lieblosigkeit scheitern und allein bleiben. Die Kinder werden raschestmöglich ausziehen, der Ehepartner wird sich scheiden lassen. Der Forderer wird für seine Familie weiterzahlen müssen und sich einsam und ausgenützt fühlen. Wenn wir dieses Negativszenario weiterdenken, verlieren beide - Kinder und Eltern.

Typische Forderer sind beispielsweise sogenannte "strenge, harte" Chefs oder Eltern.

Die Ideallinie, deren Anstreben wir empfehlen, vereinigt beide Dimensionen in möglichst hohem Ausmaß: Nur wenn wir intensiv fördern und zugleich intensiv fordern, schaffen wir ideale Voraussetzungen, zu erfolgreichen Menschen zu werden, die ihre eigenen Ziele verwirklichen und gleichzeitig auch wirkliche Beiträge für andere leisten.

Solange wir noch einen sehr starken einseitigen Schwerpunkt in einer der beiden Dimensionen haben, verlieren sowohl wir selber, als auch unsere Mitmenschen. Das Ziel muss sein, dass beide Seiten gewinnen. Dies können wir nur durch das Kombinieren von Fordern- und Fördern-Fähigkeiten erreichen. Das bedeutet, dass wir für uns selbst und für andere etwas tun müssen und dass wir von uns selbst und von anderen etwas verlangen müssen. Es heißt, sich selber und die anderen zu schätzen und weder sich, noch andere für über- oder unterlegen zu halten. Es bedeutet ein klares Bewusstsein für die eigenen Potenziale, sowie für die Potenziale anderer zu entwickeln und diese zu fordern und zu fördern.

Zusätzlich zur Ausgeglichenheit beider Dimensionen ist es auch wesentlich, dass wir möglichst viel Energie in beide Dimensionen investieren. In der Grafik erkennen Sie die Intensität, mit der die betreffende Person agiert, am Abstand der Markierung vom Nullpunkt. Je größer der Abstand, desto höher ist die Energie, die wir kommunikativ investieren.

Wir können hierbei davon ausgehen, dass wir alle ein hohes und relativ stabiles Energiepotenzial haben. Die Frage ist nur: Was machen wir mit unserer Energie? Verpuffen wir sie innerlich, indem wir uns mit ewigem Nachdenken, mit Sorgen oder mit dem Wälzen von Problemen quälen, oder setzen wir sie gezielt ein, um unsere Ziele zu verfolgen?

Wie Sie wahrscheinlich bereits erahnen können, lautet unsere Empfehlung, Ihre Energien in Tätigkeiten, statt in bloßes Nachdenken zu investieren. Sie müssen etwas tun, um etwas zu erreichen. Das bloße Nachdenken darüber hat wenig Effekt.

Unter diesem Aspekt lassen sich auch die vier Figuren aus unserer Kommunikationstypologie, die am Ende dieses Buches ausführlich beschrieben sind, erläutern.

Der "Haubentaucher" beispielsweise befindet sich in unserer Grafik irgendwo ganz nahe am Nullpunkt. Er investiert so wenig Energie und trägt so wenig bei, dass er kaum wahrgenommen wird. Er fördert kaum und fordert auch kaum. Dementsprechend fällt er auch kaum auf, erzielt wenig Erfolge und macht sich nicht besonders beliebt. Wie auch? Er tritt ja nicht in Erscheinung.

Dem gegenüber agiert der "Freund" mit sehr hoher Energie. Er investiert viel in sein Leben und bekommt daher auch viel zurück. Er fördert und fordert mit hoher Intensität. Sein Energieeinsatz ist nur kurzfristig höher, als jener des Haubentauchers. Seine Energiebilanz ist in Summe deutlich positiver. Da der Freund ein Vielfaches seines Einsatzes als Glück, Erfolg und Lebensfreude zurückbekommt, erzielt er insgesamt ein unendlich viel besseres Ergebnis an Wohlbefinden, Spaß und Energie als der Haubentaucher.

Der "Haubenvampir" tritt - wie der Haubentaucher - kaum in Erscheinung. Wenn, dann äußert er sich im Gegensatz zum Haubentaucher allerdings negativ und vernichtend und zieht damit anderen Menschen Energie ab.

Der "Energievampir" tut dies mit hohem Energieeinsatz. Er äußert sich sehr häufig und intensiv, doch leider überwiegend negativ. Er wird damit zu einer ständigen Belastungsprobe für seine Umwelt.

Weder der Haubenvampir noch der Energievampir fordert oder fördert. Ihre Verhaltensweisen rauben ihrer Umgebung Kraft. Sie ziehen ihren Gesprächspartnern förmlich die Energie ab. Diese Wirkung hält sich beim Haubenvampir in Grenzen, beim Energievampir ist sie hingegen durch den hohen Energieeinsatz intensiv ausgeprägt. Aus diesem Grund sind die beiden Vampire irgendwo im negativen Energiebereich eingezeichnet. Der wesentliche Unterschied zwischen ihnen ist das Ausmaß ihres kommunikativen Energieeinsatzes.

Der Unterschied zu Freund und Haubentaucher liegt darin, dass die Energiewirkung der ersteren beiden positiv ist, jene der Vampire negativ. Wenn wir die Fordern-Fördern-Matrix um die beiden Negativenergie-Typen erweitern, können die 4 extremen Kommunikationstypen folgendermaßen dargestellt werden:

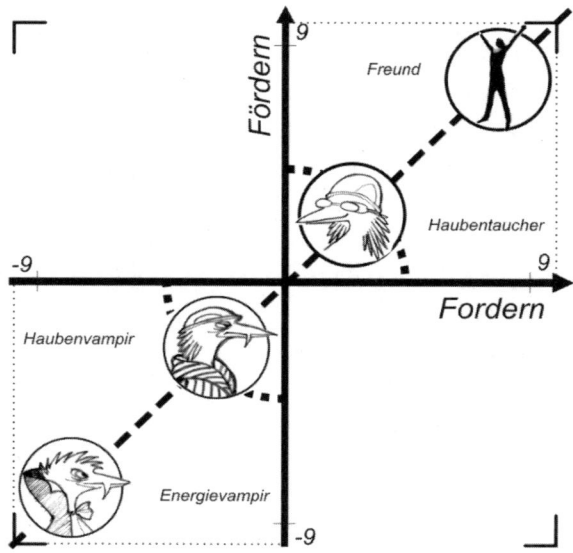

Grafik 5: Fordern-Fördern-Matrix mit Kommunikationstypen

Da alle von uns empfohlenen Kommunikationstechniken dazu dienen, Energie zu geben, bzw. mit positiver Energie zu agieren, lassen wir in allen anderen Darstellungen der Fordern-Fördern-Matrix den negativen Bereich weg.

Unsere Empfehlung lautet also eindeutig: Investieren Sie möglichst viel positive Energie in beide Dimensionen Fordern und Fördern! Die in Folge dargestellten Kommunikations-techniken sind immer mit einem Vermerk versehen, ob es sich um eine Technik zur Unterstützung des Forderns oder des Förderns handelt.

2.1. Einordnung in die Fordern-Fördern-Matrix und Klassifizierung der Kommunikationstechniken nach den Dimensionen Fordern und Fördern

Nach der Schilderung von Extrembeispielen und der Ideallinie sind Sie nun in der Lage, sich folgende Fragen zu stellen:

1. In welchem Bereich der Fordern-Fördern-Matrix befinde ich mich in etwa? An welcher Stelle der Koordinaten würde ich das Ausmaß meines Verhaltens in Hinblick auf meine Intensität an Fordern und Fördern eintragen?
2. Was kann ich tun, um mich sukzessive der Ideallinie zu nähern?

Ich persönlich finde diese Frage ziemlich spannend. Ich kann sie für mich gar nicht so eindeutig beantworten - abgesehen davon, dass mich manche andere Personen anders einschätzen als ich mich selbst.

Wenn Sie sich hinsichtlich Ihrer Forder- und Förderdimension einschätzen wollen, sollten Sie an berufliche und an private Situationen denken: Sind Sie in beiden Bereichen in gleichem Ausmaß fordernd und fördernd? Oder würden sich unterschiedliche Koordinatenschnittpunkte ergeben, je nachdem, an welche Personengruppe Sie denken?

Den ersten Schnelltest haben Sie übrigens schon während des Lesens automatisch mitgemacht. Jene Dimension, die Ihnen sofort unsympathisch war, oder deren Existenz in dieser extremen Form Sie sich gar nicht vorstellen konnten, ist mit Sicherheit die Dimension, in der Sie verstärkten Aufholbedarf haben, um sich der Ideallinie zu nähern. Da dies Ihre "schwache" Dimension ist, können Sie damit rechnen, dass Sie beim Anwenden der entsprechenden Techniken sehr rasche und hohe Wirkungen erzielen werden.

Was sind nun die Kommunikationstechniken, die wir zur Unterstützung der beiden Dimensionen empfehlen?

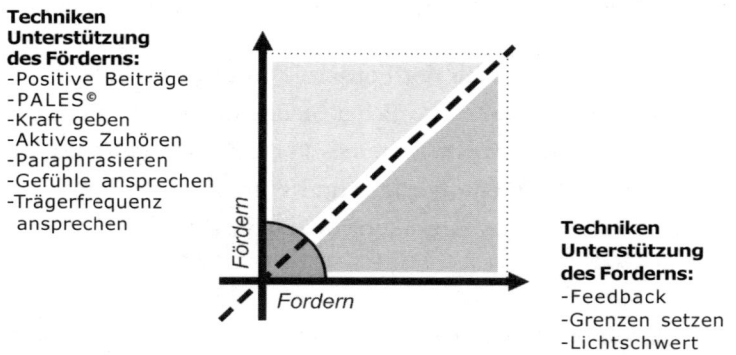

Techniken Unterstützung des Förderns:
-Positive Beiträge
-PALES©
-Kraft geben
-Aktives Zuhören
-Paraphrasieren
-Gefühle ansprechen
-Trägerfrequenz ansprechen

Techniken Unterstützung des Forderns:
-Feedback
-Grenzen setzen
-Lichtschwert

Grafik 6: Übersicht über die Kommunikationstechniken zur Unterstützung des Forderns und zur Unterstützung des Förderns.

Alle Techniken, die der Wertschätzung, dem Unterstützen und Verstehen des anderen und somit einer hohen Personenorientierung dienen, sind **Förder-Techniken**. Es sind dies alle positiven, kraftgebenden Beiträge, wie besonders PALES© - und es umfasst die gesamte Technik des aktiven Zuhörens, Paraphrasierens und des Ansprechens von Gefühlen und Trägerfrequenz. All diese Techniken dienen dazu, liebevoller und verständnisvoller zu sein, bzw. dies zu kommunizieren.

Das Eigenartige an der Sache ist: Die Tatsache, ein Förderer zu sein bedeutet noch lange nicht, dass man dies auch kommunikativ gut vermittelt! Das selbe gilt genauso für Forderer. Meine Erfahrung ist genau das Gegenteil: Die weitaus meisten Menschen, egal ob Förderer oder Forderer, beherrschen sehr wenig oder nichts von diesen Techniken. Sie sagen selten etwas Nettes und hören schlecht zu. Sie sind in ihren Aussagen weder besonders klar noch konsequent. Dadurch erzielen sie deutlich weniger Erfolg als sie könnten - unabhängig davon, ob sie fördern oder fordern.

Alle vorgestellten Förder-Techniken dienen dazu, mit dem gleichen oder sogar mit geringerem Energieeinsatz ein hohes Ausmaß an Erfolg auf der Seite des Förderns zu erzielen. Dies ist eine gleichermaßen essentielle Lernaufgabe sowohl für Förderer, als auch für Forderer, die ihr Verhaltensspektrum um Förder-Fähigkeiten erweitern wollen.

Alle Techniken, die dem Vorbringen und Verfechten eigener Anliegen dienen, sind **Forder-Techniken**. Sie dienen dazu, ein bestimmtes Ziel zu erreichen. Es sind die Techniken des Feedback, des Grenzen-Setzens und des Lichtschwertes. Sie dienen dazu, eigene Anliegen klar, mit Entschlossenheit und ohne Aggression in entspannter, friedlicher Stimmung vorzubringen und dabei bestmöglichen Erfolg zu erzielen. Auch das Erlernen dieser Techniken ist für Forderer gleichermaßen wichtig wie für Förderer, die ihr Verhaltensspektrum ab sofort um Forder-Techniken erweitern möchten.

Egal, welche Dimension bisher Ihr Schwerpunkt war, eines sollten Sie von vornherein wissen: Wenn Ihr Ziel die Ideallinie ist und Sie sich dieser von Ihrem jetzigen Ausgangspunkt nähern wollen, ist es ganz normal, dass das Gesamtergebnis zu Beginn schlechter sein wird, sofern Sie mit demselben Energieaufwand agieren. Nehmen wir an, Sie sind ein Förderer und möchten mehr fordern: Wenn Sie mit demselben Einsatz agieren und einfach fordern, statt zu fördern, bleibt naturgemäß das Fördern auf der Strecke.

Angenommen, ein Mitarbeiter Ihres Teams hat einen Fehler gemacht und dadurch ein Projekt in Probleme gebracht. Statt wie sonst immer Verständnis zu haben, warum dies passiert ist und keine Konsequenzen zu ergreifen, hören Sie diesmal den Argumenten Ihres Mitarbeiters gar nicht zu, sondern entziehen ihm kurzerhand die Projektleitung. Sie empfinden sich danach möglicherweise zu hart und viel zu wenig nett - und wechseln vor lauter Schreck gleich wieder in Ihre überwiegende Förderposition zurück.

Um gleich nett zu bleiben wie vorher, aber zusätzlich konsequenter zu agieren, müssen Sie mehr investieren. Sie müssen zuerst Förder-Techniken anwenden, wie z.B. in die Trägerfrequenz investieren und besser zuhören - und danach zusätzlich klare Konsequenzen setzen.

Dasselbe gilt genauso, wenn Sie von der Dimension des überwiegenden Forderns kommen und sich der Ideallinie nähern möchten. Ihr vermehrtes Nett-sein kann zu Beginn auf Kosten Ihrer Klarheit und Konsequenz gehen. Sie werden aber lernen, beides zu vereinen. Dies kann anfangs mehr Energie erfordern. Mittelfristig gesehen ist es aber nur ein Umlernprozess. Sobald Sie diesen Lernschritt gemacht haben, wird die Energiebilanz deutlich positiver sein als vorher. Das heißt, Sie gewinnen aus diesem Prozess überproportional mehr Energie, Begeisterung, Lebensfreude, Freizeit, Wohlstand und Gesundheit, als Sie an Kraft investieren müssen.

Im nächsten Abschnitt finden Sie alle Kommunikationstechniken, die Sie benötigen, um sich diesem Ziel zu nähern. Sind Sie bereit? Los geht's!

II. DIE KOMMUNIKATIONS-TECHNIKEN

3. Die Trägerfrequenz als kommunikatives Abbild von Beziehungen

Wie bereits mehrmals erwähnt, entsteht Kommunikation immer durch die Beziehung, die ein Sender und ein Empfänger zueinander haben - und die Qualität der Beziehung ist ausschlaggebend für die Qualität der Kommunikation. Betrachten wir dies nun einmal genauer: Für die Qualität unserer Kommunikation ist nämlich nicht die Qualität einer Beziehung in allen ihren Facetten ausschlaggebend, sondern nur die **Trägerfrequenz**, das ist der kommunikative Aspekt einer Beziehung. Sie besagt, inwieweit Sender und Empfänger sich kommunikativ verstehen, inwieweit sie ihre Worte, Blicke, Gesten etc. richtig deuten oder fehlinterpretieren, inwieweit sie auf der selben oder auf verschiedenen "Wellenlängen" kommunizieren. Die Trägerfrequenz sagt aus, wie gut wir uns mit jemand anderem verstehen. Je besser die Trägerfrequenz ist, desto besser verstehen wir uns mit dieser Person.

Wenn wir eine Beziehung unter kommunikativen Gesichtspunkten betrachten, sehen wir also die Trägerfrequenz. Andere Gesichtspunkte wären beispielsweise rechtliche, sexuelle oder hierarchische Aspekte.

Die Qualität der Trägerfrequenz muss nicht unbedingt mit der Qualität von anderen Aspekten der selben Beziehung übereinstimmen. Wir können uns z.b. mit einem Kollegen kommunikativ sehr gut verstehen, das heißt, eine sehr gute Trägerfrequenz haben, ohne jedoch eine enge freundschaftliche Beziehung zu führen. Wir können zu Chefs, Kunden oder anderen Menschen, mit denen wir zusammenarbeiten, eine ausgezeichnete Trägerfrequenz haben, ohne eine besonders nahe persönliche Beziehung zu führen. Auf der anderen Seite bedeutet das Faktum einer nahen persönlichen Beziehung nicht automatisch, dass wir uns deshalb auch kommunikativ gut verstehen. Wir können zu einem Partner eine intensive sexuelle Beziehung haben und zugleich eine schlechte Trägerfrequenz. Wir können zu unseren Kindern ganz unterschiedliche Trägerfrequenzen haben, obwohl alle im selben Haushalt leben und wir mit allen eine Eltern-Kind-Beziehung führen.

Die Qualität der Trägerfrequenz ist essentiell für die Verständigung miteinander. Sie ist ein zentraler Faktor für erfolgreiche Kommunikation. Sie kann durch gezieltes Beziehungsmanagement bewusst verbessert werden. Wir erachten sie als essentiell für Glück und Erfolg im Leben. Es ist mir daher ein Anliegen, Ihnen dies möglichst intensiv zu vermitteln.

Ohne Beziehungsmanagement sind wir zum Scheitern verurteilt. Wenn wir nicht in Beziehungen investieren, müssen wir uns weit unter unseren Möglichkeiten geschlagen geben und werden die Welt als undankbar und ungerecht empfinden. Wenn wir auf Beziehungen keinen Wert legen, verhindern wir jede Menge an Erfolg, Spaß und schönem Leben, das wir uns ohne jeden Zweifel verdienen würden. Ewig schade, oder?!

Der begnadetste Fachspezialist eines beliebigen Faches wird frustriert in seinem Kämmerlein dahinwerken, wenn er die Beziehungen nicht pflegt, die ihn zum verdienten Karrieresprung führen würden. Was hat er davon, wenn er Tag und Nacht arbeitet und immer mehr und schwierigere Projekte aufgebrummt bekommt, weil er einfach alles lösen kann? Und dabei weder das Geld noch die Anerkennung erntet, die ihm zustehen würden?

Der genialste Künstler wird sein Leben lang nicht die verdiente Anerkennung und die damit einhergehenden finanziellen Mittel erlangen, wenn er es nicht schafft, seine Genialität der Welt zu kommunizieren. Was hat er davon, wenn seine Werke - falls überhaupt - erst nach seinem Tod um Unsummen gehandelt werden?

Was hat der netteste, liebevollste Mensch davon, wenn er seine Nettigkeit und Liebe nicht in Worte fassen kann und sein Leben einsam und unbeachtet dahinfristet? Ohne die Familie, die Freunde und das Glück, das er sich verdienen würde? Nichts. Dabei wäre es so einfach.

Menschen, die nichts oder zu wenig in Beziehungen und damit in ihre Trägerfrequenzen investieren, nennen wir in unserer Kommunikationstypologie "Haubentaucher". Wir nennen sie deshalb so, weil sie, sobald sich die Möglichkeit oder Notwendigkeit ergäbe, kommunikativ etwas zu beizutragen, "abtauchen". Es sind Menschen, die wenig reden, die es vermeiden, etwas Persönliches zu sagen, die möglichen Konflikten auswei-

3. Die Trägerfrequenz als kommunikatives Abbild von Beziehungen

chen, die sich selbst unter ihrem Wert „verkaufen", anderen keine Energie geben und dadurch selbst auch weniger Energie bekommen, als sie brauchen würden. Am Ende dieses Buches sind sie genauer beschrieben.

Das Haubentaucher-Syndrom ist weit verbreitet und wirkt sich absolut negativ auf Erfolg und Spaß im Leben des Haubentauchers und auf die Lebensqualität der Menschen aus, die mit Haubentauchern leben oder arbeiten. Dabei empfinden sich die meisten Haubentaucher gar nicht als solche! Sie finden, sie machen alles richtig und sind vergrämt über mangelnden Erfolg und mangelnde gute Beziehungen. Das Erstaunliche ist: Selbst wenn sie darauf aufmerksam gemacht werden, dass sie zu wenig von sich geben und zu verschlossen sind, halten die meisten Haubentaucher mit all ihrer Energie an ihrer einsiedlerischen Lebensmethode fest, obwohl sie damit offensichtlich wenig erfolgreich sind.

Würden solche Menschen mit nur einem Bruchteil dieser Energie an den hier beschriebenen Kommunikationstechniken arbeiten, könnten sie vergleichsweise das Paradies auf Erden erleben. Aber nein. Sie müssen beweisen, dass es anders (nicht) geht. Echte Haubentaucher eben, Hut ab.

Was bedeutet nun eine gute oder eine schlechte Trägerfrequenz? Betrachten wir es einmal technisch: Technisch gesprochen bedeutet eine schlechte Trägerfrequenz Rauschen in der Leitung. Eine gute Trägerfrequenz bedeutet kristallklaren Empfang.

Wenn zwischen zwei Menschen eine stabile, gute Trägerfrequenz herrscht, kann man auch sagen, sie verstehen sich gut. Der Empfang ist gut. Wenn sich die beiden sehr gut verstehen, ist er kristallklar. Die meisten Probleme, mit denen sich Menschen mit schlechter Trägerfrequenz herumschlagen, treten gar nicht erst auf. Das liegt daran, dass Menschen, die sich gut verstehen, jede Menge an Missverständnissen vermeiden. Falls dennoch Probleme auftreten, können sie leichter gelöst werden. Solche Menschen werden dann auch einen Streit besser überstehen, weil ja die grundsätzliche freundschaftliche oder liebevolle Beziehung klar und sicher ist. Ist diese nicht sicher, kann hingegen jede minimale Auseinandersetzung zu einer Gefährdung der gesamten Beziehung führen.

Wenn also die Trägerfrequenz schwach ist und keine stabile Verbindung besteht, kommt es unendlich viel häufiger zu Missverständnissen und Unstimmigkeiten. Die Verständigung wird durch ununterbrochenes Rauschen in der Leitung gestört. Probleme treten häufiger auf und werden schwerer oder gar nicht gelöst. Tür und Tor sind geöffnet für Missverständnisse, Unklarheiten, Unzufriedenheit und unnötige Streitereien.

Jeder Satz, der gesprochen wird, ja, sogar jeder Blick, der ausgetauscht wird, wirkt auf die Trägerfrequenz. Schon alleine die Tatsache, ob uns jemand, den wir gerade zum ersten Mal sehen, sympathisch oder unsympathisch ist, wirkt auf die darauf folgende Kommunikation.

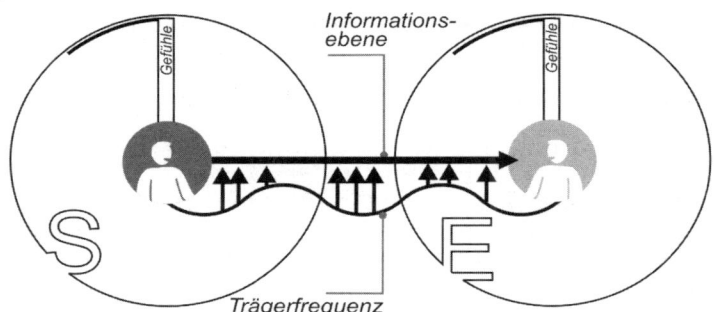

Grafik 7: Wirkung der Trägerfrequenz auf die Informationsebene eines Gesprächs.

Wir leben in ständigen Beziehungen mit allen Menschen, die uns umgeben und wir wirken mit jedem Satz und mit jeder Aktion auf diese Beziehung. Dies geschieht überwiegend unbewusst. Vor allem Aussagen oder Verhaltensweisen, die eine Beziehung verschlechtern, fallen oft unbewusst und unabsichtlich und stören in Folge die Klarheit der Kommunikation zwischen den Betroffenen.

Dem kann aber entgegengewirkt werden. Durch das Sprechen über die Beziehungsqualität, durch positive Aussagen und positive Verhaltensweisen dem Gesprächspartner gegenüber, können wir Beziehungen in jedem Moment und augenblicklich wieder verbessern.

Jede Aktion, die den kommunikativen Aspekt einer Beziehung verbessert, ist eine Investition in die Trägerfrequenz. Das Pflegen der Trägerfrequenz wird auch Beziehungsmanagement genannt. Dieser Begriff mag Sie intensiv an den Beruf erinnern, er ist aber im Privatleben, in Beziehungen zwischen Partnern, Eltern und Kindern gleich wichtig. Beziehungsmanagement, also das Arbeiten an Trägerfrequenzen ist essentiell für unser Wohlbefinden und unseren Erfolg im Leben.

Vielleicht kennen Sie schon das Beispiel vom Anrufbeantworter und jenes vom Mitarbeiter, der nicht mit seinem Chef kommuniziert*. Sicher kennen Sie auch jede Menge anderer Beispiele.

Denken Sie doch einmal an Ihr eigenes Leben. An die Beziehungen, die Sie mit Ihrem Partner, mit Ihren Eltern, Kindern und Freunden führen. Und an Ihre beruflichen Beziehungen. Wie gut verstehen Sie sich mit anderen? Wie häufig gibt es Missverständnisse, Streit oder andere Probleme? Wäre da nicht einiges verbesserbar?

* *Dr Manfred Winterheller „Wenn die Berge sich hinwegheben..."*

Was Beziehungsmanagement angeht, ist meine Erfahrung, dass die meisten Menschen der Überzeugung sind, "ohnehin total nett zu sein. Das Umfeld dieser Menschen scheine dies aber nicht wahrzunehmen. Die Sache mit der Trägerfrequenz funktioniere also nicht." Mhm... Ehrlich gesagt, ich nehme von der Nettigkeit dieser Menschen meist auch nicht viel wahr. Denn das oben Gesagte ist meist deren einzige Wortmeldung zu diesem Thema und ist sehr typisch für ihre Art und Weise zu kommunizieren. Kommunikationstechnisch betrachtet ist diese Aussage klar sachorientiert und schließt die Bereitschaft aus, selbst mehr beitragen zu können. Insofern ist sie auch nicht positiv. Investitionen in Trägerfrequenzen müssen hingegen immer positiv und personenbezogen sein. Freiwillig etwas Positives, Personenbezogenes hinzuzufügen, fällt jedoch genau diesen Personen üblicherweise nicht einmal im Schlaf ein.

Wenn wir dann im Kommunikationstraining PALES© üben, winden sich diese "netten Menschen" wie Schlangen und quälen sich durch die einfachsten netten Formulierungen, als würden sie gerade durchs Fegefeuer gejagt. Obwohl ich dieses Phänomen seit langem kenne, bin ich immer wieder aufs Neue überrascht. Über die falsche Selbsteinschätzung, der wir alle unterliegen und über die Höllenqualen, die so mancher erleidet, wenn er oder sie übt, positive Dinge in Worte zu fassen.

Aber keine Sorge: Ich schreibe das nicht, um Sie zu entmutigen, sondern um Sie zu ermutigen! Falls Sie sich anfangs mit den PALES© - Übungen abmühen sollten, sind Sie dabei nicht der oder die Einzige. Aber es ist lernbar - und die Effekte sind wunderbar. Die Rückmeldungen meiner Teilnehmer sind begeistert und - hat man sich einmal daran gewöhnt - ist es leicht und wohltuend für alle Beteiligten.

3.1. Wie stellen wir Trägerfrequenzen her?

Um erfolgreich zu kommunizieren, das heißt, um eine Basis des gegenseitigen Verstehens aufzubauen, müssen wir die Trägerfrequenzen zu anderen Menschen aktiv herstellen. Manfred Winterheller spricht diesbezüglich von Senderabstimmung beim Radio und von Frequenzabstimmung bei GPS. Ein guter Vergleich, um sich vorzustellen, wie wir Beziehungen zu anderen Menschen herstellen müssen: Wir müssen unsere "Frequenzen" aufeinander abstimmen.

Beziehungen zu anderen Menschen sind keinesfalls "Gottgegeben". Klar, verstehen wir uns mit manchen Menschen besser und mit anderen schlechter. Wir können aber die guten wie die schlechten Beziehungen verbessern und auf Dauer auf einem bestimmten, gewünschten Niveau stabilisieren.

In Beziehungen zu Menschen, mit denen wir in laufendem Kontakt sind, sollten wir auch laufend investieren. Die Halbwertszeit der Trägerfrequenz ist kurz. Sie dauert maximal ein paar Wochen. Wenn wir öfter investieren, hält die Wirkung etwas länger an. Je näher wir anderen Menschen stehen, desto öfter sollten wir investieren. Innerhalb der Familie am besten täglich. Das sollten selbstverständlich nicht nur Sie tun, sondern auch alle anderen. Sie können dies ruhig von anderen einfordern. Sie müssen nur damit anfangen.

Wichtig ist das Bewusstsein, dass unsere Aussagen immer auf die Trägerfrequenz wirken und immer unsere Beziehungen beeinflussen. Wenn wir das wissen, können wir diese bewusst positiv und dem Zweck entsprechend gestalten.

Es gibt eine Reihe von Dingen, die wir tun können, um gute und stabile Beziehungen herzustellen und zu erhalten. Grundsätzlich geht es darum, schlicht und einfach nett zu sein - und dies in Worte zu fassen. Sagen Sie nette Dinge, seien Sie aufmerksam und liebevoll und hören Sie anderen zu.

Schicken Sie nette, positive SMS, Mails, Faxe oder Briefe. Bedanken Sie sich. Machen Sie Geschenke. Geben Sie Kraft und Zuversicht, seien Sie ein Freund/eine Freundin. Üben Sie das auch mit "Unbekannten": Sagen Sie etwas Nettes zur Verkäuferin, zum Tankwart, zum Straßenbahnfahrer. Haben Sie keine Sorge, dass Sie es übertreiben könnten. Genießen Sie die Reaktionen der von Ihnen "Beschenkten".

Ganz gezielt in Trägerfrequenzen investieren sollten Sie immer, wenn Sie schwierige Gespräche führen müssen und wenn es Probleme zu lösen gibt, vor dem eigentlichen Gespräch. Sagen Sie zu Beginn etwas Positiv Personenbezogenes. Verbessern Sie bewusst Beziehungen und Stimmungen.

Dasselbe gilt für Einleitungen oder Eröffnungen aller Ihrer beruflichen Auftritte. Ob Sie ein Seminar, ein Meeting, eine Präsentation oder einen Vortrag eröffnen, oder ob Sie "nur" eine geschäftliche Besprechung führen: Beginnen Sie immer positiv - möglichst positiv personenbezogen. Sie schaffen damit eine gute und persönliche Stimmung. Dies erleichtert das darauf folgende Gespräch, die Präsentation oder den sonstigen Anlass für alle Beteiligten.

Kommunikationstechnisch gibt es mehrere Werkzeuge für das Investieren in die Trägerfrequenz. Es sind dies:

1. alle positiven Beiträge,
2. alle positiven personenbezogenen Beiträge = PALES© ,
3. alle energiegebenden Beiträge,
4. das Ansprechen von Gefühlen
5. und das Ansprechen der Trägerfrequenz.

Bezogen auf die Fordern-Fördern-Matrix sind diese Werkzeuge Förder-Techniken, weil sie Gesprächsstimmung, Energie und persönliche Beziehungen verbessern und damit Ihre Gesprächspartner fördern.

Das Ansprechen von Gefühlen und Trägerfrequenzen wird im Kapitel "Kommunikation als Medium zur Übertragung von Energie" ausführlich behandelt. Die positiven und kraftgebenden Beiträge sind gleich hier in Folge beschrieben. Beginnen wir mit dem Einfachsten:

3.1.1. Sagen Sie etwas Positives

Diese Aufgabe ist simpel. Ich vermute, sie ist Ihnen auch nicht wirklich neu: Fassen Sie Ihre positiven Gedanken in Worte. Kein Mensch kann wissen, was in Ihrem Kopf vorgeht. Nettes denken hilft niemandem - Nettes sagen oder tun ist verlangt. Das ist meine erste Empfehlung:

> **Trägerfrequenz Übung 1:** Sagen Sie positive Dinge. Und das möglichst oft am Tag.

Die untenstehenden Beispiele stellen einen Einstieg in die Übungen zur Steigerung Ihrer Trägerfrequenzen dar. Die Beispiele mögen Ihnen vielleicht lächerlich erscheinen. Mir ist es damit aber sehr ernst. Ich höre nämlich selbst diese einfachen Dinge viel zu selten.

In unserer Kultur herrscht die schlechte Gewohnheit, Positives als selbstverständlich hinzunehmen und sich dafür in aller Ausführlichkeit über Negatives zu unterhalten. Diese Gewohnheit hat nichts Erfreuliches und schon gar nichts Erfolgreiches an sich. Sie können sie aber ändern. Wenn Sie bisher zwar Positives gedacht, es aber nicht gesagt haben, ändern Sie das nun. Sagen Sie es. Selbst wenn Sie befürchten, Ihr Umfeld dadurch zu verunsichern, sagen Sie es. Sie werden sehen, dass es Ihnen gut tut und dass es positive Wirkung bei anderen erzielt.

Falls Ihnen generell wenig Positives auffällt, das erwähnenswert wäre, ist die Übung für Sie umso wichtiger. Sie ist sogar essentiell. Sie schult Sie darin, mehr von all dem Positiven wahrzunehmen, das rund um uns herum existiert. Sie ist eine ganz wesentliche Übung zur Steigerung Ihres Wohlbefindens. Sie wird Sie glücklicher machen.

Beispiele für positive Beiträge:

Allgemeines:

Was für eine beeindruckende Stadt!
Unglaublich, wie schön es hier ist!
Das hat mir riesig Spaß gemacht.

Zu Bekannten.

Schön, Sie wieder zu sehen!
Sie sehen gut aus!

Zu Fremden/Verkäufern/Kunden/Chefs/Kollegen...:

Vielen Dank für Ihre Hilfe, das finde ich sehr nett von Ihnen.
Vielen Dank, dass Sie mich so unterstützt haben,

Sie haben mir wirklich gut weitergeholfen.
Was für ein toller Mantel (Schuhe, Kleid etc.) -
steht Ihnen außerordentlich gut!

Zu Freunden/Familie:

Ist das schön, bei euch zu sein!
Was für ein Glück, dass wir uns getroffen haben!
Vielen Dank, du bist wirklich ein guter Freund!
Du siehst einfach hinreißend aus.

Zu Kindern:

Unglaublich, wie du schon toll schreiben
(lesen, malen etc.) kannst!
Das kannst du richtig gut.
Es macht mir total viel Spaß, mit dir zu spielen
(plaudern, gemeinsam etwas zu unternehmen etc.).

Üben Sie solange, bis Sie diese positiven Beiträge ganz automatisch leisten, ohne darüber nachdenken zu müssen. Zur Sicherheit sollten Sie sich zwischendurch selbst kontrollieren. Am besten täglich. Trauen Sie niemandem, der sich für extrem nett hält. Auch sich selbst nicht. Fragen Sie sich ernsthaft: Wie oft habe ich heute etwas Nettes gesagt? Führen Sie eine Statistik über Ihre positiven Beiträge. Ist da noch eine Steigerung drin? Wenn ja, dann steigern Sie sich.

Und noch etwas: Machen Sie sich keine Sorgen, dass Sie es übertreiben könnten. Sie können hemmungslos nett sein. Meine Erfahrung ist, dass Menschen, die beginnen, positive Beiträge zu üben, diese Beiträge furchtbar übertrieben finden. Der Empfänger hat hingegen verständlicherweise Mühe, aus Formulierungen wie *"...nicht so schlecht...", "...eh ok..."* überhaupt etwas

Positives herauszuhören. Solche Formulierungen sind nicht gemeint. Halten Sie sich lieber an die Beispiele.

Haubentaucherformulierungen- nicht empfehlenswert	Positive Formulierungen- empfehlenswert
Du machst das gar nicht so schlecht...	Du machst das richtig gut!
Ja, so könnte man das machen...	Genau das ist die Lösung, auf die wir gewartet haben!
Das Essen ist nicht schlecht.	Das Essen schmeckt gut!
Du bist schon ok.	Ich finde dich richtig toll!

Für jeden Menschen sind nette, liebevolle Worte Balsam für die Seele. Ich treffe manchmal Leute, die durch die schlichte Bemerkung *"Gut sehen Sie aus!"* völlig aus der Bahn geworfen werden und die dann - oft sogar mehrmals - nachfragen, ob das tatsächlich ernst gemeint sei. Es ist für sie schwer zu glauben, weil sie von ihrem Umfeld nie etwas Nettes zu hören bekommen. Das finde ich erschütternd. Es gibt jede Menge Menschen, die emotionell ausgehungert sind.

Ich habe daher absolut kein Verständnis für Menschen, die "positives Gerede" als unnotwendig und störend empfinden. Die immer schnell "zur Sache" kommen und ihrem Gegenüber gleich zur Begrüßung mit dem „Stellwagen" ins Gesicht fahren. Sie sollten sich dagegen wehren und den Stellwagen gleich wieder zurückschieben. Die dazugehörige Technik nennen wir "Lichtschwert". Dazu kommen wir aber später.

Gehen wir inzwischen zur Steigerungsstufe des Nettseins über:

3.1.2. PALES© : Sagen Sie etwas Positiv Personenbezogenes

PALES© sind das perfekte Instrument zum Herstellen und Erhalten von Trägerfrequenzen. Sie sind Förder-Techniken, weil sie helfen, unsere Beziehungen zu verbessern. PALES© sind Stimmungsmacher. Sie wirken intensiver als die einfachen positiven Beiträge, weil sie viel persönlicher sind. PALES© steht für:

1. Positives Personenbezogenes
2. Aktives
3. Lobendes
4. Energiegebendes
5. Statement

Es ist die Steigerung zum oben beschriebenen Nett-sein. **Positiv** und **lobend** gilt dabei als Grundvoraussetzung. **Aktiv** ist das Statement, weil es bewusst eingesetzt wird, um etwas zu bewirken. Es wird eingesetzt, um Beziehungen herzustellen oder zu verbessern und um die Energie in einer Situation zu steigern. Um das zu gewährleisten, muss es außerdem **energiegebend** sein. Der Energiewirkung unserer Worte ist im Folgenden ein eigenes, umfassendes Kapitel gewidmet.

Der wesentlichste Unterschied zum einfachen positiven Beitrag ist, dass das Statement **personenbezogen** ist. Es wirkt dadurch viel intensiver.

Personenbezogen heißt, dass Sie etwas über sich sagen, dass Sie Ihre ganz persönliche Meinung und Eindrücke kundtun. Dazu kommt, dass Sie auch etwas über Ihren Gesprächspartner oder eine bestimmte Situation sagen. Beim Vortrag, in einem Arbeitsteam, in einem Verkaufsgespräch, im persönlichen Gespräch.

Schildern Sie Ihre Meinung, Ihre Gedanken, Ihre Eindrücke und vor allem Ihre Gefühle zu Personen und Situationen.

Seien Sie dabei maximal klar und konkret. Bringen Sie auf den Punkt, was Ihnen gefällt und was Ihnen am Herzen liegt. Allgemein formulierte oder gar unverständliche Floskeln erzielen wenig - oder sogar gegenteilige Effekte. Machen Sie klare, konkrete und zugleich möglichst intensive Aussagen. Besonders verständlich werden Sie, wenn Sie nicht nur sagen, was Ihnen gefällt, sondern auch hinzufügen, wieso Ihnen das so gefällt. Ihre Worte werden dadurch ehrlicher, verständlicher und glaubhafter und erzielen ihre Wirkung mit höchster Wahrscheinlichkeit.

Als Grundregel für PALES© gilt: Ihre Aussage war dann perfekt, wenn sie auch von jemand verstanden und als eindeutig positiv interpretiert werden könnte, der sonst keine Informationen über Sie oder Ihren Gesprächspartner besitzt.

Durch PALES© öffnen Sie sich Ihrer Umgebung und stellen ein positives, wertschätzendes und energievolles Klima her. Ihre Gesprächsbeiträge können bis zu 50% PALES© beinhalten!

Ich weiß, dass das am Anfang schwer vorstellbar sein kann. Manfred Winterheller vergleicht in seinem Buch die begeisterte Stimmung von Sportteams mit der oft niedergedrückten Stimmung von klassischen Arbeitssitzungen oder Familiensituationen. Genau so etwas meine ich. Denken Sie daran, wie sich die Spieler eines Teams gegenseitig Kraft geben, zurufen, abklatschen etc. Ich habe selbst jahrelang aktiv Basketball gespielt und erinnere mich mit Begeisterung an die Stimmung und den Spaß in unserem Team. Es wurde hart trainiert, aber es wurde auch ständig Stimmung gemacht.

Im Büro und in der Familie sollte das ähnlich sein. Die Stimmung sollte begeistert wie in einem Sportteam sein! Dies ist grundsätzlich erstrebenswert, weil sich dadurch alle Beteiligten wohler fühlen und Spaß haben. Wenn es aber Probleme zu bewältigen gibt, ist eine gute Stimmung essentiell. Je komplizierter und wichtiger ein Sachverhalt oder Problem ist, umso mehr Zeit sollten Sie daher vor dem Besprechen der Sachinhalte in die Trägerfrequenz und damit in die Stimmung investieren.

Stellen Sie sich beispielsweise eine Bürobesprechung mit schwierigem Inhalt vor: Zu Beginn sollten alle Beteiligten vor allem eines einbringen: PALES©. Die Gruppe stimmt sich dadurch aufeinander und auf das Thema ein. Die Beziehungen werden klar gestellt und verbessert. Die Stimmung entspannt sich und steigt. Bevor sie über das eigentliche Problem zu sprechen beginnen, müssen sich alle Beteiligten sicher und wohl fühlen. Keiner darf das Gefühl haben, ein anderer könnte ihm in den Rücken fallen. Ein positives Teamgefühl ist eine ganz wesentliche Voraussetzung für gute Ergebnisse. Irgendwann - meist sehr rasch - ist dann die Stimmung so gut und siegessicher, dass die Besprechungsteilnehmer an die Sachinhalte gehen und diese in unglaublicher Geschwindigkeit lösen werden. Es läuft wie von Zauberhand - wer nicht weiß, was hier mittels PALES© bewirkt wurde, wird sich wundern, wie mühelos und gut gelaunt die ganze Meeting abläuft.

Das Interessante dabei ist: Ein Außenstehender hätte mit Sicherheit den Eindruck, die Beteiligten hätten nur so dahin geplaudert! Er würde gar nicht bemerken, dass auch das Einstimmen Arbeit ist, die bewusst gemacht wird. So geht es jedem, der nicht weiß, dass PALES© aktiv gesetzt werden. Beobachter neigen zum Glauben, dass solche Menschen einfach nett sind. Das stimmt, sie sind nett - aber sie tun auch etwas. Sie leisten ganz gezielte Arbeit.

Wird diese nämlich nicht getan, funktioniert die Sache weniger gut. In den Fällen, in denen Sie, besonders bei wichtigen Angelegenheiten, aufs Einstimmen vergessen, oder den Fehler begehen, es aus Zeitgründen wegzulassen, wird das Arbeiten härter - und vor allem weniger erfolgreich sein.

Es gibt also eine ganz klare Empfehlung: Üben Sie sich in PALES© . Achten Sie besonders auf den personenbezogenen Aspekt. Sprechen Sie über sich. Sie brauchen nicht zu befürchten, dadurch angreifbarer und verletzlicher zu werden. Im Gegenteil: Sie werden stärker und sympathischer. Aggressionen und Konflikte werden ungleich seltener zum Ausbruch kommen, als wenn Sie eine unpersönliche, scheinbar "professionelle" Mauer um sich bauen. Hier einige Anregungen dazu:

Beispiele für PALES©:

Allgemeine PALES©-Beiträge:

Ich finde dieses Hotel außergewöhnlich schön.
Ich fühle mich richtig wohl hier.

Zu Fremden/Bekannten/Chef/Mitarbeiter/Kunde/Verkäufer etc.

Ich bin wirklich beeindruckt, wie Sie das machen, ich könnte das nie!
Ich bin sehr stolz auf euch. Ihr seid ein herausragendes Team. Das
gibt mir das gute Gefühl der Sicherheit, dass wir alles schaffen, was
wir uns vornehmen.
Ich bewundere Sie, wie Sie das schaffen.
Ich finde, Sie machen das richtig gut.
Ich bin begeistert, wie schnell Sie die Dinge umsetzen! Das motiviert
mich und gibt mir Mut, es anzugehen.
Ich freue mich, dass wir uns zu dieser Besprechung treffen. Wir haben
neue Herausforderungen vor uns und ich kann es kaum erwarten,
loszustarten.

Zu Freunden/Kollegen/Familie/Kindern

Ich freue mich riesig, dich zu sehen!

Ich bin absolut glücklich, hier bei euch zu sein. Ihr habt mir richtig gefehlt.

Ist euch eigentlich bewusst, wie gut es uns geht? Ich fühle mich total wohl mit euch!

Ich empfinde es als großes Glück, Freunde/eine Familie so wie Ihr es seid, zu haben.

Vielen Dank für alles, was Ihr für mich getan habt! Alleine hätte ich das nie geschafft!

Ohne euch wäre ich nie dorthin gekommen, wo ich heute stehe.

Trägerfrequenz Übung 2: Nehmen Sie sich vor, jeden Tag mindestens einen PALES©-Beitrag zu leisten. Kontrollieren Sie die Erfüllung Ihres Ziels. Sobald es Ihnen leicht fällt, erhöhen Sie die Planzahl.

Beim Erlernen der PALES© gibt es meiner Erfahrung nach zwei Haupt-Fehlerquellen. Betrachten wir diese anhand eines konkreten Beispiels: Jemand hat in einer Besprechung gehört, auf welche beeindruckende Weise einer seiner Kollegen einen unzufriedenen Kunden zufriedengestellt hat und möchte diesem Kollegen seine Anerkennung ausdrücken:

Fehlermöglichkeit 1: Der Beitrag wird so wenig positiv und so wenig persönlich formuliert, dass er beim Empfänger keine bemerkenswerte Reaktion oder sogar Unverständnis über den Sinn und Zweck des Gesagten hervorruft.

z.B.: Das war nicht so schlecht gelöst...

oder: Nicht schlecht. Ich hatte unlängst einen ähnlichen Fall. Ich habe das folgendermaßen gelöst:...

Fehlermöglichkeit 2: Der Beitrag wird dermaßen überschwänglich und zugleich unkonkret formuliert, dass er beim Empfänger peinliches Unbehagen oder Ratlosigkeit hervorruft.

z.B.: Ich bin aaabsolut begeistert und zutieeefst beeindruckt und finde es uuunglaublich wie Sie das gemacht haben. Ich bin total dankbar, dass ich hier dabeisein darf, um das zu erfahren. Noch nie in meinem Leben habe ich in einer einzigen Besprechung soooviel gelernt, uunglaublich, wirklich, Wahnsinn...

In beiden Fällen wurde das Ziel verfehlt. Anstelle eines Energie- und Stimmungsanstieges muss mit Stagnation oder - besonders im zweiten Fall - sogar mit Sinken der Energie gerechnet werden.

Deklariertes Ziel der PALES© ist es, die aktuelle Gesprächsstimmung zu verbessern und zu entspannen, anderen Personen oder einer ganzen Gruppe Energie zu geben und dadurch sowohl die Trägerfrequenzen, als auch die gesamte Stimmung zu verbessern. Ein guter PALES© -Beitrag zum obigen Beispiel könnte sein:

Ich bin beeindruckt, wie Sie diese schwierige Situation gelöst haben. Da kann ich echt einiges daraus lernen! Herzlichen Glückwunsch!

Zu beachten ist auch, dass Sie bei Ihren PALES© die bestehenden Trägerfrequenzen und das Ausgangs-Energieniveau der Gruppe oder des Gesprächspartners berücksichtigen müssen, damit Sie die richtige Wortwahl und Betonung wählen können, um diesem Ausgangs-Niveau Energie hinzuzufügen. Energiestarken, begeisterten und PALES© -geübten Gruppen oder Gesprächspartnern müssen Sie viel intensivere Beiträge geben als energieschwachen, müden und persönlich sehr reservierten Menschen, wenn Sie die Energie steigern wollen. Eine Variante der obigen Aussage innerhalb einer energiestärkeren, sehr gut gestimmten Gruppe mit guten Trägerfrequenzen könnte beispielsweise lauten:

Ich bin wirklich beeindruckt, wie Sie diese schwierige Situation gelöst haben. Hut ab. Diese Lösung wäre mir nie eingefallen! Da kann ich einiges daraus lernen! Ich bin begeistert! Herzlichen Glückwunsch!

Richten Sie PALES© vor allem an Menschen, die Ihnen nahe stehen. Vergessen Sie aber auch Kollegen, Mitarbeiter, Chefs und Kunden nicht. Wenn Sie einmal niemanden treffen, rufen Sie jemand an, schreiben Sie, sms-en Sie oder schicken Sie ein Fax. Es gibt immer eine Möglichkeit, einen guten Beitrag zu leisten.

Arbeiten Sie an der Verbesserung Ihrer Trägerfrequenzen und geben Sie anderen Kraft. Sie werden sehen, es macht Spaß und es wird Ihnen selbst gut tun. Sobald Sie sich daran gewöhnt haben, müssen Sie nicht mehr daran denken. Sie werden es automatisch tun und nicht mehr missen wollen. Sie werden ein angenehmerer Mensch und ein besserer Freund/Freundin sein.

Wenn Sie sich für zu schüchtern oder sonstwie unfähig halten, Trägerfrequenzen herzustellen, lesen Sie doch die Textstelle bei Dr. Manfred Winterheller (Seite 90) über unsere angeborenen Fähigkeiten, Trägerfrequenzen herzustellen. Wir haben die Fähigkeit, uns mit anderen Menschen abzustimmen, perfekt beherrscht und beherrschen sie immer noch. Wir brauchen nur die verdeckten Fähigkeiten wieder ans Licht kommen zu lassen. Das ist doch wirklich eine schöne Nachricht, oder? Und es nimmt sämtlichen Ausreden, warum wir dazu angeblich nicht fähig wären, den Wind aus den Segeln. Wir sind fähig dazu! Ohne die Fähigkeit, Trägerfrequenzen herzustellen, könnten wir gar nicht leben.

Ein weiterer Faktor, der auf die hohe Bedeutung der Träger-frequenz hinweist ist folgender: Wann immer jemand unsere gut gemeinten Ratschläge nicht als solche wahrnimmt, stimmt unsere Trägerfrequenz zu dieser Person nicht! Wenn wir also jemandem einen Rat oder eine Empfehlung geben und dieser Mensch weist unsere Empfehlung zurück, ohne sie auch nur in Betracht zu ziehen, dann stimmt unsere Trägerfrequenz zu die-ser Person nicht. Wenn der andere etwas hilfreich Gemeintes als Gefahr, als Falle, oder einfach als schlechten Rat empfindet, oder nicht einmal bereit ist zuzuhören, stimmt unsere Bezie-hung nicht. Es geht dabei gar nicht darum, dass der andere den Rat befolgt - es geht darum, dass er/sie ihn als solchen versteht und in Erwägung zieht.

Ähnliches gilt übrigens nicht nur für Ratschläge und Emp-fehlungen. Es gilt im Prinzip für alles, was wir sagen. Sogar Lob und Anerkennung können missverstanden und abgelehnt wer-den. Wenn wir uns z.B. einem Kollegen oder Freund gegenüber anerkennend über seine Arbeit oder sonstige Leistung äußern und dieser weist dies zurück oder glaubt es nicht, kann das ebenfalls an der Trägerfrequenz liegen. Unser Gesprächspart-ner vertraut uns dann nicht genug, um gutgemeinte Worte als gutgemeint zu empfinden.

Das Missverständnis kann auch an einer unpräzisen Aus-drucksweise des Senders liegen (deshalb empfehlen wir, die PALES© möglichst konkret zu formulieren) oder an der negativ verzerrenden Weltsicht des Empfängers. Gegen verzerrende

Empfänger können Sie nichts tun. Agieren können Sie nur in Bezug auf Ihre Trägerfrequenzen und auf die Klarheit in Ihren Worten.

Wann immer der Empfänger Ihre Empfehlung oder sonstige Botschaft aufgrund Ihrer gestörten oder schlechten Trägerfrequenz nicht versteht, gibt es einen weiteren wesentlichen Faktor: Der Empfänger kann nicht bemerken, dass ein Fehler vorliegt, weil er seiner Wahrnehmung entsprechend überzeugt ist, Recht zu haben! Er glaubt ja zu wissen, dass ein gutgemeinter Rat schlechtgemeint ist, oder dass ein Lob nur erteilt wurde, um sich anzubiedern. Diesen Fehler der Informations-Fehlinterpretation kann üblicherweise nur der Sender erkennen und verändern.

Ich finde diesen Faktor sehr interessant. Wenn Sie also bemerken, dass ein Gesprächspartner Ihre Botschaften regelmäßig missinterpretiert, dann wissen Sie, dass es an Ihrer Trägerfrequenz zueinander liegt. Ein genialer Indikator, finde ich, wenn wir wissen wollen, in welchen unserer Beziehungen wir Verbesserungspotenzial und kommunikativen Handlungsbedarf haben!

Im übrigen bedeutet diese Aussage nicht unbedingt, dass der Sender Schuld an der schlechten Trägerfrequenz hat! Es kann zwar sein, dass er nicht oder zu wenig in die Trägerfrequenz investiert hat. Es kann aber genauso gut sein, dass der Sender zwar genug investiert, der Empfänger jedoch einfach nicht hören will, was ihm gesagt wird. Ein Gesprächspartner, der die empfangenen Botschaften permanent verzerrt und auf seine persönlich gefärbte Weise interpretiert, wird auch die nettest gemeinten Worte nicht als solche hören können.

Wenn also Ihre Investitionen in die Trägerfrequenz nicht fruchten, muss das nicht bei Ihnen liegen. Der Fehler kann auch auf Empfängerseite liegen. Dies ändert dann zwar nichts an der Tatsache, dass Ihre Ratschläge oder anderen Botschaften nicht ankommen, es erklärt aber zumindest, weshalb das so ist.

Nehmen wir an, einer Ihrer Kollegen verhält sich anderen Kollegen gegenüber ungeschickt und macht sich dadurch unbeliebt. Sie wollen ihn darauf aufmerksam machen.

"Herr X, da ist etwas, das ich Ihnen gerne sagen möchte. Mir ist aufgefallen, dass Sie Herrn Z gegenüber oft sehr kurz angebunden sind und ihn meiden, wann immer es möglich ist. Das erweckt den Eindruck, dass Sie ihn nicht mögen. Ich habe das Gefühl, dass ihn das zunehmend stört. Ich sage Ihnen das, weil ich befürchte, dass daraus Missverständnisse entstehen können, die die Sache noch erschweren würden. Das ist nicht notwendig und es könnte auch zu Ihrem Nachteil werden, da Herr Z in einer sehr machtvollen Position ist. Das wäre ebenso unnötig wie schade. Ich bin mir aber sicher, Sie können dieses Missverständnis rasch und einfach ausräumen, wenn Sie auf ihn zugehen und das klären...."

Zu dieser Aussage gibt es eine Reihe von Antwort-varianten, wenn X die Botschaft nicht hören will oder kann:

X: Aha, er hat Ihnen anscheinend gesagt, dass Sie mit mir reden sollen! Warum tut er das nicht selber?....

Oder: Das stimmt überhaupt nicht, ich tue was ich kann, aber er weicht mir aus! Er müsste etwas ändern!...

Oder: Was geht Sie das an? ....

Kennen Sie solche Antworten? Diese und ähnliche Formulierungen bedeuten, dass der Empfänger Ihre Botschaft nicht so versteht, wie Sie sie gemeint haben. Er interpretiert auf seine

Weise. In Ihnen wird nun das Gefühl entstehen, der andere sei unbelehrbar, er wolle nicht zuhören, er verteidige sich etc. Üblicherweise entsteht aus solchen Gesprächen eine Diskussion, die ins Nichts führt. Sie erklären nochmals, was Sie gemeint haben und Ihr Gesprächspartner fährt mit seiner Verteidigungsrede fort. Er ist nicht in der Lage, zu hören, dass Sie ihm etwas mitteilen wollen, weil Sie auf seiner Seite stehen und nicht, weil Sie gegen ihn wären!

Dies kann daran liegen, dass Sie Ihre Botschaft unklar formuliert haben. Das wäre ein Sender-Fehler. Es kann aber auch daran liegen, dass Sie mit jemandem sprechen, der überhaupt nicht zuhören kann und der Botschaften, die an ihn gerichtet sind, generell in einer bestimmten Weise verzerrt. Das wäre ein Empfänger-Fehler. Und es kann an der Trägerfrequenz liegen. Wenn Sie und Ihr Gesprächspartner keine gute und stabile Trägerfrequenz zueinander haben, ist die Wahrscheinlichkeit, dass eine Botschaft wie die obige ankommt, sehr gering. Ihr Gesprächspartner ist sich dann nicht sicher, ob Sie gegen oder für ihn sind. Er kann daher nicht wissen, ob Sie es gut oder schlecht mit ihm meinen. Wenn es sich um einen Gesprächspartner handelt, der generell ein Weltbild hat, in dem sich alle gegen ihn wenden, wird er mit Sicherheit auch obige Botschaft gegen sich interpretieren. Tatsächlich birgt die Aussage, so wie sie oben formuliert ist, eine hohe Gefahr, missverstanden zu werden, da sie fast ausschließlich sachorientiert ist und nicht in die Trägerfrequenz investiert. Die einzige Lösung dazu ist, dass Sie vor der Botschaft - und vielleicht auch noch mitten drin und danach in die Trägerfrequenz investieren. Sagen Sie z.B.:

"Herr X, Sie wissen ja, ich schätze Sie sehr und ich bin sehr froh, mit Ihnen zusammenzuarbeiten. Ich empfinde unsere Zusammenarbeit als sehr produktiv und auch persönlich sehr angenehm. Nun ist mir

*etwas aufgefallen, das ich Ihnen gerne sagen möchte. Es ist nur ein
Eindruck und vielleicht ist dieser auch vollkommen falsch. Es ist mir
aber ein Anliegen, mit Ihnen darüber zu sprechen, denn es geht um die
Stimmung in unserem Team. Und gerade weil wir so gut zusammenarbeiten, ist mir diese Stimmung sehr wichtig. Was ich Ihnen also
sagen möchte, ist folgendes...".*

Sie stellen damit klar, dass Sie es gut mit Ihrem Gesprächspartner meinen. Sie sprechen über Ihre Beziehung zueinander
und investieren damit in diese. Sie können etwas Ähnliches nach
der eigentlichen Botschaft als Schlusssatz noch einmal sagen.
Sie schaffen damit die optimale Voraussetzung, die Botschaft
ihrem Sinn entsprechend ankommen zu lassen. Falls Sie mit
Ihrem Gesprächspartner in der letzten Zeit Konflikte hatten,
müssen Sie noch intensiver in die Trägerfrequenz investieren,
um die erlebten Ungereimtheiten auszugleichen. Das ist das
Beste, was Sie tun können. In den überwiegenden Fällen funktioniert das auf diese Weise perfekt. Wenn der Empfänger
überhaupt nicht zuhören will und auch Ihre aufrichtig und hilfreich gemeinten Botschaften negativ interpretiert, können Sie
das nicht ändern. Sie können darüber sprechen, dass Sie es ehrlich meinen, dass der andere aber fehlinterpretiert. Das ist
ebenfalls eine Investition in die Trägerfrequenz, weil Sie ja über
Ihre kommunikative Beziehung zueinander sprechen. Mehr können Sie jedoch als Sender nicht tun. Es gehören immer zwei
dazu, um sich zu verständigen. Wenn einer davon strikt ver-
weigert, kann Kommunikation nicht erfolgreich stattfinden.

Investieren Sie also in Trägerfrequenzen und schaffen Sie damit die optimale Voraussetzung für erfolgreiche Kommunikation und ein entspanntes Leben.

Falls Sie jemand sind, der selbst nicht viel Nettes, Liebevolles von seiner Umgebung zu hören bekommt, werden Sie unsere Empfehlung zur Investition in Trägerfrequenz möglicherweise sehr unpassend finden. Vielleicht denken Sie: Das sollte lieber mein Mann/meine Frau/meine Freundin/mein Freund/meine Kinder/meine Eltern... lesen und tun! Die sollten anfangen, zu mir nett zu sein! Damit haben Sie wahrscheinlich Recht.

Fangen Sie trotzdem mit dem Geben an. Üben Sie und tun Sie genau die Dinge, die Sie selbst gerne bekommen würden. Wir müssen ins Leben investieren, um etwas zu bekommen. Ich weiß, ich weiß, das ego kann sich dagegen furchtbar wehren. Vielleicht lässt es Sie gerade zornig werden. Vielleicht findet es, die anderen sollten anfangen.

Ich sage Ihnen aber: Nichts da! Fangen Sie trotzdem an! Geben Sie der Sache eine Chance. Sie lesen gerade dieses Buch, also sind Sie dran. Nicht denken, einfach tun. Wie schon im Vorwort besprochen. Ihr Lohn wird hoch sein. Vertrauen Sie uns in dieser Sache. Sie funktioniert.

Damit Ihnen das Investieren leichter fällt, kann ich Ihnen aber vorweg etwas verraten: Für den Fall, dass Sie intensiv investieren, sich bedanken, liebevoll sind und auf Dauer nichts zurückbekommen, gibt es auch eine Technik. Das Fordern. Dazu kommen wir aber später.

Beschäftigen wir uns als nächstes mit ein paar weiteren Faktoren, die nicht nur für den Erfolg der PALES© , sondern für den Erfolg unserer gesamten Kommunikation grundlegend sind:

3.2. Schildern Sie Ihre Eindrücke als Ich-Botschaft

Dies ist eine Kommunikationsregel, die wir ganz grundsätzlich empfehlen: Wenn Sie Ihre Meinung mitteilen möchten, sollten Sie - wann immer es sich machen lässt - eine Ich-Botschaft verwenden. Eine Ich-Botschaft ist eine Aussage, mit der Sie Ihre ganz persönliche Sichtweise über eine Person oder eine Sache formulieren. Eine Du-Botschaft hingegen beurteilt eine Person oder eine Sache.

Du-Botschaft	Ich-Botschaft
Das ist ein gutes Buch.	Mir gefällt dieses Buch.
Sie machen das wirklich gut.	Ich bin beeindruckt, wie Sie diese Herausforderung bewältigen.
Sie sind unmöglich.	Mich stört es, wenn Sie in dieser Weise mit mir sprechen.

Spüren Sie den Unterschied? Die unterschiedlichen Formulierungen erzeugen unterschiedliche Wirkungen. Mit einer Ich-Botschaft teilen Sie ausschließlich Ihre ganz persönliche Meinung mit. Ich-Botschaften sind zurückhaltender und zugleich persönlicher, als Du-Botschaften.

Du-Botschaften hingegen sind Feststellungen, Wertungen oder Urteile. Sie wirken daher offensiver und erzeugen mehr Energie und zugleich auch mehr Druck als Ich-Botschaften. Wenn Sie ganz gezielt Energie übertragen oder Druck erzeugen möchten, sind Du-Botschaften dazu geeignet.

Da unser Gesprächsinhalt jedoch überwiegend aus Eindrücken und Meinungen besteht, ist in den meisten Fällen die Ich-Botschaft die empfehlenswertere Form, sich auszudrücken. Sie machen dadurch deutlich, dass Sie nicht über eine objektive Wahrheit sprechen, sondern Ihren persönlichen Eindruck kundtun.

Über die Frage, ob etwas objektiv schön oder hässlich ist, ob ein Film gelungen oder misslungen ist, lässt sich hervorragend streiten. Nicht aber über Ihre persönliche Meinung zu irgendetwas. Der Unterschied zwischen Ich- und Du-Botschaft mag am Anfang minimal erscheinen, die praktischen Auswirkungen sind es aber keineswegs. Nehmen wir gleich zu Beginn ein konkretes Beispiel und bleiben wir bei der bereits erwähnten Beurteilung eines Films.

Sie kommen mit Freunden aus einem soeben gemeinsam gesehenen Film und rufen begeistert:

"Was für ein fantastischer Film!"

Das ist eine Du-Botschaft, weil Sie nicht über sich, Ihre Gefühle und Eindrücke sprechen, sondern eine direkte Feststellung über ein Gegenüber machen. In diesem Beispiel bezieht sie sich auf einen Film. Mit einer Du-Botschaft formulieren Sie nicht nur Ihre Sichtweise, sondern geben eine Wertung ab.

Betrachten wir diesbezüglich noch einmal die obige Aussage. Es ist offensichtlich, dass einer Ihrer Freunde über denselben Film eine völlig andere Meinung haben kann. Jemand anderer kann den Film als völligen Fehlschlag betrachten und die investierte Zeit als nutzlos vertan empfinden. Daraus kann sich eine Diskussion entspinnen, die sich bis zu einem Streit auswachsen kann. Die typischen Formulierungen werden dann sein: *"Da irrst du dich"*, *"So kannst du das nicht sehen"*, *"So ein Blödsinn"*, *"Nein, so ist das ganz und gar nicht"* etc. Vergleichen wir das nun mit dem begeisterten Ausruf:

"Ich finde diesen Film fantastisch!"

Das ist eine Ich-Botschaft. Sie sprechen primär über sich und erst in zweiter Linie über den Film. Wenn jemand einen anderen Eindruck hat, dann ist das kein Widerspruch, sondern eben eine andere Meinung.

Im Fall der Du-Botschaft, wenn also über den Film gesprochen wird, kann der Eindruck entstehen, es gäbe eine einzige, objektive Stellungnahme im Sinne von: Ein Film kann ja nicht zugleich gut und schlecht sein. Im Fall der Ich-Botschaft ist dagegen offensichtlich, dass unterschiedliche Menschen durchaus unterschiedlich reagieren können. Die Aussage bezieht sich ja nicht auf den Film, sondern auf Sie selber, auf Ihre ganz individuelle Meinung.

Wenn jemand darüber mit Ihnen einen Streit beginnen will, können Sie diesen problemlos damit entschärfen, dass Sie darauf hinweisen, dass Sie ja nicht über den Film gesprochen haben, sondern über sich selbst. Und wer könnte über Ihre eigene Meinung wohl besser Bescheid wissen und mehr Berechtigung haben, sie auszudrücken, als Sie ganz persönlich?

Selbstverständlich ist es auch problemlos möglich, seine Meinungen in Du-Botschaften auszudrücken. Die Aussage: *"Was für ein toller Film!"*, oder *"Was für ein schönes Kleid!"* wird in vielen Fällen, auch wenn Ihr Gesprächspartner anderer Meinung ist, zu keinem Streit führen. Auf der anderen Seite kann im Extremfall auch eine Ich-Botschaft einen Streit auslösen. Die Wahrscheinlichkeit dazu ist nur geringer.

Bei sensibleren Themen, wenn Sie z.B. über Personen oder über Probleme sprechen, ist die Ich-Botschaft jedoch die eindeutig gefahrlosere Variante, Ihren Standpunkt darzustellen. Eine Du-Botschaft kann besonders dann kritisch werden, wenn sie an Personen gerichtet wird. Dies liegt daran, dass sie - statt einfach nur einen Eindruck zu schildern - durch das "Du" einen anderen Menschen beurteilt und damit negative Wirkungen erzielen kann.

Wenn Ihr Kind gerade eine schöne Vase fallen gelassen hat, könnten Sie als Mutter/Vater z.B. mit der Du-Botschaft: *"Du bist so ungeschickt!"* reagieren. In diesem Fall etikettieren Sie Ihr Kind. Sie prägen ihm eine Eigenschaft auf, gegen die sich das Kind im Wissen um seine soeben begangene Ungeschicklichkeit nur schwer oder überhaupt nicht wehren kann. Reagieren Sie dagegen mit einer Ich-Botschaft: *"Ich ärgere mich, dass ausgerechnet meine Lieblingsvase kaputt ist"*, dann wird nicht das Kind etikettiert und in die Lade mit der Aufschrift "ungeschickt" gesteckt, sondern Sie machen Ihrem Ärger Luft. Spüren Sie den Unterschied?

Sagen Sie nicht: *"Es ist"* ... oder *"Du bist"*, wenn Sie einen Eindruck schildern. Sagen Sie statt dessen: *"Ich finde"*, *"Ich habe den Eindruck"*, *"Meiner Meinung nach"*... usw. Diese Regel gilt nicht nur bei positiven Bemerkungen, sondern auch - und noch viel intensiver - bei negativen. Sie schränken dadurch die Wahrscheinlichkeit ein, dass sich Ihr Ansprechpartner angegriffen, beleidigt oder zu nahe getreten fühlt. Sie sprechen nur von sich. Was der Rest der Welt zu dem Thema denken mag, bleibt unberührt.

Durch die Formulierung einer Ich-Botschaft reduzieren Sie den möglichen Druck, den Ihr Gegenüber empfinden könnte, auf eine einzige Person: auf sich. Weniger geht nicht, da eine Aussage zumindest einer Person bedarf.

Bei einer positiven Bemerkung entsteht normalerweise ohnehin kein Druck. Wenn Sie aber Kritik anbringen, kann sehr wohl Druck entstehen, den Sie durch die Ich-Formulierung auf ein Minimum einschränken. Druck kann beim Empfänger beispielsweise durch das Gefühl entstehen, Sie als Redner würden ihn/sie beurteilen oder gar angreifen und wüssten alles besser. Besserwisser sind nicht besonders beliebt. Urteile und Angriffe schaffen Widerstand. Das können Sie leicht vermeiden.

Durch die Ich-Botschaft sind Sie außerdem offener, weil Sie etwas von sich preisgeben - und Ihr Gegenüber kann alles, was Sie sagen, ungleich leichter annehmen. Es entspricht auch effektiv mehr den Tatsachen. Wer kann schon behaupten, dass er oder sie die "Wahrheit" kennt? Es gibt keine allgemeingültige Wahrheit, sondern Milliarden verschiedener Eindrücke, die Einzelpersonen von bestimmten Dingen oder Menschen haben. Loben Sie in der Ich-Botschaft und sagen Sie auch Dinge, die Sie stören als Ich-Botschaft. Ihr Gesprächspartner kann dann besser zuhören und leichter annehmen, was Sie ihm mitteilen möchten.

Urteil, Du-Botschaft	Ich-Botschaft
Diese Stadt ist hässlich.	Mir gefällt diese Stadt nicht.
Dieses Kleid ist schön.	Mir gefällt dieses Kleid sehr.
Du bist schlampig.	Ich dulde es nicht länger, dass ständig deine Kleider in der ganzen Wohnung herumliegen.
Du bist schlimm.	Ich ärgere mich über dich.
Sie sind ein guter Kellner.	Ich bin ganz begeistert, wie Sie Ihren Job machen.

Hören oder spüren Sie den Unterschied? Es sind Feinheiten, die einen merklichen Effekt haben. Die Du-Botschaft hat eine andere Wirkung als die Ich-Botschaft. Sie wirkt endgültiger und oft sehr vernichtend. Die Ich-Botschaft erfordert mehr Mut, weil der Sender über sich spricht. Sie ist persönlicher und auf diese Weise hoch wirkungsvoll.

Betrachten wir zusätzlich eine weitere Regel, die wir Ihnen ganz generell empfehlen: Lassen Sie in Ihren Aussagen Frau oder Herrn "man" aus dem Spiel: *"Man hat ja...", "Man kann...", "Man sagt..."* hat wenig Kraft und keinen Mut. Es wird zur Ausflucht, wenn wir nicht Stellung beziehen wollen. Wer ist "man"? Irgend jemand Anonymer, den keiner kennt und der - mangels Anwesenheit - auch keine Stellung beziehen kann, keine Verantwortung trägt und für niemanden irgendeine Bedeutung hat. Lassen Sie zum besseren Verständnis die folgenden Beispiele, in denen der Sprecher seine Sichtweise mitteilen möchte, auf sich wirken:

Man - nicht empfehlenswert	Ich - empfehlenswert
Man lernt nie aus.	Ich lerne nie aus. Oder: Ich habe das Gefühl, ich kann noch unendlich viel lernen.
Man hat so seine Abneigungen.	Ich mag das nicht.

Spüren Sie den Unterschied? Die Ich-Botschaft wirkt gerade deshalb so stark, weil sie so persönlich ist.

Achtung: Seien Sie besonders vorsichtig bei Lob oder Beurteilung anderer Menschen. Hier ist die Ich-Botschaft das Um und Auf. Mit einer Ich-Botschaft schildern Sie einzig und allein

Ihren persönlichen Eindruck. Welchen Eindruck alle anderen haben, ist völlig unabhängig davon. Ein typisches Lob hingegen, formuliert als Du-Botschaft ("*Du bist...*", "*Sie sind...*"), beurteilt. Es impliziert, dass Sie etwas besser wissen oder können als andere, dass Sie daher diesen anderen in irgendeiner Form überlegen sind und sie beurteilen dürfen.

Besonders einen Chef, ein sogenanntes "hohes Tier", sollten Sie niemals "loben" im klassischen Sinn. Lob, das ein Mitarbeiter an einen Chef richtet, wird der Chef dem Mitarbeiter bewusst oder unbewusst übel nehmen. Es ist generell heikel, andere zu beurteilen - ein kommunikativer Kapitalfehler ist es aber, hierarchisch höher gestellte Personen zu beurteilen.

Es wird Ihnen hingegen hoch angerechnet werden, wenn Sie einem Chef gegenüber Respekt und Anerkennung zeigen, wie es im zweiten Beispielsatz dargestellt ist.

Lob an Chef - nicht empfehlenswert	Ausdruck von Wertschätzung an Chef - empfehlenswert
Sie haben das echt gut gemacht.	Ich bin beeindruckt, wie Sie das gemacht haben.
Sie haben die schwierige Situation gut im Griff gehabt.	Ich habe es toll gefunden, wie Sie mit der schwierigen Situation umgegangen sind.
Sie machen Ihre Führungs- aufgabe echt gut.	Ich fühle mich gut aufgehoben in diesem Team. Ich bin froh, dass ich Sie als Chef habe.

Lassen Sie diese Beispielsätze auf sich wirken. Spüren Sie, dass das "Lob" eine Beurteilung ist? So etwas kann ein Chef zu einem Mitarbeiter sagen, aber niemals umgekehrt. Der jeweils erste Satz wäre auch zwischen hierarchisch Gleichgestellten zulässig, vorausgesetzt, die Trägerfrequenz zwischen den beiden ist gut. Mit Energie versehen kann so ein Satz dem Empfänger Kraft geben. Er wäre dann, wie Sie gleich sehen werden, ein Beispiel einer Du-Botschaft, die bewusst dazu eingesetzt wird, eine positive Wirkung zu erzielen. Herrscht jedoch keine gute Trägerfrequenz zwischen den Gesprächspartnern, würde ich im Zweifel auch zwischen Gleichgestellten die Ich-Formulierung vorziehen. Damit können Sie nichts falsch machen.

Übung Ich-Botschaft: Üben Sie sich darin, über sich selbst zu sprechen, wenn Sie sich selbst meinen. Wann immer Sie Ihre Meinung, Ihre Eindrücke oder Gefühle schildern möchten, verwenden Sie Ich-Botschaften. Sagen Sie "ich" statt "man" und vermeiden Sie Urteile und Du-Botschaften. Schildern Sie statt dessen Ihre ganz persönliche Sichtweise.

3.3. Anwendungsfälle für Du-Botschaften

Wie bereits erwähnt, raten wir nicht generell von Du-Botschaften ab - es kommt jedoch auf den Anwendungszweck an. Da unserer Erfahrung nach die meisten Menschen, auch wenn sie ihre höchstpersönliche Meinung kundtun, meist in Du-Botschaften sprechen und es - wann immer möglich - vermeiden, persönlich Stellung zu beziehen, liegt die Betonung unserer Methode stärker auf der Ich-Botschaft.

Ich-Botschaften sind in allen Fällen anzuwenden, in denen Sie Ihre Meinung, Eindrücke oder Gefühle von etwas oder jemand schildern möchten. Der Schwerpunkt liegt dabei auf der Informationsübertragung. Sie berichten etwas über sich. Sie wollen Meinungen und Standpunkte vermitteln. Die Technik der Ich-Botschaft ist dabei perfekt - unabhängig davon, ob der Inhalt Ihrer Botschaft für den Empfänger erfreulich oder unerfreulich ist. Der große Vorteil der Ich-Botschaft ist, dass dadurch mögliche Widerstände beim Empfänger minimiert werden und er mit größerer Wahrscheinlichkeit annehmen kann, was ihm gesagt wurde, als wenn er mit einer Du-Botschaft konfrontiert würde.

Nun gibt es Fälle, wo nicht die Informationsübertragung der zentrale Zweck einer Aussage ist, sondern die Energieübertragung. In solchen Fällen können Du-Botschaften wirkungsvoller sein als Ich-Botschaften. Wann immer Sie bewusst Kraft geben wollen, können Sie positive Bemerkungen als Du-Botschaft formulieren. Sie müssen diese Bemerkungen dann aber auch mit Kraft und Intensität aussprechen. Sozusagen mit Ausrufzeichen dahinter.

Lesen Sie dazu auch das Kapitel "Geben Sie in schwierigen Situationen Kraft", Seite 118. Die Wirkungsweise ist in erfreulichen oder neutralen Situationen die selbe, wie in schwierigen.

Vielleicht ist Ihnen aufgefallen, dass die Beispiele für einfache positive Beiträge (Seite 86) als Du-Botschaften formuliert sind. Dies liegt daran, dass sie Kraft geben sollen. Lesen Sie hier noch ein paar Beispiele für positive Beiträge, die intensiv Energie geben sollen, formuliert als Du-Botschaft:

Dieses Kleid steht dir unglaublich gut!
Das hast du gut gemacht!
Ihr seid ein super Team!
Du siehst hinreißend aus!

Die PALES© -Beiträge sind hingegen Ich-Botschaften, weil der persönliche Aspekt im Vordergrund steht. Ihre hohe Wirkung entsteht genau durch diesen Aspekt.

Mich fasziniert ganz besonders, wie Sie diese komplexen Zusammenhänge immer so unglaublich schnell entschlüsseln.
Ich freue mich so sehr, dass Ihr euch die Zeit nehmt, mich besuchen zu kommen. Das bedeutet mir sehr viel.

Die Unterscheidung, wann eine Ich-Botschaft und wann eine Du-Botschaft empfehlenswerter ist, liegt also im Anwendungszweck: Wenn Sie Ihre Meinung mitteilen wollen, haben Sie mit der Ich-Botschaft hohe Chancen, die gewünschten Information erfolgreich zu übertragen. Die Ich-Botschaft macht niemals Druck auf den anderen, da sie nie verlangt, etwas Bestimmtes zu tun oder zu lassen. Sie erzeugt daher keinen oder nur geringen Widerstand und hat hohe Chancen, gehört zu werden und daher große Wirkung zu erzielen.

Die Du-Botschaft hat eine hohe Energiewirkung. Sie bewertet, beurteilt oder verurteilt und erzeugt damit immer eine Form von Druck. Je nach Inhalt kann sie sehr viel Kraft geben, oder großen Druck erzeugen. Sie können sie daher bewusst als Energie-Injektion einsetzen, um anderen Kraft zu geben. Dies ist dann der Fall, wenn Sie dem anderen etwas für ihn Erfreuliches mitteilen. Wenn Sie Ihrem Gesprächspartner hingegen etwas für ihn Unerfreuliches mitteilen, erzeugen Sie mit der Du-Botschaft Druck. Dies kann bewusstes Ziel der Botschaft sein, wenn Sie klare Grenzen setzen und Konsequenzen für bestimmte Verhaltensweisen ankündigen wollen, wie z.B. beim Lichtschwert, einer Kommunikationstechnik, der ein eigenes Kapitel gewidmet ist (Seite 229).

Übersicht über die Anwendungszwecke von Ich- und Du-Botschaft:

	Primärer Zweck: Informations-übertragung	Primärer Zweck: Energie-übertragung
Botschaft ist für den Empfänger leicht anzunehmen (also in der Regel für ihn angenehm)	Ich-Botschaft für persönliche Sichtweisen	Du-Botschaft, um Kraft zu geben
Botschaft ist für den Empfänger schwierig anzunehmen (also in der Regel unangenehm)	Ich-Botschaft beim Feedback oder Licht-schwert	Du-Botschaft beim Lichtschwert

→ Ich-Botschaften sind die empfehlenswerte und starke Variante, um Ihre persönlichen Eindrücke mitzuteilen, unabhängig davon, ob diese für den Empfänger angenehm oder unangenehm sind.

→ Du-Botschaften verwenden Sie, um Kraft zu geben, wenn der Inhalt der Botschaft für den Empfänger angenehm ist, sowie um Druck zu erzeugen, wenn der Inhalt der Botschaft für den Empfänger schwer anzunehmen ist.

Da sich der überwiegende Teil unserer Gesprächsinhalte mit unseren Meinungen, Vorstellungen, Gefühlen, Sichtweisen etc. befasst, ist unsere Kommunikation authentischer, wenn wir überwiegend Ich-bezogen formulieren. Üben Sie sich daher in Ich-Botschaften. Erfahrungsgemäß formulieren die meisten Menschen viel zu viel in Du-Botschaften, obwohl sie ihre ganz persönlichen Sichtweisen mitteilen.

Daher ist für die meisten Menschen primär ein Umlernen von Man-Formulierungen und unangebrachten Du-Botschaften zu Ich-Botschaften hin empfehlenswert. Damit sind Sie kommunikativ auf der "sicheren Seite".

In Folge können Sie lernen, bewusst zu unterscheiden, was Sie mit einer bestimmten Aussage erreichen wollen. Geht es um Ihre Meinung oder möchten Sie Kraft geben? Oder ist es eine Lichtschwertsituation, in der Sie Druck erzeugen wollen? Wie Sie sehen werden, ist eine Lichtschwert-Botschaft nicht immer eine Du-Botschaft, sie kann es aber sein. Es hängt vom Anwendungsfall ab. Überlegen Sie, was Sie erreichen wollen und verwenden Sie dann die jeweils passende Formulierung. Üben Sie Ich-Botschaften, wenn Sie Ihre Meinung sagen. Üben Sie kraftgebende Du-Botschaften, um andere Menschen zu bestärken und ihnen etwas Gutes zu tun. Und wenn es erforderlich ist, üben Sie sich im Lichtschwert, um klare Grenzen zu setzen.

> **Übung Ich-Botschaft oder Du-Botschaft:** Lernen Sie zu unterscheiden, in welchen Fällen eine Ich-Botschaft und in welchen Fällen eine Du-Botschaft die dem Zweck der Botschaft entsprechende Form ist und handeln Sie danach.

3.4. Legen Sie Energie in Ihre Kommunikation

Dies ist eine Kommunikationsregel, die wir grundsätzlich empfehlen und die als Zusatz zu allem anderen gilt: Sprechen Sie energiestark. Dies gilt unabhängig davon, ob Sie nun Ich-Botschaften oder Du-Botschaften verwenden. Legen Sie Energie in Ihre Worte. Sprechen Sie mit Überzeugung. Verwenden Sie starke, klare Worte und eine gut verständliche, dem Zweck entsprechende Lautstärke. Es hat wenig Effekt, jemandem Kraft geben zu wollen, wenn Sie sich unverständlich ausdrücken, oder durch sehr leises Sprechen selbst schwach und unsicher wirken. Ebenso wenig Effekt hat es, schwächende Worte zu verwenden, wenn Sie jemanden motivieren wollen.

Vermeiden Sie - wann immer es Ihnen möglich ist - negative Begriffe und gewöhnen Sie sich Abwertungsgesten und Abwertungsbemerkungen ab. Abwertungsgesten und Abwertungsbemerkungen schwächen Ihre Person, das Gesagte, sowie die gesamte Kommunikationssituation. Sie sind im Folgenden genauer beschrieben.

Wenn Sie energiestark agieren, führen Sie sich selbst sowie Ihrem Umfeld Kraft zu. Energiestark sind alle positiven Worte wie z.B. *Freude, Kraft, Sicherheit, Erfolg, Lösung, Glück, Frieden* usw. Diese verlieren aber ihre Wirkung, wenn sie mit energieschwachen Worten wie: *hoffen, versuchen, eigentlich, schwierig, unlösbar* etc. verbunden werden. Solche Worte werten ab, sie schwächen das Gesagte oder kehren es sogar ins Gegenteil um. Sie werden daher Abwertungsbemerkungen genannt.

Abwertungsbemerkungen	Energiestarke Formulierungen
Ich hoffe, wir finden Lösungen.	Ich freue mich schon auf die Lösungen, die wir erarbeiten werden.
Wir werden versuchen, eine Lösung zu finden.	Wir werden eine gute Lösung finden.
Das klingt schwierig, hoffentlich schaffen wir das.	Das ist eine echte Herausforderung. Wir kriegen das aber sicher hin.
Sie ist eigentlich eine gute Schülerin.	Sie ist eine gute Schülerin.
Wenn sonst keiner etwas sagt, fange ich halt an....	Mir ist da etwas aufgefallen, das möchte ich gerne sagen....

Spüren Sie den Unterschied? Die links stehenden Formulierungen sind saft- und kraftlos. Sie implizieren Sorge und Befürchtungen und erzielen das Gegenteil der gewünschten Wirkung. Der Sprecher versucht, etwas Positives auszudrücken und vermittelt, dass er genau das Gegenteil davon befürchtet.

Dem gegenüber sind die rechts stehenden Formulierungen kraftgebend. Besonders unter dem Aspekt, dass Worte unsere Welt schaffen, und jede Formulierung Wirkung zeigt, ist definitiv die zweite Formulierungsvariante die Empfehlenswertere.

Die letzte Formulierung *"Wenn sonst keiner etwas sagt..."* schränkt gleich von vornherein die Bedeutung dessen, was gesagt wird, ein. Es ist eine unnötige Herabwürdigung des Sprechers durch sich selbst.

Abwertungsgesten sind Gesten, die energiesenkend wirken. Das sind alle Gesten, die kraftlos sind und bei denen mit wenig Energie wenig Bewegung erzeugt wird. Es sind Bewegungen, die keinen klaren Beginn und kein klares Ende der Bewegung haben, wie z.B. Achselzucken und hilfloses, minimales Armeheben. Auch die Gewohnheit, sich häufig ins Gesicht greifen, sich ständig die Brille, die Frisur, oder die Kleidung zurecht rücken, sowie der "Herrgott-Hilf-Blick" (beim Nachdenken zur Decke sehen), wirken unsicher und schwächen das Auftreten der betreffenden Person.

Übung energiestarke Kommunikation: Achten Sie auf Ihre Wortwahl und auf die Wortwahl anderer. Welche Worte schwächen oder schränken das Gesagte ein? Welche geben Kraft und Zuversicht? Üben Sie sich darin, Abwertungsbemerkungen durch starke, kraftgebende Worte zu ersetzen. Vermeiden Sie Abwertungsgesten und gewöhnen Sie sich statt dessen ein ruhigeres und zugleich energievolleres Auftreten an.

Wenn es Ihnen einmal allzu schwer fällt, energievoll zu formulieren, lassen Sie einfach die negative oder schwächende Bemerkung weg, die Ihnen auf der Zunge liegt. Ersatzlos. Sie wird niemandem fehlen. Das nächste Mal sagen Sie wieder etwas Kraftgebendes. Die Erfahrung zeigt, dass wir uns selbst sofort besser fühlen - allein durch das Aussprechen positiver, energievoller Worte, auch wenn es scheinbar "nur" Worte sind. Es funktioniert. Worte schaffen die Welt. Probieren Sie es einfach aus.

3.5. Geben Sie in schwierigen Situationen Kraft

Am Ende des Kapitels über die Trägerfrequenz gibt es noch eine Profi-Übung. Ich nenne sie deshalb Profi-Übung, weil sie voraussetzt, dass Sie positive Beiträge und PALES© - Beiträge beherrschen, dass Ihnen diese leicht fallen und dass Sie bereits die Erfolge aus dem Formulieren positiver Tatsachen erlebt haben. Diese Übung setzt die Praxis im Formulieren von positiven Beiträgen voraus, weil es nun darum geht, diese in schwierigen Situationen zu formulieren - genau dann, wenn Sie gerade überhaupt nichts Positives erkennen können.

Sie fällt in den Bereich der Förder-Techniken, weil sie den anderen fördert und ihm Kraft gibt. Es ist eine wunderbare Übung, weil sie Erstaunliches bewirkt. Man könnte fast sagen: weil sie Wunder wirkt. Das tut sie aber nicht. Sie beweist lediglich die Wirksamkeit unserer Worte. Nicht mehr und nicht weniger. Was ist also zu tun?

Sagen Sie etwas Kraftgebendes, Positives in Situationen, die Sie gerade als nicht positiv empfinden. Tun Sie dies ganz bewusst, um die Stimmung in dieser Situation zu verbessern und um jemand anderem Kraft und Mut zu geben.

Ich gehe davon aus, dass die meisten Menschen in schwierigen Situationen, in denen Sie etwas zur Verbesserung der Situation beitragen können, dies auch tun. Nun gibt es aber auch jede Menge Situationen, in denen wir nichts beitragen können. Jemand ist krank, verzweifelt, mutlos oder traurig. Eine Gruppe Menschen steht vor Problemen, die unüberwindbar scheinen. Es muss auch gar nicht so dramatisch sein. Denken Sie an eine klassische Arbeitssitzung, in der die Situation festgefahren scheint, in der die Köpfe rauchen und alle ratlos sind. Oder herumdiskutieren oder sogar streiten. Also Situationen, in denen ein weiterer Sachbeitrag - sofern Sie überhaupt einen auf Lager hätten - nur noch mehr Verwirrung hervorrufen würde. Kennen Sie so etwas?

Genau das sind Situationen, in denen Sie durch positive, kraftgebende, möglichst personenbezogene Statements mehr erreichen können, als es annähernd durch irgendeinen Sachbeitrag möglich wäre. Ihr Beitrag soll also nichts Sachliches beinhalten, er soll rein personenorientiert sein.

Wenn die Stimmung im Keller ist, können Sie mit solchen Formulierungen Wunder wirken. Jetzt sind Sie gefordert, wirklich etwas beizutragen. Solange alles gut läuft, ist es leicht, positiv zu sein. Wenn es aber ernst wird, fällt oft niemandem mehr etwas Hilfreiches ein. Das kann ab sofort anders werden. Hier ein paar Beispiele für energiegebende Beiträge:

Sie bekommen das ganz sicher hin - keine Frage!
Wir machen das außergewöhnlich gut, und ich freue mich schon auf die Lösungen, die wir erarbeiten werden!
Das kommt sicher wieder ganz in Ordnung!
Du wirst wieder ganz gesund, kein Zweifel!
Du machst das richtig gut, ich bin begeistert, wie du das hinkriegst.
Du hast sehr viel Kraft, das finde ich toll.
Es wird alles gut. Mach dir keine Sorgen.

Es wird Ihnen wahrscheinlich aufgefallen sein, dass diese Statements fast ausschließlich Du-Botschaften sind. Richtig. Dies liegt daran, dass der primäre Zweck der Botschaft nicht darin liegt, eine persönliche Meinung kundzutun, sondern Energie zu übertragen. In diesem Fall schildert der Sender nämlich keinen

Eindruck, sondern gibt ganz bewusst Kraft. Es ist wie eine Energie-Injektion. Die Aussage muss daher stark, intensiv und bestimmend sein, fast wie ein Befehl. Sie könnten sie auch als Ich-Botschaft formulieren - als Du-Botschaft hat sie jedoch eine viel stärkere, fast beschwörende Kraft. So wirkt sie viel intensiver. Wir können damit für andere eine große Hilfe sein, ohne inhaltlich etwas beitragen zu müssen.

Wenn Sie nur wenig Positives erkennen können, konzentrieren Sie sich auf jeden Funken von etwas Erfreulichem. Loben Sie erfolgreiche Zwischenschritte und Zwischenergebnisse.

Falls es Ihnen schwer fällt, überhaupt etwas Positives an einer Situation zu erkennen, stellen Sie sich das Potenzial der Menschen vor, mit denen Sie es zu tun haben. Wozu wären diese in der Lage, wenn sie gerade Vertrauen statt Angst hätten, wenn sie entspannt, statt gestresst, wenn sie glücklich, statt verzweifelt wären? Mit Sicherheit wird Ihnen dann etwas einfallen, was Sie sagen können, um den betreffenden Menschen genau diese Potenziale in Erinnerung zu rufen und ihnen zur Entfaltung zu verhelfen.

Für viele Menschen ist es schwer vorstellbar, sich inhaltlich nicht einzumischen, wenn andere Probleme haben. Sie finden in diesem Buch ausführlich erläutert, unter welchen Umständen wir "helfen" sollen, und wann nicht. Dennoch kann es oft schwierig sein, sich nicht einzumischen, oder zumindest keinen negativen Kommentar abzugeben, den wir in dieser Situation als "die Wahrheit" betrachten.

Ob wir überhaupt Hilfe geben können und sollen, hängt von der Situation ab und von der Position, die wir zu unserem Gesprächspartner haben. Aber selbst in den Fällen, in denen Hilfe angebracht und gut ist, ist es kommunikativ empfehlenswert, zuerst kraftgebende personenbezogene Dinge zu sagen, bevor wir uns zur Sache äußern. Wir entspannen dadurch die Situation und machen Mut. Wir verbessern die Stimmung durch einen Energie-Beitrag. Danach lässt sich über Lösungen leichter nachdenken. Weil das so wichtig ist, gibt es dazu noch zwei Beispiele:

A) Sie sind Chef/in. Ein Mitarbeiter hat in einem Projekt einen groben Fehler gemacht. Das Projekt ist nun in einer Krise und läuft Gefahr, zu platzen. Der Mitarbeiter gerät unter starken Stress und wendet sich an Sie um Hilfe.

Die klassische (=nicht empfehlenswerte) Reaktion wäre jetzt: "es immer schon geahnt zu haben", auszuflippen, den Mitarbeiter zu beschimpfen, Schuldige zu suchen, sich furchtbar aufzuregen und das Projekt an sich zu reißen, ohne inhaltlich auch nur annähernd so viel darüber zu wissen wie der Mitarbeiter. Ein typischer Chef-Fehler. Negativ und zum Schaden des Mitarbeiters, des Chefs und vermutlich auch des Projektes.

Sagen Sie statt dessen als allererstes:

"Gut, dass Sie mit dieser Sache zu mir gekommen sind. Derzeit sieht es tatsächlich ziemlich ernst aus, aber meine Erfahrung ist, dass die Dinge sich bei ruhigem Nachdenken meistens entspannen. Wir kriegen das bestimmt wieder hin. Haben Sie bereits eine Vorstellung, wie ich Ihnen helfen könnte?"

Durch diese Aussage investieren Sie in die Trägerfrequenz. Sie geben zu verstehen, dass Sie nicht gegen Ihren Mitarbeiter kämpfen, sondern dass Sie auf seiner Seite sind. Die Aussage gibt Kraft und beruhigt zugleich. Sie nimmt Druck von Ihrem Mitarbeiter und mindert die Angst. Im nächsten Schritt gehen Sie an die Sachlösung und unterstützen Ihren Mitarbeiter dort, wo es Ihre Aufgabe ist.

B) Sie sind Vater oder Mutter eines etwa 5 jährigen Kindes. Ihr Kind hat gerade einen Wutanfall, weil ihm etwas nicht gelungen ist und führt sich auf wie Rumpelstilzchen in Person.

Die klassische (=nicht empfehlenswerte) Reaktion ist es: zu beruhigen, zu belehren, abzulenken, zu schimpfen, oder Ihr Kind zu überschreien, wenn Ihnen das Theater reicht. Möglicherweise haben Sie "Ihrem Kind ja schon vorher gesagt, dass das nicht gehen wird"...

Probieren Sie es das nächste Mal anders:

Nehmen Sie Ihr Kind in die Arme, halten Sie es ganz fest und sagen Sie ruhig und langsam etwas wie: "Ich finde, du machst das unglaublich gut. Ich hätte das nicht gekonnt, als ich so klein war wie du. Und ich bin sicher, du wirst das jetzt gleich schaffen."

Auch durch diese Aussage und durch Ihr Verhalten investieren Sie in die Trägerfrequenz. Sie zeigen, dass Sie auf der Seite Ihres Kindes stehen und Verständnis für seine Frustration haben, statt zu schimpfen oder alles besser zu wissen. Sobald sich Ihr Kind beruhigt hat, wird es aller Wahrscheinlichkeit nach die Sache nochmals versuchen und erfolgreich erledigen. Oder etwas ganz anderes beginnen. Bieten Sie Ihre Hilfe nur an, wenn es wirklich notwendig ist. Und unterstützen Sie es nur so wenig, dass Sie Ihrem Kind seine Erfolgserlebnisse nicht nehmen.

Geben Sie Kraft und erleben Sie, wie sich eine negative Situation entspannt und augenblicklich zu einer positiveren wandelt. Wenn Sie darin noch nicht so geübt sind, lassen Sie wenigstens den negativen Kommentar weg, der Ihnen auf der Zunge liegt. Negative Kommentare wie *"Das ist wieder typisch..."*, *"Das wird nie gehen..."*, *"Das funktioniert sicher nicht..."*, *"Das habe ich mir gleich gedacht..."*, *"Das habe ich immer schon befürchtet..."* haben eine absolut vernichtende Wirkung auf jemanden, dem es ohnehin gerade nicht gut geht.

Beobachten Sie sich selbst. Wenn Sie zu solchen Kommentaren neigen, eignet sich schon das Weglassen der Kommentare als Einstiegsübung. Wann immer es Ihnen möglich ist, sagen Sie etwas Kraftgebendes dort, wo niemand anderer es sagen würde. Und erleben Sie, wie der Stress nachlässt und wie sich plötzlich unerwartete Lösungswege auftun.

Wenn Sie diese Technik verinnerlichen, sind Sie am besten Weg zum Kommunikationsprofi in dem Sinne wie wir es verstehen: zu einem Mensch, der Positives in der Welt beiträgt. Der Kraft gibt, statt zu jammern und der in Krisen ein Freund/eine Freundin ist - kein Energievampir.

Übung Kraft geben in schwierigen Situationen:
Einstiegsübung: Lassen Sie einmal am Tag einen negativen Kommentar über eine negative Situation weg.
Übung: Sagen Sie in negativen Situationen etwas Positives, stark Kraftgebendes.

---

4. Kommunikation als Medium zur Übertragung von Energie

Ich habe es zu Beginn diese Buches schon geschrieben: Wir kommunizieren immer und wir erzählen dabei immer etwas über uns. Mit allem, was wir sagen und tun teilen wir zugleich mit, was uns wichtig ist, was uns stört, was wir ablehnen, was wir lieben. Wir erzählen es und wollen damit - bewusst oder unbewusst - immer etwas erreichen. Wir wollen, dass andere sich uns gegenüber in der von uns gewünschten Weise verhalten, wir wollen ein Leben führen, das unseren Wünschen entspricht. Wir wollen glücklich und zufrieden sein.

Wenn wir reden, bewegen wir damit immer etwas. Unsere Worte setzen Energien frei und wirken. Kommunikation ist also immer ein Medium zur Übertragung von Energie.

Solange wir unsere Worte nicht bewusst wählen, müssen wir uns über das Chaos wundern, das wir damit auslösen.

Unser Leben scheint aus Zufällen zu bestehen und nichts scheint sicher, als die Unsicherheit.

Wenn wir unser Leben aber bewusst angenehmer, positiver, erfolgreicher und glücklicher gestalten wollen, müssen wir bei unseren Worten anfangen - nicht nur bei jenen, die wir aussprechen, sondern sogar noch früher: bei den Worten, die wir nur denken. Nicht nur unsere Worte, auch unsere Gedanken beeinflussen unsere Welt. Unsere gesprochenen Worte haben jedoch eine noch höhere Wirkung, da sie nicht nur von uns, sondern auch von anderen gehört werden. Je bewusster wir mit unserer Sprache umgehen, umso zielgerichteter können wir auch unser Leben gestalten.

Als Sender müssen wir uns verständlich ausdrücken, damit wir erreichen, was wir wollen. Als Empfänger müssen wir zuhören, um die Botschaft des Senders bei uns ankommen zu lassen. Nur so ist wirkliche Verständigung möglich.

Das klingt doch total einfach, finden Sie nicht? Erstaunlicherweise klappt es in der Praxis oft überhaupt nicht. Immer wieder passiert es, dass der Energiefluss der Worte blockiert wird. Dann vermindert sich der Effekt unserer Worte oder wir erzielen sogar das genaue Gegenteil dessen, was wir erreichen wollten. Eine wesentliche Fehlerquelle dabei sind die Symbole in unserer Wortwahl und der unachtsame Umgang damit.

4.1. Die Wirkung von Symbolen in unserer Wortwahl

Symbole sind Begriffe, die ein Sender verwendet, um irgendetwas zu beschreiben, das weitaus komplexer ist als der Begriff, also das Symbol selbst. Die Worte des Senders sind Symbole für seine Wirklichkeit.

Symbole haben ja grundsätzlich den Sinn und auch den Effekt, Zusammenhänge einfach und auf einen Blick erkenntlich darzustellen. Wenn Sie beispielsweise an das Symbol eines abhebenden Flugzeuges am Flughafen denken, erfüllt dies genau den gewünschten Zweck. Symbole "funktionieren" also überall dort fehlerfrei, wo allen Beteiligten ein- und dieselbe Bedeutung des Symbols klar ist.

Es gibt aber auch Symbole, die unterschiedliche Bedeutungen haben. Denken Sie beispielsweise an die Symbolik von Farben, die in verschiedenen Ländern und Kulturen unterschiedlich ist. Während etwa die Farbe Weiß in westlichen Kulturen für Reinheit und Frieden steht, bedeutet sie in östlichen Kulturen Trauer oder Tod. Auf ähnliche Weise ist auch die Symbolik von Blumen, Tieren und Zeichen in verschiedenen Kulturen unterschiedlich. Wann immer dies der Fall ist, kann es ungewollt zu Missverständnissen oder Fehldeutungen führen.

Bei der Verwendung von Symbolen in unserer Wortwahl kann es ebenfalls zu Fehldeutungen kommen. Das ist immer dann der Fall, wenn ein Sender ein Symbol verwendet, dem der Empfänger nicht exakt dieselbe Bedeutung zumisst - und nicht nachfragt.

Im Buch "Wenn die Berge sich hinwegheben..." von Dr. Winter-heller sind die Beispiele vom Symbol "Lernschwierigkeiten" und vom Chef, der auf das Symbol "Termin nicht halten können" aufspringt, ausführlich beschrieben. In beiden Fällen ist der Empfänger auf ein Symbol des Sprechers aufgesprungen, ohne die eigentliche Botschaft gehört zu haben.

> Denken Sie doch einmal an sich selbst, an das letzte Miss-verständnis, das Sie mit jemanden hatten. Kann es an der symbolischen Wortwahl des Senders und am Nicht-Nachfragen des Empfängers gelegen sein?
> Höchstwahrscheinlich war beides der Fall.

Der typische Fehlerablauf ist folgender:

1. Der Sender verwendet in seiner Ausdrucksweise Symbole, ohne diese zu erläutern.
2. Der Empfänger interpretiert die Symbole auf persönlich gefärbte Weise und ohne rückzufragen. Die Wahrschein-lichkeit, dass er versteht, was der Sender wirklich gemeint hat, geht gegen Null.

Solche Missverständnisse blockieren den Informationsfluss - und damit auch den Energiefluss zwischen Sender und Emp-fänger. Der Empfänger schnappt ein bestimmtes Wort auf, deu-tet es, ohne weiter nachzufragen, sofort für sich, und schubladisiert eine "Tatsache". Häufig sagt er/sie dann: *"Verste-he"* und gibt eine Antwort, die absolut nicht zu dem passt, was der Sender am Herzen hatte. "Verstehe" ist in diesem Fall ebenfalls ein missverständliches Symbol, weil es genau seinem Sinn widersprechend eingesetzt wird. Wir verstehen nämlich in aller Regel überhaupt nicht, wie es jemandem geht, der et-was erzählt.

Nehmen wir an, die Eltern eines unserer Freunde sind gestorben. Wenn er über seine Trauer berichtet, wird die Standardantwort seiner Freunde in aller Regel sein:

"Ich verstehe dich...", "Das ist sicher sehr hart...",

oder etwas Ähnliches. In Wahrheit können wir aber den Schmerz und die Trauer anderer nicht verstehen. Wir können nur die Tatsache zur Kenntnis nehmen und wir können erkennen, dass es unserem Freund derzeit schwer ums Herz ist. Aber wirkliches Verstehen, im Sinne eines tiefen Nachfühlens und Nachvollziehens seiner Gefühlswelt würde viel Zeit und intensive Gespräche erfordern.

Wir wissen nicht, welche Gedanken und Vorwürfe unseren Freund gerade quälen. Vielleicht macht er sich Vorwürfe, sich zu wenig um seine Eltern gekümmert zu haben, oder seinen Eltern während ihres Lebens nicht ausreichend dankbar gewesen zu sein. Es könnte aber auch genau umgekehrt sein. Vielleicht hegt er einen tiefen Groll wegen der Art seiner Erziehung oder wegen erlittener Ungerechtigkeiten. Was auch immer dahinter stehen mag - es ist mit Sicherheit wesentlich komplexer als das Symbol "Trauer". Wie könnten wir das tatsächlich "verstehen"?

Dasselbe gilt auch in weniger tragischen Fällen. Nehmen wir an, ein Kind kommt nach Hause und erklärt seinen Eltern, dass es "nie mehr zur Schule gehen wird". Im Laufe des Gespräches stellt sich heraus, dass Mitschüler das Kind gekränkt haben - aber können die Eltern es deswegen wirklich "verstehen"? Es kann eine ganze Summe an Enttäuschungen, Frustrationen, Ängsten und auch Hassgefühlen sein, die sich hinter dem Symbol "ich will nicht mehr zur Schule gehen" verbergen. Vielleicht steckt sogar noch mehr dahinter und die Behandlung durch die Mitschüler oder sogar einen Lehrer rechtfertigt das Eingreifen der Eltern. Vielleicht ist es aber auch nur ein kurzfristiger Ärger über eine Ungerechtigkeit oder eine schlechte Note. Es wirklich zu "verstehen", erfordert jedenfalls enormen Aufwand und wird in aller Regel selten unternommen.

Der ursprüngliche Sender ist oft ein ebenso schlechter Zuhörer wie der Empfänger und merkt nicht, dass er in Wahrheit gar nicht verstanden wurde. Er akzeptiert das Symbol *"verstehe"* und redet in seinen eigenen Symbolen weiter. Der Empfänger gibt weiterhin unpassende Antworten oder beginnt selbst etwas zu erzählen. So reden sie dann frisch fröhlich aneinander vorbei.

Wäre das nicht so oft mit schmerzhaften Folgen für die betreffenden Personen verbunden, hätte es fast etwas Komisches. Haben Sie schon einmal bewusst zugehört, wie manche Leute sich scheinbar "miteinander unterhalten", in Wirklichkeit aber Parallel-Monologe führen? Wie sich viele Gesprächspartner laufend gegenseitig ins Wort fallen, also den anderen nicht einmal einen Satz zu Ende sprechen lassen? Wie sie sich einmischen, Vorschläge machen, alles besser wissen und vor allem: sofort beginnen, von sich zu erzählen? Dabei wollte der Sprecher doch von sich berichten!

Jeder scheint ein unglaubliches Mitteilungsbedürfnis zu haben, das leider selten befriedigt wird, weil eben kaum jemand zuhören kann. Wenn man beispielsweise an einer Bar Leute "miteinander sprechen" hört, kann man oft den Eindruck gewinnen, es handle sich nicht um ein Gespräch miteinander, sondern um ein Zusammentreffen von Einzelmonologen, in denen die Sender parallel und gleichzeitig vor sich hin reden, ohne von den anderen gehört zu werden.

Kennen Sie das? Kein Problem. Sie können es für Ihr Leben einfach ändern.

4.2. Konsequenzen für den Zuhörer: Hören Sie besser zu

Das klingt einfach und logisch, wird aber nur selten wirklich praktiziert. Nur sehr wenige Menschen können wirklich zuhören. Viele von ihnen haben es aus Büchern oder in Seminaren gelernt. Im Folgenden werden Sie sehen, dass es simple Dinge sind. Sobald Ihnen bewusst wird, worum es geht, ist es tatsächlich einfach.

Unsere Gesellschaft und Erziehung fördert Zuhören in keiner Weise. Dadurch wurde aus einer einfachen und jedermann zugänglichen Verhaltensweise fast eine Kunst. Denn Zuhören ist mehr als bloßes Ruhigsein. Intensives Zuhören kann eine anstrengende Tätigkeit sein. Zuhören ist nämlich ein aktives Tun - nicht nur das passive Weglassen von Reden. Weil aber Zuhören fälschlich mit bloßem Stillsein verwechselt wird, unterliegen viele Menschen dem Irrtum, ihre aktive Beteiligung durch Reden kundtun zu müssen. Wahrscheinlich haben Sie ähnliche wie die im folgenden dargestellte Situation schon erlebt.

Jemand hatte einen Autounfall und möchte seinen Freunden darüber erzählen. Er möchte das Erlebnis loswerden und darüber sprechen. Jedoch schon nach den ersten Sätzen bricht eine wilde Diskussion über den Straßenverkehr, die Unfähigkeit der Polizei und der verantwortlichen Politiker im Allgemeinen sowie über die Dummheit des durchschnittlichen Autofahrers im Besonderen los.

Der ursprüngliche Redner kommt gar nicht mehr zu Wort, denn er ist ja - als einziger - wirklich betroffen und daher nicht imstande, sich den allgemeinen Banalitäten der Gruppe anzuschließen.

Wenn Sie selbst einen Test machen möchten, können Sie auch viel harmlosere Themen wählen.

> Starten Sie z.B. mit einem Bericht über ein faszinierendes Erlebnis aus Ihrem Urlaub. Sie werden feststellen, dass Ihre Zuhörer schon nach kurzer Zeit beginnen werden, eigene Erlebnisse zu berichten. Es kann gut sein, dass diese überhaupt nicht zu dem passen, was Sie eigentlich erzählen wollten, was kein Wunder ist, weil Sie ja Ihre Geschichte nicht einmal ansatzweise fertig erzählen konnten.

Vielleicht kennen Sie solche "Zuhörer" in Ihrer persönlichen Umgebung und vielleicht erkennen Sie sogar sich selbst wieder?

Wir meinen manchmal, möglichst "klug" sein und überall unseren Senf dazugeben zu müssen. Wir meinen manchmal, Wissen äußere sich vor allem durch Reden. Weit gefehlt. Aufgrund dieser falschen Grundannahme reden wir dann viel zu viel. Es ist eine Art Machtkampf durch laut sein. Wer wenig redet, muss befürchten, im besten Fall als schüchtern, im schlimmsten Fall als minderbemittelt eingeschätzt zu werden, da er anscheinend nichts beizutragen hat.

Tatsächlich lernen wir aber durch Zuhören - und erweitern unser Blickfeld. Denn nur durch Zuhören erfahren wir Neues und können in Folge auch wirklich etwas beitragen. Wer redet, hört immer nur sich selbst zu. Dabei erfährt er naturgemäß selten etwas, was er noch nicht weiß. Wer zuhört, hört anderen zu. Dadurch erfährt er jede Menge Neues.

Wenn jemand das Zuhören zum ersten Mal übt - was bedeutet, dass er wenigstens zwei, drei Sekunden lang nichts sagt - setzt das die meisten Menschen anfangs richtig unter Stress. Sie meinen, nichts zu sagen würde als Schwäche gedeutet. Und sind dann enorm erleichtert, sobald sie lernen, ihren Gesprächspartnern zuzuhören.

Viele Manager, Berater, Vertriebsleute und Eltern sprechen zuviel und hören zu wenig zu. Oft ist das wie eine richtiggehende "Berufskrankheit". Reden reden reden.

In all diesen Bereichen ist es die höchste Kunst, wirklich gut zuzuhören. Sie können nur dann jemand anderem helfen, wenn Sie ganz genau wissen, wo dessen Probleme, Ängste und Sorgen liegen. Und Sie können nur dann die passende Lösung vorschlagen oder das richtige Produkt verkaufen, wenn Sie die Anforderungen an die Lösung oder das Produkt genau kennen. Dabei ist Reden eindeutig fehl am Platz. Zuhören ist das richtige Instrument. Vielleicht hatten auch Sie schon einmal ein Erlebnis wie das folgende:

Sie gehen mit dem Entschluss, etwas Neues, z.B. neue Schi zu kaufen, in ein Geschäft. Sie haben eine knappe halbe Stunde Zeit, das Geld in der Tasche und sind bereit, in dieser kurzen Zeit einen Kauf zu tätigen. Und nun kommt das Unerwartete: Der "Verkäufer" verhindert das! Nach einer kurzen Schilderung Ihres Fahrkönnens und Ihrer Wünsche, beginnt der Verkäufer, Ihnen die technische Bauweise des ersten möglichen Modells in allen Details zu schildern. Dann dasselbe für das nächste Modell. Der Verkäufer ist ohne Zweifel kompetent und begeistert. Er versteht etwas von seinem Fach, aber wenig von seinen Kunden. Nach einiger Zeit unterbrechen Sie ihn mit dem Hinweis, dass Sie einfach nur einen Schi kaufen möchten, der Ihren Anforderungen entspricht. Der Verkäufer unterbricht seinen Monolog mit einem kurzen "ich verstehe" und setzt daraufhin seinen Grundkurs in Wabentechnik, Sandwichbauweise, Verbundwerkstollen, Biegekoeffizienten und Belastungskennzahlen fort.

Je nachdem, wie viel Zeit und Geduld Sie haben, werden Sie das Geschäft früher oder später fluchtartig verlassen und einen ratlosen Verkäufer zurücklassen, der wieder einmal die Welt nicht versteht.

Sie haben beide verloren. Sie wertvolle Zeit, der Verkäufer einen ebenso wertvollen Umsatz. Hätte der Verkäufer Ihnen zugehört, Ihnen zwei oder drei Schimodelle zur Auswahl gestellt und eines davon empfohlen, hätten Sie diesen Schi vermutlich gekauft. Das hätte Ihnen den gewünschten Schi und dem Verkäufer raschen und leichten Umsatz gebracht.

Wer das einmal verstanden und gelernt hat, wird dadurch unmittelbar erfolgreicher. Und zusätzlich entspannter. Reden führt nämlich Energie ab. Wir müssen nachdenken, was wir sagen sollen und hoffen, das Richtige zu sagen. Das ist anstrengend. Je mehr wir sprechen während unser Gegenüber schweigt, desto schneller geraten wir unter Rede-Stress und sagen mit zunehmender Wahrscheinlichkeit die falschen Dinge. Das Gespräch kann rasch in eine Richtung geraten, die vom Gesprächspartner - oder sogar von Ihnen selbst - gar nicht gewollt ist.

Es gibt jede Menge Vielredner, die sich gegenseitig niederreden, aber es gibt auch Dauerzuhörer, die von den anderen in Grund und Boden geredet werden. Welcher Typ sind Sie?

Falls Sie sich als typischen Vielredner einschätzen, dann könnten Sie einmal - nur als Test - folgendes versuchen: Fragen Sie, ob Ihr Gegenüber überhaupt hören will, was Sie erzählen. Oder unterbrechen Sie eine Ihrer Erzählungen und lassen Sie es darauf ankommen, ob Ihr Gegenüber Sie bittet, fortzufahren.

Falls Sie hingegen ein typischer Zuhörer sind, dann kann es sein, dass Sie in vielen Gesprächen und in endlosen Telefonaten zu nicht viel mehr Wortmeldungen kommen, als *"Aha"*, *"Also ich..."*, *"Unglaublich"* etc., die dem Redner letztendlich nichts anderes mitteilen, als dass Sie trotz des Dauerbeschusses seiner Worte noch am Leben sind.

Egal, welcher Typ Sie sein mögen - in beiden Fällen können Sie etwas ändern. Lösungsempfehlungen für Vielredner finden Sie in diesem Kapitel - Lösungsempfehlungen für Dauerzuhörer finden Sie im Kapitel "Senden für Fortgeschrittene".

Mein persönlicher Eindruck ist, dass die meisten Menschen - unabhängig davon, ob sie selbst viel oder wenig reden - sehr schlechte Zuhörer sind. Sie sind einfach nicht in der Lage, wirklich aufzunehmen, was ihr Gegenüber ihnen mitteilt. Sie hören vor allem sich selber zu - ihren eigenen Worten, Gedanken und Interpretationen - aber nicht den Worten anderer. Und das ist, wie schon eingangs erläutert, keine erfolgreiche Gewohnheit.

Wer seinen Gesprächspartnern mehr zuhört, wird leichter die richtigen Worte finden, die zu dem passen, was gerade gesagt wurde. Die Gesprächsrichtung ergibt sich dann durch das Zusammenspiel beider Gesprächspartner. Es kann nicht mehr so leicht zu Parallel-Monologen oder Aneinander-vorbei-reden kommen. "Das Gespräch durch Fragen zu steuern" ist dabei speziell für alle beratenden Berufe sowie für den Vertrieb die beste mir bekannte Technik. Für schwierige Privatgespräche, in denen es um Probleme oder unangenehme Dinge geht, gilt genau dasselbe.

Das Gespräch durch Fragen zu steuern heißt, dass Sie Fragen stellen, zuhören, paraphrasieren (siehe später), zuhören, die nächste Frage stellen, usw.

Ihr Beitrag besteht im ersten Schritt vor allem in der Moderation des Gespräches. Ihr Gesprächspartner erhält dadurch die Chance, genau das zu erzählen, was ihm wichtig ist. Erst im zweiten Schritt, nachdem Sie wissen, was das Anliegen Ihres Gesprächspartners ist, sind Sie dran. Sehen wir uns das am Beispiel des obigen Schiverkäufers im Detail an:

Kunde: Guten Tag. Ich hätte gern einen neuen Schi.
Verkäufer: Was genau suchen Sie denn? (Frage)
Kunde: Ich bin sportlicher Schifahrer, aber ich fahre nicht oft unter extremen Bedingungen.
Verkäufer: Was verstehen Sie unter extremen Bedingungen? (Frage)
Kunde: Tiefschnee und steile Buckelpisten.
Verkäufer: Aha. Was wäre Ihnen beim neuen Schi wichtig? (Frage)
Kunde: Ich hätte gern einen Schi, der leicht dreht und mit dem ich flott und möglichst mühelos fahren kann.
Verkäufer: Aha, das klingt nach einem Allround-Carver. Mit so einem Schi fahren Sie leicht, sportlich und mühelos. Tiefschnee und Buckelpisten vermeiden Sie ja eher, wenn ich Sie richtig verstanden habe. Ist Ihnen das recht? (Zusammenfassung der Informationen und Überprüfung, richtig verstanden zu haben)
Kunde: Das wäre perfekt.
Verkäufer: OK. Da kommen für Sie folgende Modelle in Frage...
(Verkaufsempfehlung)

Sehen Sie? Der Verkäufer stellt nur Fragen - so lange bis er das Gefühl hat, möglichst genau zu wissen, was der Kunde sucht. Zu dem Zeitpunkt, zu dem er glaubt, alles verstanden zu haben, fasst er die Informationen zusammen und fragt nach, ob dies den Wünschen des Kunden entspricht. Erst dann ist der Zeitpunkt gekommen, die entsprechenden Modelle vorzustellen und mit Vor- und Nachteilen in Bezug auf die Anforderungen des Kunden zu schildern. Solange, bis der Kunde alles gesagt hat was ihm wichtig ist, hat der Verkäufer nur Fragen gestellt und zugehört. Deshalb nennen wir diese Technik "das Gespräch durch Fragen steuern". Erst wenn der Verkäufer durch Zuhören alle erforderlichen Informationen hat, beginnt er selbst zu sprechen. Er kann nun ganz klar und zielorientiert das passende Produkt empfehlen und wird mit größter Wahrscheinlichkeit einen guten Abschluss tätigen.

Der weitaus überwiegende Teil der Probleme löst sich durch Zuhören fast von selbst. Die Energie des Senders steigt, weil er/sie verstanden wird. Jene des Zuhörers bleibt ebenfalls hoch, da er/sie sich nicht einmischen muss und daher entspannt bleiben kann. Bezogen auf die Fordern-Fördern-Matrix ist das Zuhören eine Förder-Technik. Es fördert den anderen, weil es Zeit, Aufmerksamkeit, wirkliches Interesse und Verständnis schenkt. Und es fordert Sie selbst, weil es Interesse, Zeit und Aufmerksamkeit von Ihnen verlangt. Beginnen wir mit der wichtigsten Regel für den Zuhörer:

4.2.1. Schnappen Sie nicht nach jedem Köder

Das heißt, springen Sie nicht auf Symbole oder Reizworte auf und geben Sie nicht zu jeder Aussage immer gleich Ihren "Senf" dazu. Die optimale Antwort im ersten Schritt ist *"Aha"*. Damit können Sie nichts falsch machen und leiten interessiertes Zuhören ein.

Alles hier Gesagte gilt für Situationen, in denen jemand anderer Ihnen etwas erzählt. Es geht hier nicht um Situationen, die klar mit *"ja"* oder *"nein"* zu beantworten sind.

Es geht um Situationen, in denen jemand etwas erzählen möchte und dabei ein Symbol benutzt, das in Ihnen Assoziationen und Emotionen hervorruft. Betrachten wir dazu ein typisches Beispiel:

Zwei Freundinnen unterhalten sich:

A: Du, gestern hab ich mich wieder furchtbar über Peter geärgert. Stell dir vor, der kommt 2 Stunden zu spät nach Hause und meldet sich nicht einmal, wo er ist...
B: Unglaublich! Ja, das ist typisch für die Männer. Letzte Woche ist bei uns das Gleiche passiert: Andreas war mit Kollegen unterwegs und...

Kennen Sie das? B hat keine Ahnung, warum Peter zu spät gekommen ist. Es interessiert sie offensichtlich auch nicht. Und es interessiert sie auch nicht, dass ihre Freundin sich geärgert hat. Sie schnappt nach dem Köder. Sie assoziiert das Gehörte mit ihren persönlichen Erfahrungen über die Unverlässlichkeit von Männern und beginnt sofort von sich selbst zu erzählen. A kommt nicht dazu, darüber zu sprechen, was ihr am Herzen liegt. Oder es kommt zum oben erwähnten Parallel-Monolog, in dem jede der beiden von sich erzählt und die jeweils andere nicht zuhört.

Für erfolgreiches Zuhören gibt es 4 einfache Grundregeln:

REGEL 1: Schweigen

Reden Sie selbst nichts. Nichts zu reden, während ein anderer spricht, ist nicht nur höflich, sondern auch logisch, da gleichzeitiges Zuhören und Sprechen einander ausschließen. Dies setzt Ihre Bereitschaft voraus, wirklich zuhören zu wollen und - zumindest fürs erste - das Bewusstsein, keinen Lösungsbeitrag leisten zu müssen. Sie müssen nichts tun. Der/die andere ist dran.

REGEL 2: Aha

Sagen Sie *"Aha"* und fügen Sie dem im ersten Schritt nichts hinzu. Hören Sie zu, sehen Sie Ihrem Gesprächspartner in die Augen, nicken Sie. Interessieren Sie sich ehrlich dafür, was Ihr Gesprächspartner sagt, halten Sie sich aber inhaltlich komplett heraus.

Dieses aufmerksame Zuhören nennt sich kommunikationstechnisch "aktives Zuhören". Es heißt deshalb so, weil Sie eben nicht passiv stumm und starr verharren, sondern aktiv zu erkennen geben, dass Sie interessiert zuhören. Dies ergibt sich aus dem Nicken und aus der aufmerksamen, eventuell leicht nach vorne geneigten, dem Sprecher zugewendeten Körperhaltung. Es bedeutet, dem anderen in die Augen zu sehen und interessiert *"Aha"* und *"Mhm"* zu sagen. In geschäftlichen Gesprächen können Sie Ihr aktives Zuhören auch durch Notieren wichtiger Punkte zu erkennen geben. Dadurch vermitteln Sie wirkliches Interesse am Gehörten.

Sagen Sie auch nichts, während Ihr Gesprächspartner Luft holt. Nur weil wir atmen, heißt das noch lange nicht, dass wir nichts Weiteres zu sagen hätten! Falls Sie unsicher sind, wie lange Sie zuhörend verharren sollen, zählen Sie innerlich langsam: einundzwanzigzweiundzwanzigdreiundzwanzig.... Die Wahrscheinlichkeit, dass Ihr Gesprächspartner weiterspricht, wenn er eine Pause gemacht hat und sonst niemand etwas sagt, geht meiner Erfahrung nach gegen 100%. Sie brauchen nur die Nerven bewahren und durchhalten. Testen Sie es! Nicken Sie, sagen Sie hin und wieder *"Aha"* oder *"Mhm"* und tun Sie das auch, während Ihr Gesprächspartner eine Gedanken- oder Atempause macht. Wichtig ist, dass Sie diese Pause durchhalten, ohne zu reden zu beginnen. Sehen Sie dem anderen einfach in die Augen, während er/sie denkt, nicken Sie, warten Sie, was kommt - und Sie werden sehen, Ihr Gegenüber spricht mit an Sicherheit grenzender Wahrscheinlichkeit weiter. Möglicherweise wird das Gespräch erst jetzt wirklich interessant, nachdem Sie gezeigt haben, dass Sie wirklich interessiert sind und bereit sind, sich für Ihren Gesprächspartner Zeit zu nehmen.

Testen Sie es ruhig! Es funktioniert praktisch immer. Es wird erfahrungsgemäß ziemlich überraschend und zugleich sehr erleichternd für Sie sein. Jeglicher Stress, immer "das Richtige sagen oder wissen zu müssen", wird sich mit dieser Erfahrung in Luft auflösen. Es ist so einfach. Sie brauchen gar nichts zu sagen! Entspannen Sie sich und hören Sie zu. Sie werden interessante Dinge über Ihr Gegenüber erfahren. Und Ihr Gegenüber wird dankbar sein, dass er/sie endlich einen Menschen getroffen hat, der sich die Zeit nimmt und zuhört.

Vielleicht denken Sie an dieser Stelle mit Schrecken an bestimmte Menschen, die wie aufgezogen reden und selbst nie zuhören - und vielleicht befürchten Sie, dies durch aktives Zuhören noch zu verschlimmern. Kein Grund zur Sorge. Sie müssen diese Übung ja nicht ausgerechnet mit solchen Menschen beginnen. Fangen Sie mit Gesprächspartnern an, die keine "Redemaschinen" sind.

Im übrigen zeigt die Erfahrung, dass sogar die meisten Vielredner sich deutlich kürzer halten, wenn sie das Gefühl erhalten, verstanden zu werden. Das erhalten sie durch die hier beschriebenen Techniken des Zuhörens, Paraphrasierens und Ansprechens der Gefühle. Viele Menschen reden gerade deshalb so viel, weil sie so selten jemand treffen, der ihnen wirklich zuhört, bei dem ihre Botschaft wirklich ankommt. Ist die Botschaft angekommen, hört das Reden auf.

Zuhören spart also Zeit. Gespräche werden durch richtiges Zuhören üblicherweise nicht länger, sondern kürzer, weil sie viel rascher auf den Punkt kommen. Wer es noch nicht probiert hat, könnte befürchten, genau das Gegenteil wäre der Fall. Dem ist aber nicht so. Zuhören ist nicht nur angenehm und wertschätzend, sondern auch zielorientiert und erfolgreich. Und es ist zeitsparend.

Ich empfinde die vorhin beschriebenen Parallel-Monologe oft als verzweifelten Versuch zweier Menschen, gehört zu werden. Wenn der Gesprächspartner nicht zuhören kann, oder wenn laufend das Thema gewechselt wird, kommt der jeweilige Sender nicht dazu, seine Botschaft anzubringen. So wird viel Zeit mit wenig Effekt verbraucht. Wenn Sie sich mehr Zeit zum Zuhören nehmen - und dabei handelt es sich in den meisten Fällen nur um ein paar Minuten, manchmal sogar nur um Sekunden - werden Sie in kürzerer Zeit zu besseren und wesentlicheren Informationen gelangen. Und das ist doch eine erfreuliche Tatsache, gerade wo die meisten Menschen in unserem Kulturkreis so sehr an Zeitmangel leiden.

REGEL 3: Nachfragen

Dies ist der nächste Schritt im Prozess des Zuhörens: Wenn Sie etwas nicht genau verstanden haben, fragen Sie nach. Wenn Sie in den Worten Ihres Gesprächspartners Symbole wahrnehmen, also Worte, deren Bedeutung Sie nicht genau verstehen, fragen Sie ebenfalls nach. *"Wie meinst du das?" "Was verstehen Sie darunter?" "Was ist passiert?"*

Stellen Sie offene Fragen. Das sind Fragen, die nicht einfach mit ja oder nein beantwortet werden können, sondern die umfassendere Aussagen erfordern. Durch offene Fragen können Sie mehr über Ihren Gesprächspartner erfahren. Danach gehen Sie wieder zum Zuhören und "Aha"-Sagen über. Je länger Sie zuhören, desto mehr wird sich Ihr Gesprächspartner dem Kern der Sache nähern. Nun wird es erst richtig spannend. Betrachten wir unter diesem Aspekt nochmals das obige Beispiel der beiden Freundinnen:

A: Du, gestern hab ich mich wieder furchtbar über Peter geärgert. Stell dir vor, der kommt 2 Stunden zu spät nach Hause und meldet sich nicht einmal, wo er ist...
B: Aha. Was war denn los?

B ist nicht auf den Köder aufgesprungen. Sie hört zu und signalisiert, dass sie auch an den Hintergründen der Botschaft interessiert ist. Nun kann A erzählen, was passiert ist und was ihr am Herzen liegt. Können Sie spüren, wie einfach das ist - und um wie viel anders sich das Gespräch nun entwickeln wird?

REGEL 4: PALES©

Wenn Sie von sich aus etwas beitragen wollen, dann sagen Sie am besten zuerst einmal etwas Nettes. Möglichst personenbezogen und kraftgebend. PALES© sind perfekt dazu geeignet. Mit PALES© mischen Sie sich inhaltlich nicht ein, da diese ja nie ein Sachbeitrag sind. Sie erhöhen aber die Energie Ihres Gesprächspartners und der gesamten Situation. Sie sind einfach nett. Das ist der beste Beitrag, den Sie leisten können.

Nachdem Freundin A erzählt hat, warum ihr Partner sich nicht gemeldet hat, könnte B nun beispielsweise sagen:

Ich bewundere dich, wie du mit der Situation umgegangen bist! Ich könnte das nie.

Oder: Toll hast du das gemacht! Ich wäre sicher gleich ausgeflippt und wir hätten wieder gestritten.

Oder: Das finde ich super von dir! Den Mut müsste ich einmal haben.

Ihr Gesprächsbeitrag

Erst wenn Ihr Gesprächspartner alles erzählt hat, was er oder sie zu diesem Thema erzählen wollte, sind Sie dran, auch inhaltlich etwas beizutragen. Falls es aufgrund Ihrer Funktion oder Position dem Gesprächspartner gegenüber Ihre Aufgabe ist, Lösungen vorzuschlagen oder Empfehlungen abzugeben, tun Sie das nun. Sind Sie z.B. Elternteil, Berater, Manager, Lehrer, Arzt, Trainer, Verkäufer oder sonst jemand, der eben deshalb konsultiert wird und dessen Aufgabe es ist, in dieser Sache inhaltlich etwas beizutragen, dann ist nun der richtige Zeitpunkt gekommen.

Wenn die Beratung jedoch nicht Ihre ausdrückliche Aufgabe ist, halten Sie sich lieber heraus. Damit meinen wir, dass Sie keinen Rat erteilen sollten. Ihre persönliche Meinung kann hingegen für Ihren Gesprächspartner sehr wertvoll sein, sofern Sie diese richtig formulieren. Davon handelt das folgende Kapitel.

4.2.2. Die weitaus meisten Probleme können die Betroffenen selbst lösen

Dies ist eine der Grundannahmen, auf denen dieses Buch sowie die gesamte WINTERHELLER-Methode© beruht. Falls Sie ein schlechtes Gewissen oder ein ungutes Gefühl haben, weil Sie sich nicht mehr in die Probleme anderer Menschen einmischen sollen, oder weil Sie sich nicht vorstellen können, dass diese selbst lösungsfähig wären, dann können Sie ganz beruhigt sein. Wir alle lösen den weitaus überwiegenden Teil unserer Problemsituationen selbst. Wir wollen das auch tun. Es ist unser Leben und wir wollen uns darin behaupten.

Die wenigen Probleme, die wir alleine nicht bewältigen können, erfordern in aller Regel wirklich kompetente und manchmal professionelle Hilfe. Als Hilfesuchende sollten wir uns auch nur an Menschen wenden, die genau in dieser Sache kompetent und erfolgreich sind und denen wir wirklich vertrauen. Es macht wenig Sinn, z.B. jemand in Beziehungsangelegenheiten um Rat zu fragen, der selbst keine erfolgreiche Beziehung führt. Wir sollten uns auch niemals beraten lassen, wenn wir nicht absolut sicher sein können, dass der Rat-Geber nicht seine eigenen Misserfolge und Frustrationen in unsere Angelegenheiten projiziert und dadurch Empfehlungen abgibt, die für unsere persönliche Situation unpassend sind. Kompetenz und Vertrauen sind zwei wesentliche Grundvoraussetzungen, wenn Sie jemanden um Rat fragen, oder wenn Ihnen jemand Rat erteilen möchte. Wenn Sie Ihre potentiellen Rat-Geber auf diese Kriterien hin untersuchen, kann es gut sein, dass sich der "Rat der Weisen" auf sehr wenige Personen einschränkt. Umso besser. Sie erhalten dadurch ein klareres Bild, wer für Konsultationen in Notfällen in Frage kommt. Alles andere lösen Sie ohnehin selbst am besten.

Beschäftigen wir uns nun aber wieder mit dem Fall, dass Sie jemandem zugehört haben, der ein Problem hat und nun versucht sind, Ratschläge zu erteilen. Wie gesagt, sofern das nicht Ihre ausdrückliche Aufgabe ist, sollten Sie es vermeiden. Sie tun damit Ihrem Gesprächspartner nichts Gutes. Sie nehmen ihm die Chance, seine Probleme selbst zu bewältigen. Erinnern Sie sich noch an den extremen Förderer aus der Fordern-Fördern-Matrix? Er löst mit Vorliebe die Probleme anderer und schwächt diese damit.

Menschen, denen von anderen ständig die Chance genommen wird, ihre Anliegen selber zu lösen, beginnen an mangelndem Selbstvertrauen und mangelndem Selbstwert zu leiden. Sie werden über-fördert. Sie gewinnen den Eindruck, andere Menschen - vor allem jene, die ihnen Ratschläge erteilen - könnten alles perfekt lösen und wüssten alles besser. Sie selbst hingegen wären dazu nicht in der Lage.

Das ist erstens nicht richtig, denn die Probleme anderer lösen wir alle im Vorübergehen. Die Frage ist aber, wie wir mit den eigenen Problemen umgehen. Zweitens ist das keine gesunde Einstellung. Diese Haltung, die eigenen Probleme nicht selbst bewältigen zu können, schwächt auf Dauer und schadet dem Selbstwert.

Und wenn Empfänger von Ratschlägen geschwächt und verunsichert sind, bemerken sie oft gar nicht, dass die Ratgeber zwar zu jedem Thema Lösungen wissen, dass sie aber mit ihren eigenen Sorgen um kein bisschen besser zurande kommen. Oder kennen Sie jemanden, der keine Probleme hat? Ich nicht.

Was uns hilft, wenn wir über ein Problem reden wollen, ist ein aufmerksamer Zuhörer, der dabeibleibt, bis wir die Sache laut zu Ende gedacht haben, der interessiert zuhört, der nachfragt, der sich Zeit für uns nimmt, der Mut macht und unser Selbstvertrauen stärkt - und der uns dadurch zur Seite steht.

Denken Sie doch daran, was die meisten Menschen antworten, wenn Sie von anderen Personen Lösungsvorschläge bekommen. Es gibt da ganz klassische Reaktionen: *"Das verstehst du nicht"*, *"Bei mir ist das anders"*, *"Das funktioniert nicht"*, *"Das habe ich alles schon versucht"*, etc. Unser Rat ist schlichtweg nicht gewünscht. Im Grunde seines Herzens weiß jeder, was er wirklich will - und möchte auch selbst über sein Leben entscheiden. Was uns fehlt, ist nicht das Wissen um die Lösungen, sondern die Kraft und der Mut, diese umzusetzen. Beides können wir durch einen guten, Kraft-gebenden Zuhörer gewinnen.

Diese Erkenntnis bedeutet für uns als Zuhörer eine große Erleichterung: Wir müssen nichts lösen! Für den Sprecher bedeutet es Energiesteigerung und Zuversicht: Endlich hört mir jemand zu, endlich "hilft" mir jemand wirklich. Was auch tatsächlich der Fall ist, aber nicht durch Vorschläge und Ratschläge, sondern durch das schlichte Sich-Zeit-nehmen und die innere Haltung, wirklich verstehen zu wollen, was den anderen bewegt. Lassen Sie anderen Menschen das Erfolgserlebnis, dass diese ihre Probleme selbst lösen können. Sie werden es Ihnen danken.

Wie Sie es verhindern, Ratschläge zu erteilen

Wie sollten Sie aber damit umgehen, wenn es nicht Ihre Aufgabe ist, Rat zu geben, wenn Sie jedoch ausdrücklich um Rat gefragt werden?

Wann immer Sie das Gefühl haben, Ihr Gesprächspartner könne seine Probleme selbst lösen, sollten Sie sich auf jeden Fall heraushalten. Sie können nicht wissen, was für jemand anderen richtig ist! Sie kennen nur einen Bruchteil der Fakten rund um das Problem. Niemand kennt es besser, als der Sprecher selbst. Sehr oft passiert es, dass unser Gegenüber fragt: *"Was soll ich denn tun?"*, *"Was würdest du tun?"* Probieren Sie es einmal mit der Gegenfrage: *"Mhm, ich weiß nicht. Was wäre dir denn am liebsten?"* Der Gesprächspartner hat fast immer eine Idee, was er tun möchte. Er sucht mit seiner Frage ein Gespräch, um die Sache von allen Seiten zu beleuchten.

Mischen Sie sich daher besser nicht ein. Fragen Sie statt dessen zurück: *"Was hättest du gerne?"* *"Welche Lösung könnten Sie sich vorstellen?"* *"Was schlägst du vor?".* Auch wenn Ihre Kinder Sie um Rat fragen, müssen Sie nicht immer eine Antwort wissen. *"Das ist eine gute Frage... Was denkst du denn selber dazu?..."* ... ist eine Gegenfrage, die ein Gespräch einleitet, in dem Sie es durch aufmerksames, interessiertes und liebevolles Zuhören Ihrem Kind ermöglichen können, selbst zu denken und Lösungswege zu erarbeiten.

Ob Kind oder Erwachsener: Sie geben auf diese Weise den Ball zurück und Ihr Gesprächspartner, der eine Lösung sucht, wird seine Gedanken selbst fortführen. Sie bleiben beim aktiven Zuhören. Sie können sicher sein, dass Ihr Gesprächspartner entweder eine Lösung findet, oder die Sache so ausführlich beleuchtet hat, dass er aufhört darüber zu reden und von sich aus das Thema wechselt. Sie werden solche Gespräche dann herrlich entspannt finden und Ihre Gesprächspartner werden es Ihnen zutiefst danken.

Wie Sie Ihre persönliche Sichtweise mitteilen

Ich habe nun beschrieben, weshalb und unter welchen Umständen Sie keinen Rat erteilen sollten. Es kann jedoch für Ihr Gegenüber sehr hilfreich sein, Ihre persönliche Sichtweise zu der besprochenen Angelegenheit zu hören. Dabei ist diese Unterscheidung wichtig: Es geht um Ihre Sichtweise, die keinen Anspruch auf Richtigkeit oder gar Umsetzung erhebt. Es geht nicht um einen Rat.

Wenn jemand Probleme hat, kann es vorkommen, dass seine/ ihre Gedanken immer um dieselben Punkte kreisen und dass Sie als Zuhörer ganz andere Dinge wahrnehmen und denken. Ihre Wahrnehmung kann effektiv Licht ins Dunkel bringen. Sie können sie daher durchaus mitteilen. Es darf dabei aber niemals um Rechthaberei gehen. Es geht nur um das Einbringen alternativer Sichtweisen in festgefahrene Gedankenkreise.

Es ist also nicht generell "verboten", unsere persönliche Meinung zu sagen, wenn wir darum gebeten werden. Es kommt aber darauf an, wie wir diese sagen. Falls es Ihnen also richtig und wichtig erscheint, Ihre Meinung zu einer bestimmten Angelegenheit kund zu tun, schaffen Sie auf die folgende Weise die höchstmögliche Wahrscheinlichkeit, dass Ihre Botschaft beim Gesprächspartner ankommt: Nehmen Sie möglichen Druck aus der Situation,

1. indem Sie darauf hinweisen, dass Sie selber auch nicht alles lösen können

2. und indem Sie Ihre Sichtweise als Ich-Botschaft formulieren.

Ihr Gesprächspartner kann dann leichter zuhören und Ihre Meinung auf sich wirken lassen, weil er sich nicht beurteilt fühlt und Sie nicht als besserwisserisch empfindet. Betrachten wir nun ein paar Beispiele, wie Sie das Mitteilen Ihrer persönliche Sichtweise so einleiten, dass Sie Druck aus dem Gespräch nehmen, damit Ihre Botschaft größtmögliche Chancen hat, gehört zu werden.

Glaubst du, dass ich dazu etwas beitragen kann?

Ich weiß über die Hintergründe nicht wirklich Bescheid, aber mein Eindruck zu dem, was du bisher gesagt hast, ist folgender...

Ich verstehe ja nicht viel von dieser Sache und vielleicht ist das, was ich jetzt sage Unsinn, aber mir scheint...

Du weißt, ich mag dich sehr gerne und es ist mir ein Anliegen, dass du glücklich bist. Ich verstehe aber nicht viel von der Sache. So wie du mir das bisher geschildert hast, fällt mir jedoch folgendes dazu auf...

Sagen Sie Ihre Meinung zu dieser Sache erst jetzt. Formulieren Sie diese als Ich-Botschaft. Machen Sie keinen Druck, dass die Dinge richtig wären, so wie Sie sie sehen. Es ist ja nur Ihre persönliche Sicht. Fragen Sie am Ende Ihrer Botschaft nach, ob Ihr Gesprächspartner etwas damit anfangen kann.

Was hältst du davon?
Wie klingt das für dich?
Kannst du damit etwas anfangen?

Und dann ist wieder Ihr Gesprächspartner an der Reihe, der sein Problem lösen möchte.

Dies ist die beste uns bekannte Methode, etwas Hilfreiches beizutragen. Sie sagen Ihre persönliche Meinung. Diese kann durchaus interessant für Ihren Gesprächspartner sein. Sie kann den Blickwinkel erweitern und blinde Flecken erhellen.

Sie sollten jedoch keinerlei Druck erzeugen, dass Ihre Meinung die richtige sei oder dass daraus sogar irgendwelche Konsequenzen zu folgen hätten. Halten Sie Ihr ego aus den Angelegenheiten anderer heraus. Die Entscheidung, was zu tun ist, liegt immer beim anderen. Diese Entscheidung können wir niemandem abnehmen. Alles, was wir tun können ist, ihm/ihr als Freunde zur Seite zu stehen.

Ausnahme 1: Ausgenommen davon sind alle Situationen, in denen Sie aufgrund Ihrer Position oder Funktion dem anderen oder der Sache gegenüber einen Rat oder eine Empfehlung geben müssen, oder eingreifen müssen. Dies kann in hierarchischen Beziehungen, wie Chef-Mitarbeiter, Lehrer-Schüler, Eltern-Kinder, Arzt-Patient etc. der Fall sein. Alles oben Gesagte über das Zuhören und Heraushalten aus den Problemen anderer gilt immer dann, wenn jemand Ihnen etwas erzählen möchte, das ihm/ihr am Herzen liegt. Selbstverständlich gilt es nicht, wenn Sie um eine klare Auskunft gefragt werden! Wenn Sie jemand nach dem Weg fragt, wenn Ihr Kind wissen will, ob es bei Rot über die Kreuzung gehen oder ob es auf das Balkongeländer klettern darf und wenn Sie von Berufs wegen um Informationen gefragt werden, dann geben Sie selbstverständlich die gewünschte Auskunft.

Diese Ausnahmesituationen sind jedoch viel seltener, als wir vielleicht annehmen. Viel zu oft erkennen wir nicht, dass jemand uns etwas fragt, nur um ein Gespräch zu beginnen, indem er seine eigenen Gedanken formulieren kann - *"Was sagst du dazu?... Ich glaube nämlich folgendes..."* - und nicht, weil er wirklich unseren Rat wünscht.

Passen Sie also auf, dass Sie nicht in die Falle tappen und sich dort einmischen, wo der Sender seine Probleme selbst lösen kann und soll. Betrachten wir hierzu ein Beispiel, in dem sich die Eltern unnötiger Weise in die Probleme ihres Kindes einmischen.

Ein Kind kommt in Tränen aufgelöst vom Spielen mit anderen Kindern, um sich von den Eltern trösten zu lassen:

Kind: Mama/Papa, die sind sooo gemein zu mir! Stell dir vor, was die gemacht haben:...(erzählt den Vorfall)
Eltern: Das ist wirklich unglaublich, das brauchst du dir nicht gefallen zu lassen! Geh doch hin und sage:"....", wehr' dich, schlag' zurück,... etc.
Kind: (weint mehr als zuvor) Ich weiß nicht.../Ich trau' mich nicht.../ Das geht nicht.../Das hab ich schon versucht... usw.

Ob das Kind den Lösungsvorschlag umsetzt, ist fraglich. Es kann sein - es kann aber auch nicht sein. Mit Sicherheit tun die Eltern dem Selbstwert ihres Kindes nichts Gutes, wenn sie sich einmischen, vor allem, wenn sie dies laufend tun. Sie nehmen damit dem Kind die Chance, selbst zu denken, selbst zu lösen und in Eigenverantwortung hineinzuwachsen.

Dieses Faktum an sich ist ein Nachteil für das Kind und seine Eltern. Wenn solche Szenen öfter vorkommen, wird das Kind an mangelnder Selbstsicherheit zu leiden beginnen - und die Eltern werden sich ewig mit dem Lösen der Probleme ihres Nachwuchses herumschlagen müssen. Das ist eine Über-Förder-Situation. Beide verlieren.

Wie könnte sich die Situation entwickeln, wenn die Eltern dem Kind die Lösung des Problems überlassen?

Kind: Mama/Papa, die sind sooo gemein zu mir!! Stell dir vor, was die gemacht haben:...(erzählt den Vorfall)
Eltern: Du, das ist wirklich ärgerlich! Ich kann gut verstehen, dass du zornig bist. Was wirst du denn jetzt machen?
Kind: (beruhigt sich und beginnt nachzudenken) Mhm, ich weiß nicht... Ich glaube, ich werde...(erzählt, was es gerne tun würde und findet selbst eine Lösung)
Eltern: Das klingt gut!
Kind: Ja genau, das mach ich!

Das Kind ist erleichtert, weil es erzählen konnte, worüber es sich geärgert hat und weil die Eltern das offensichtlich verstanden haben. Es ist stolz, dass es selbst eine Lösung gefunden hat. Sein Selbstwert wächst, da es lernt, dass es seine Probleme selber lösen kann. Auf dem Weg zur Ideallinie zwischen Fordern und Fördern ist dies der Fordern-Anteil.

Die Eltern waren bereit zuzuhören. Sie haben sich nicht eingemischt, haben sich aber trotzdem Zeit für das Kind genommen und sind ihm dadurch zur Seite gestanden. Das Kind lernt, dass es mit seinen Eltern über Probleme sprechen kann, ohne Besserwisserei oder Einmischungen zu befürchten. Dies ist der Fördern-Anteil am Verhalten der Eltern. Die Eltern-Kind-Beziehung gewinnt dadurch an Vertrauen und gegenseitiger Wertschätzung. Das Selbstbewusstsein des Kindes steigt. Die Eltern haben mehr Zeit für sich selbst. Beide gewinnen.

Das heißt aber nicht, dass Sie sich nicht um die Angelegenheiten Ihrer Kinder kümmern sollten und dass Sie niemals eingreifen dürften. Es gibt sehr wohl Situationen, mit denen Kinder unterschiedlichen Alters überfordert sind und die in den Aufgabenbereich der Eltern fallen. Situationen, in denen sich Ihr Kind aufgrund seines Alters oder aufgrund seiner Position zum Gegenüber nicht behaupten kann, sind typische Eingreif-Situationen. Beispiele dafür sind Ungerechtigkeiten in der Schule oder Bedrohung durch Stärkere. Hier ist es unser Job als Eltern, einzugreifen. Solche Situationen fallen unter Ausnahme 1: dass Sie aufgrund Ihrer Funktion als Eltern einen Rat geben oder für Ihr Kind in die Bresche springen müssen. Verwechseln Sie diese jedoch nicht mit den zahlreichen und täglichen Situationen, die Ihre Kinder selbst bewältigen können und an deren Bewältigung sie wachsen und selbstsicherer werden. In all diesen Situationen ist der beste Beitrag, den Sie leisten können, dass Sie sich Zeit nehmen, zuhören, nachfragen, die Probleme Ihrer Kinder ernst nehmen - und sich ansonsten heraushalten.

Die Unterscheidung ist nicht immer einfach, es ist aber schon einmal gut, sich der unterschiedlichen Handlungsmöglichkeiten bewusst zu sein.

Dieselben Grundsätze gelten genauso für beliebige andere Gespräche. Betrachten wir als nächstes ein Beispiel, in dem ein Mitarbeiter sich in einer Angelegenheit, die in seinen Aufgabenbereich fällt und die er lösen kann, an seinen Chef wendet.

Der Mitarbeiter fühlt sich durch das Verhalten eines Kunden überfordert und möchte erzählen, was ihn belastet.

Mitarbeiter: Stellen Sie sich vor, was passiert ist: Frau X hat angerufen und sich furchtbar beschwert und herumgeschrieen, weil ich.....
Chef: Das ist wieder typisch! Geben Sie her, ich kümmere mich drum....

Der Chef übernimmt Aufgaben, die nicht seine sind und belastet sich damit unnötig. Der Mitarbeiter wollte in erster Linie erzählen, was los ist, um sich zu beruhigen. Dadurch, dass sein Chef die Sache gleich an sich reißt, gewinnt er jedoch das Gefühl, er sei selbst lösungsunfähig. Dies mindert seinen Selbstwert. Andererseits ist es für ihn erleichternd, sich um unangenehme Angelegenheiten nicht kümmern zu müssen. Beim nächsten Problem wird er voraussichtlich gleich wieder zum Chef gehen, statt selbst nachzudenken. Ein negativer Kreislauf beginnt. Der Mitarbeiter wird das Gefühl erhalten, unfähig zur Lösung von Problemen zu sein. Der Chef wird laufend mit Arbeit belastet, die nicht seine ist. Der Chef über-fördert seinen Mitarbeiter. Beide verlieren.

Wie könnte sich die Situation entwickeln, wenn der Chef dafür sorgt, dass sein Mitarbeiter jene Aufgaben für die dieser zuständig ist, selbst löst?

Mitarbeiter: Stellen Sie sich vor, was passiert ist: Frau X hat angerufen und sich furchtbar beschwert und herumgeschrieen, weil ich .....
Chef: Aha. Wie werden Sie das jetzt lösen?
Mitarbeiter: Ich weiß nicht, deshalb frage ich ja Sie!
Chef: Verstehe. Ich bin zwar überhaupt nicht damit befasst, aber ich werde Sie gerne bei der Lösungsfindung unterstützen: Sie sind ja Projektleiter in dieser Sache. Sagen Sie mir doch, wie Sie die Angelegenheit sehen.
Mitarbeiter: OK. Also ich denke, ...

Damit beginnt ein Lösungsprozess, in dem der Mitarbeiter zum selber Lösen aufgefordert ist. Diesbezüglich wird er vom Chef gefordert. Aufgabe des Chefs ist es, ihn durch Zuhören und Nachfragen dabei zu coachen und zu unterstützen, so dass der

Mitarbeiter zu einer guten Lösung gelangt. Diesbezüglich wird er vom Chef gefördert. Der Selbstwert des Mitarbeiters steigt, weil er an der Herausforderung wächst und in seiner Kompetenz bestätigt wird. Der Chef bleibt frei von unnötigen Zusatzaufgaben. Beide gewinnen.

Ausnahme 2: Wenn Sie einmal keine Zeit oder keine Lust haben, zuzuhören, dann sagen Sie das. Sie können das Gespräch ablehnen oder auf später verschieben. Es macht keinen Sinn, halbherzig eine Technik anzuwenden, wenn man gerade nicht die Zeit oder den Nerv dazu hat. Es ist aber für den, der gerade "zurückgewiesen" wurde, angenehmer, wenn er einen Ersatztermin für das Gespräch bekommt.

Beispiele für die Verschiebung von Gesprächen, die Ihrem Gesprächspartner wichtig sind, wenn Sie im Moment nicht zuhören können oder wollen:

"Das interessiert mich sehr. Ich habe aber im Moment überhaupt keine Zeit. Können wir später darüber reden?"

"Ich möchte gerne mit dir darüber sprechen. Ich hab nur gerade total viel um die Ohren. Können wir das auf morgen verschieben?"

Ausnahme 3: Es gibt auch Situationen, in denen Menschen andere durch verbale oder körperliche Gewalt bedrohen. Es gibt Menschen, die andere beschimpfen oder sonstwie schlecht behandeln. Und es gibt Energievampire, die anderen durch ständiges Nörgeln, Schimpfen, Jammern und Aufbürden der eigenen Probleme laufend Energie entziehen. Dies sind Ausnahmefälle, in denen wir empfehlen, einzugreifen. Wehren Sie sich und lassen Sie es nicht zu, dass Ihnen selbst, oder anderen, die sich nicht wehren können, geschadet wird. Die Kommunikationstechnik dazu ist das Lichtschwert.

Zusammenfassend lautet unsere Empfehlung zum Thema Zuhören für Sie als Empfänger:

1. Lernen Sie generell besser zuzuhören, indem Sie dem Gesprächspartner mehr Zeit geben und aktiv Interesse zeigen.

2. Lernen Sie, Situationen nach dem Kriterium Ihrer persönlichen Betroffenheit zu unterscheiden. Während Ihr Gegenüber spricht, hören Sie zu und fragen Sie sich: Betrifft mich das Erzählte in einer Weise, die von meiner Seite einen Beitrag erfordert, oder will mein Gesprächspartner einfach erzählen?

Hierzu gibt es drei Antwortmöglichkeiten:

1. Ihr Gesprächspartner möchte einfach etwas erzählen, das ihm am Herzen liegt und sucht einen Zuhörer. In all diesen Fällen, die den weitaus überwiegenden Teil unserer Gespräche ausmachen, ist die hier beschriebene Technik des aktiven Zuhörens anzuwenden. Wenn es Ihnen wichtig erscheint, teilen Sie Ihrem Gesprächspartner Ihre Sichtweise zu dem Thema ohne Druck in Form einer Ich-Botschaft mit.

2. Das Erzählte betrifft Sie, da es aufgrund Ihrer Funktion oder Position zum Gesprächspartner oder zur Sache Ihr Job ist, einen Beitrag zu leisten. In diesem Fall geben Sie Ihre Empfehlung oder tun Sie, was Ihr Job ist. Aber erst nachdem Sie ausführlich aktiv zugehört haben.

3. Wenn es eine Lichtschwertsituation ist, zögern Sie nicht lange, sondern agieren Sie. Die unterschiedlichen Anwendungsfälle für das Lichtschwert finden Sie ab Seite 229 beschrieben.

> **Zuhören Übung 1:** Üben Sie generell besser zuzuhören. Nehmen Sie sich vor, einmal am Tag jemand anderen mit Ruhe, Zeit und Aufmerksamkeit aktiv zuzuhören.

Mehr als das brauchen Sie sich für den Anfang gar nicht vorzunehmen. Sie werden erleben, wie angenehm das Zuhören für Sie selbst und für Ihre Gesprächspartner wird und Sie werden sich dadurch automatisch steigern. Es könnte sein, dass Sie irgendwann einmal immer richtig zuhören, weil es Ihre Gespräche einfacher und entspannter macht. Und weil es Ihren Gesprächspartnern bei der Lösung derer Probleme hilft. Es ermöglicht wirklichen Austausch zwischen Menschen und ist daher eine wesentliche Grundlage für echte Freundschaften und gute Beziehungen.

> **Zuhören Übung 2:** Lernen Sie, Situationen, in denen Sie Empfänger sind, nach dem oben dargestellten Kriterium Ihrer Beteiligung zu unterscheiden und dementsprechend zu handeln.

Sobald Sie dies beherrschen, ist es Zeit für die Steigerungsstufe: für das Früherkennen und Vermeiden vermeidbarer Konflikte, sowie für das konstruktive Austragen von erforderlichen Konflikten.

4.3. Zuhören für Fortgeschrittene: Wie Sie unnötige Konflikte vermeiden und erforderliche Konflikte konstruktiv lösen

Auch zum Thema Zuhören gibt es eine Profi-Übung. Ich nenne sie deshalb so, weil sie das Beherrschen des Zuhörens und das Unterscheiden von Situationen wie oben beschrieben voraussetzt und darüber hinaus noch einiges zusätzlich erfordert. Und weil Menschen, die dies beherrschen, aus unserer Sicht wirklich als Kommunikationsprofis zu bezeichnen sind. Sie sind in der Lage, angespannte Situationen zu entspannen, unnötige Konflikte zu verhindern und erforderliche Konflikte konstruktiv zu lösen.

Sie können diese erweiterte Technik des Zuhörens in allen schwierigen Situationen anwenden: Wenn die Stimmung schlecht ist, wenn sich ein Konflikt anbahnt, oder wenn es bereits zum Konflikt gekommen ist.

Es ist eine Förder-Technik, weil es den Gesprächspartner durch das Eingehen auf seine persönliche Situation und seine Gefühle unterstützt und weil es von Ihnen Verständnis und Zeit erfordert.

Wie alle Techniken funktioniert sie für private Situationen genauso wie für berufliche. Sie wirkt erfahrungsgemäß ungemein befreiend, weil Sie Ihnen 90% aller Konflikte erspart. Die verbleibenden 10% werden Sie mit Hilfe dieser Technik viel leichter, besser und eleganter lösen, als durch die bekannten, oft sehr schmerzhaften Wege des Streitens.

Die Kommunikation zwischen zwei Personen kann sehr leicht zu einem nebeneinander statt zu einem miteinander Sprechen für die Beteiligten werden. Wenn der Informationsfluss und somit der Energiefluss gestört oder unterbrochen wird, sinkt die Erfolgswahrscheinlichkeit für dieses Gespräch rapide. Egal, worum es sich inhaltlich handelt. Das erste, was Sie tun können, um dies zu vermeiden, ist, wie bereits ausführlich beschrieben, richtiges Zuhören. Das alleine ist aber oft zu wenig. Es kann erforderlich sein, auch über das Zuhören hinausgehende Aktionen zu setzen. Vorweg ein wenig theoretischer Hintergrund.

4.3.1. Informationsebene, Gefühlsebene und Trägerfrequenzebene

In unserer Kommunikation gibt es immer einerseits Informationen, die der Sender dem Empfänger vermitteln möchte und andererseits Stimmungen, die im Gespräch mitschwingen. Stimmungen beeinflussen unser Kommunikationsverhalten immer. Sie sind stets in irgendeiner Form spürbar, selbst wenn wir versuchen, uns zu verstellen.

Wenn wir den Ablauf unserer Kommunikation als Grafik darstellen wollen, ergibt sich folgendes Bild:

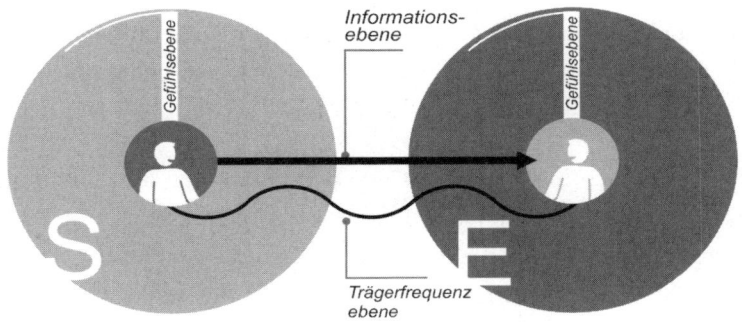

Grafik 8: Sender, Empfänger, Informationsebene, Trägerfrequenzebene und Gefühlsebenen.

Das, was gesprochen wird, sind die Sachinhalte bzw. Informationen, die der Sender vermitteln möchte. Diese werden auf der **Informationsebene** eines Gesprächs übertragen.

Jeder der beiden Gesprächspartner hat Gefühle. Die Gefühle der beiden Personen wirken primär auf die jeweilige Person, die diese Gefühle gerade hat. Sie können aber auch auf den Gesprächspartner wirken. Wie stark ein Gesprächspartner die Gefühlslage des anderen durch seine emotionale Verfassung beeinflusst, ist eine Frage der Expressivität beider Gesprächspartner (Siehe 259), sowie des Beherrschens der hier beschriebenen Kommunikationstechnik, die Gefühle bei der Person zu lassen, der sie gehören. Tatsache ist, dass Gefühle immer einen wesentlichen Einfluss auf unsere Kommunikation haben. Diese Gefühle sind als Kreis rund um den jeweiligen Gesprächspartner dargestellt. Wir nennen sie die **Gefühlsebene** der jeweiligen Person.

Zusätzlich existiert immer eine Beziehung zwischen den Gesprächspartnern, welche ebenfalls ganz wesentlich auf die Stimmung im Gespräch und auf die Qualität der Informationsübertragung wirkt. Den kommunikativen Aspekt dieser Beziehung nennen wir Trägerfrequenz. Diese ist als **Trägerfrequenzebene** dargestellt. Die Trägerfrequenz wird durch jeden Satz beeinflusst. Sie kann jederzeit besser oder schlechter werden und beeinflusst ständig das Gespräch.

Die Stimmung in einem Gespräch ergibt sich also aus dem Zusammenwirken der Gefühle der Beteiligten und der Qualität der Trägerfrequenz, die gerade zwischen diesen besteht. Sie ist hochsensibel und kann sich gewollt oder ungewollt sehr rasch ändern. Zugleich hat sie eine starke Wirkung auf die Qualität der inhaltlichen Informationsübermittlung zwischen Sender und Empfänger.

Solange die Stimmung in einem Gespräch gut ist, werden die Informationen so gut vermittelt, wie es die kommunikativen Fähigkeiten von Sender und Empfänger erlauben. Wenn die Stimmung in einem Gespräch schlechter wird, wird der Gesprächsinhalt nur noch fehlerhaft oder gar nicht übertragen. Dies kann daran liegen, dass einer oder beide Gesprächspartner sich unwohl fühlen, oder dass sich die Trägerfrequenz der beiden durch das Gesagte verschlechtert.

Schlechte Stimmung wirkt sich störend auf unsere kommunikativen Fähigkeiten aus - unabhängig davon, ob wir Sender oder Empfänger sind. Der Informationsfluss wird gestört, die Gesprächspartner beginnen sich unwohl zu fühlen. Die Stimmung sinkt weiter. Konflikte bahnen sich an. Im Extremfall beginnen die Beteiligten zu streiten.

Das muss nicht sein. Im Gegenteil: Wir können auch über schwierige Themen sprechen und trotzdem eine gute Gesprächsstimmung haben, wenn wir die hier vorgestellten Kommunikationsgrundsätze befolgen. Unerfreuliche Gesprächsinhalte haben nicht notwendigerweise eine schlechte Gesprächsstimmung zur Folge. Wenn Sender und Empfänger technisch gut kommunizieren, eine gute Trägerfrequenz zueinander haben und diese während des Gesprächs pflegen, können sie auch schwierige Themen stressfrei und in guter Gesprächsstimmung besprechen.

Wenn Sender und Empfänger hingegen technisch schlecht kommunizieren und keine gute Trägerfrequenz zueinander haben, können sie sogar über positive Themen sprechen und dennoch eine schlechte Gesprächsstimmung erleben.

In Folge sehen wir uns an, wie Sie das vermeiden können und wie Sie erfreuliche wie unerfreuliche Dinge in entspannter und möglichst guter Gesprächsstimmung besprechen können.

4.3.2. Erkennen von unangenehmen Stimmungen

Zuerst einmal ist es erforderlich, negative Stimmungen und sich anbahnende Konflikte zu erkennen. Es gibt eine Reihe von verschiedenen Parametern, die Ihnen dabei helfen können. Die Gesprächsstimmung sinkt und Konflikte bahnen sich an, wenn beispielsweise einer oder beide Gesprächspartner:

→ schlecht gelaunt sind,
→ wortkarg werden,
→ sich gegenseitig unterbrechen,
→ unfreundlich werden,
→ aufbrausend reagieren,
→ sich nicht eindeutig und klar äußern wollen,
→ noch und noch Einwände finden,
→ schwierige, nicht enden wollende Fragen stellen,
→ verärgert, abweisend, beleidigt, verunsichert wirken etc.

Und wenn das, was inhaltlich gesprochen wird, nicht mit der Stimmung des Gesprächs übereinstimmt. Das ist beispielsweise dann der Fall, wenn jemand sagt, es gehe ihm gut und Sie spüren deutlich, dass das nicht stimmt. Kurz gesagt, wann immer sich in Ihnen das Gefühl breit macht: Hier stimmt etwas nicht, irgendetwas läuft schief.

Am einfachsten und eindeutigsten sind negative Stimmungen zu erkennen, wenn ein Gesprächspartner offensichtliche Gefühle wie etwa Zorn oder Verzweiflung zeigt. Weniger starke Gefühle wie z.B. Verunsicherung, Sorge, Enttäuschung, sich nicht verstanden fühlen, sich zurückgewiesen fühlen, etc. sind oft nicht so eindeutig erkennbar. Sie schwingen aber dessen ungeachtet mit und können rasch eskalieren, wenn wir nicht damit umgehen können.

In allen genannten Beispielfällen liegt eine Störung auf Gefühlsebene vor. Das heißt, einer oder beide Gesprächspartner sind verärgert, zornig, verunsichert, haben Angst usw. Auf Grund dieser Störung auf Gefühlsebene beginnen die beiden auf Informationsebene "sachlich" zu diskutieren oder zu streiten. Dies wiederum verschlechtert sofort die Trägerfrequenz zwischen den beiden oder sie brechen sogar das Gespräch ab ("Das hat ja ohnehin keinen Sinn...", "Du verstehst mich nicht..."). Die Verständigung auf Informationsebene wird dadurch immer schwieriger. Eine Negativspirale beginnt.

Dabei ist das Entspannen so einer Situation sehr einfach, wenn man einmal weiß, was man tun kann. Es funktioniert am besten durch Ansprechen und Aussprechen der negativen Stimmung. Sie können das Gefühl der betreffenden Person ansprechen, Sie können aber auch die momentan gestörte Trägerfrequenz ansprechen.

Diese beiden Faktoren sind oft nicht eindeutig zu unterscheiden, was aber auch gar nicht notwendig ist. Eine gestörte Trägerfrequenz ist immer auch Gefühlssache. Die Gefühle wiederum können mit der Trägerfrequenz zu tun haben, sie müssen das aber nicht. Die Aussage "Sie stehen ziemlich unter Druck" kann sich ausschließlich auf die Gefühlslage des Gesprächspartners beziehen und nichts mit der Trägerfrequenz zu tun haben. Die Frage *"Bist du böse auf mich?"* richtet sich zwar an das Gefühl, aber dieses betrifft auch die Beziehung zwischen den beiden Gesprächspartnern.

Durch das möglichst konkrete Ansprechen des Störfaktors können diese Irritationen jedenfalls ans Licht kommen. Manchmal löst sich die negative Stimmung in Gesprächen alleine dadurch auf, dass man friedlich und entspannt darüber spricht. In den meisten Fällen beruhigen sich die Emotionen zumindest so weit, dass die Gesprächspartner das Problem dann auf der Informationsebene konstruktiv besprechen und lösen können. Im Zuge einer positiven Lösung wird sich die Stimmung zur Gänze beruhigen.

Beispiele für das Ansprechen eines negativen Gefühls des Gesprächspartners:

Sie scheinen verunsichert.

Die Sache ärgert dich.

Ich habe das Gefühl, Sie machen sich Sorgen.

Irgend etwas stört dich, stimmts?

Sie sind mit dem bisherigen Gesprächsverlauf nicht zufrieden, stimmt das?

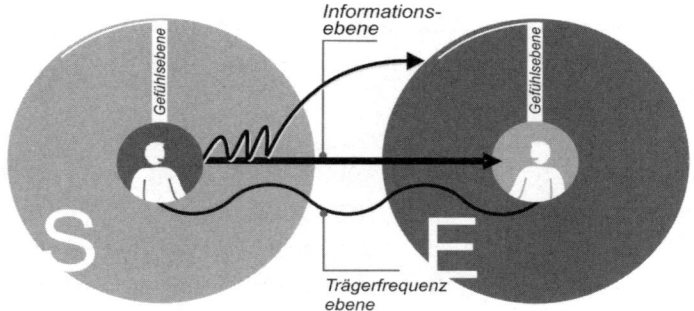

Grafik 9: Wechsel des Gesprächs von der Informationsebene auf die Gefühlsebene.

Beispiele für das Ansprechen der Trägerfrequenzebene:

Ich habe das Gefühl, wir reden aneinander vorbei.

Bist du böse auf mich?

Ich bin sehr froh, dass wir darüber sprechen und die Sache ist mir wichtig. Ich habe nur im Moment das Gefühl, zwischen uns gibt es grundsätzliche Missverständnisse, die dieses Gespräch stören.

Ich schätze dich sehr und bin froh, dass wir so offen miteinander reden können. Gibt es irgendetwas, das dich stört und das wir jetzt gleich besprechen sollten?

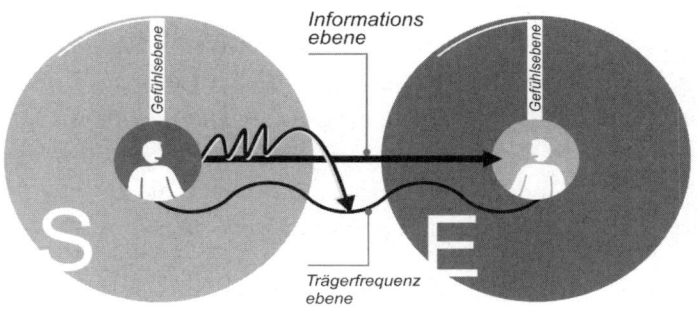

Grafik 10: Wechsel des Gesprächs von der Informationsebene auf die Trägerfrequenzebene.

Alle genannten Beispiele sind "Türöffner", die bewirken, dass das Gespräch vorübergehend von der Informationsebene auf die Gefühlsebene oder auf die Trägerfrequenzebene wechselt. Nachdem dort Klarheit geschaffen wurde, verbessert sich die Stimmung im Gespräch meist schlagartig und Sie können auf der Informationsebene weitersprechen.

Das Ansprechen von Gefühlen ist immer zugleich auch eine Investition in die Beziehung der beiden Gesprächspartner zueinander. Es ist etwas Persönliches. Es ist daher eine Investition in die Trägerfrequenz. Die "Schwingungen" oder Frequenzen der beiden Gesprächspartner werden wieder besser abgestimmt, die Situation entspannt sich. Danach können die anstehenden Sachthemen deutlich leichter, entspannter und zielführender besprochen werden, als wenn die schlechte Stimmung dauernd mitschwingt.

Das ist so einfach und es funktioniert so gut - dennoch scheuen sich viele Menschen, es zu tun. Sie tun alles, um das Ansprechen von Gefühlen zu vermeiden. Ich kenne das von unzähligen Seminarteilnehmern genauso wie aus dem Alltagsleben. Die meisten Menschen fürchten sich richtiggehend vor dem Ansprechen von Gefühlen. Sie bleiben eisern "sachlich". Sie versuchen, das Gespräch rein sachorientiert zu einem positiven Ergebnis zu führen und die bestehenden Gefühle zu ignorieren - selbst wenn diese immer intensiver werden, bis die Situation eskaliert. Das ist eindeutig der falsche Weg, wenn Sie zu guten Lösungen und guten Beziehungen gelangen wollen.

Der Weg, den wir empfehlen, ist energie- und zeitsparend und führt zu besseren Lösungen. Und er funktioniert! Klären Sie zuerst die Stimmung und danach die Sachthemen. Sie brauchen nur den Mut zu fassen, die negativen Gefühle anzusprechen - wenn Sie diese nur halbwegs gut treffen, werden sie sich beruhigen oder sogar auflösen. Betrachten wir hierzu ein sehr typisches Beispiel eines verärgerten Kunden:

Ein Kunde eines Unternehmens ist verärgert, weil er eine bestellte Lieferung noch immer nicht erhalten hat. Er ruft im Unternehmen an, um sich darüber zu beschweren. Der Kunde hat bereits dreimal angerufen, die Leitungen waren immer besetzt. Erst beim vierten Mal kommt er durch.

Mitarbeiterin der Telefonzentrale: Guten Tag, Firma XY, mein Name ist Eva Berger.

Kunde (aufgebracht): Na, dass da überhaupt einer abhebt, ist ja schon ein Wunder! Jetzt rufe ich schon zum vierten Mal an und immer ist es besetzt! Und Eure Produkte liefert Ihr auch nicht aus! Was seid Ihr denn für ein Saftladen?!!

Mitarbeiterin: He, wie reden Sie denn mit mir?...

Man kann sich vorstellen, dass sich daraus ein unerfreulicher Wortwechsel entspinnt. Der Anrufer hat ein Problem und ist zornig. Zugegeben, er benimmt sich daneben. Er ist aufgebracht und unöflich. Die Mitarbeiterin war gerade noch gut gelaunt. Würde sie sich nicht auf die Argumentationsebene des Anrufers begeben, könnte sie ihre gute Laune behalten und dem Anrufer behilflich sein, seine Probleme zu lösen. Hier aber springt die Mitarbeiterin ohne nachzudenken auf den Zug auf. Sie fühlt sich angegriffen und verteidigt sich. Ein fataler Fehler, der klassischerweise in Streit ausartet. Nun hat nicht nur der Kunde, sondern auch die Mitarbeiterin ein Problem. Das hätte sie sich beiden ersparen können. Sehen wir uns an, wie die Mitarbeiterin mit dieser Situation besser umgehen könnte:

Mitarbeiterin der Telefonzentrale: Guten Tag, Firma XY, mein Name ist Eva Berger.

Kunde (aufgebracht): Na, dass da überhaupt einer abhebt, ist ja schon ein Wunder! Jetzt rufe ich schon zum vierten Mal an und immer ist es besetzt! Und Eure Produkte liefert Ihr auch nicht aus! Was seid Ihr denn für ein Saftladen?!!
Mitarbeiterin: Sie sind ja total verärgert! Was ist denn passiert?
Kunde (schon etwas ruhiger): Na klar bin ich verärgert! Ich warte auf eine Lieferung, die ich dringend benötige - und wenn ich euch anrufe, ist es dauernd besetzt...
Mitarbeiterin: Oh, das verstehe ich, dass Sie das ärgert. Das tut mir leid. Heute geht es total rund bei uns. Nun sind aber Sie dran und ich werde mich sofort um Ihr Anliegen kümmern. Was kann ich denn für Sie tun?

Kunde (erleichtert): Da bin ich aber froh, danke. Verbinden Sie mich doch mit Herrn Z bitte.

Mitarbeiterin: Gerne, auf Wiederhören!

Spüren Sie, wie sich diese Situation entspannt? Können Sie sich das vorstellen? Können Sie sich in die Situation hineinfühlen? Ich kenne das von unzähligen Telefonaten und Gesprächssituationen - und es ist dermaßen erlösend!

Was hat die Mitarbeiterin am Telefon diesmal anders gemacht als im ersten Telefonat? Sie hat den Ärger des Anrufers als solchen erkannt und - und das ist das Wichtigste - sie hat ihn nicht auf sich bezogen. Sie hört: Der Anrufer hat ein Problem. Sie hat ja keines! Warum sollte sie sich durch die schlechte Laune anderer den Tag verderben lassen?

Wenn wir uns angegriffen fühlen, ist es immer nur das ego, das kämpfen will, das Recht haben will, das wichtig sein will, das sich nichts gefallen lassen will. ego-kämpfe sind immer aufreibend und zum Scheitern verurteilt. Versuchen Sie es einmal anders und lassen Sie sie ersatzlos weg. Machen Sie es wie die Telefonistin: Sie erkennt, dass der Anrufer zornig ist, sie fasst seinen Ärger in Worte und vermittelt Verständnis und die Bereitschaft, zu helfen, wo sie helfen kann. Indem sie zuhört, setzt sie eine der Techniken aus der Fördern-Dimension ein. Sie muss das Verhalten des Anrufers deshalb keineswegs richtig finden. Sie weiß aber, dass es der falsche Zeitpunkt ist, jetzt darüber zu diskutieren. Die Situation entspannt sich dadurch augenblicklich. Das ist erlösend für beide Gesprächspartner. Der eine kann sich abregen, die andere ist gleich gut gelaunt wie vorher. Wahrscheinlich sogar noch viel besser. Die Telefonistin hat nämlich einen großen Erfolg erzielt: Sie hat mit Hilfe einer Kommunikationstechnik eine gespannte Situation entschärft und einen Streit mit möglicherweise sehr unangenehmen Folgen verhindert. Sie kann sich mit Recht als Kommunikationsprofi bezeichnen, als jemand, der anderen hilft und selber ein entspanntes Leben führt. Schön, oder?

Bevor ich in Folge die Technik des Zuhörens in schwierigen Situationen detaillierter beschreibe, möchte ich Ihnen noch ein wenig an theoretischer Unterstützung mitgeben. Es gibt nämlich unterschiedliche Fälle von Problembeteiligung:

1. Ihr Gesprächspartner kann ein Problem haben,
2. Sie können ein Problem haben,
3. oder Sie beide können in ein- und dasselbe Problem involviert sein.

Je nach Beteiligung am Problem empfehlen wir unterschiedliche Kommunikationstechniken. Hier die Unterscheidung dazu:

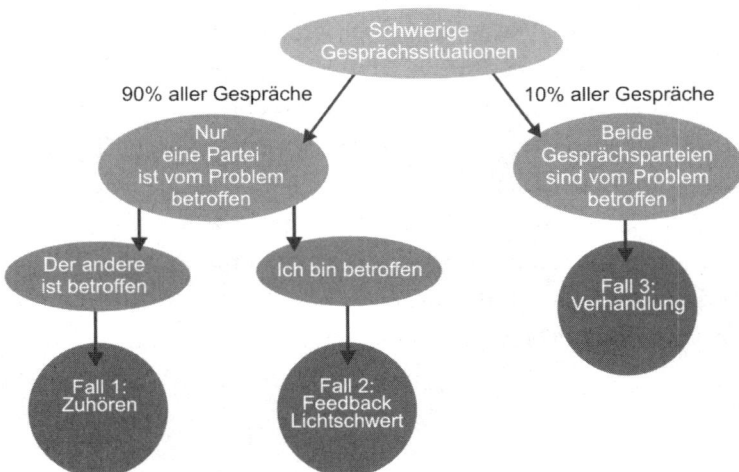

Grafik 11: Unterscheidung von Gesprächssituationen nach dem Kriterium der Beteiligung der Gesprächspartner am Problem.

Fall 1: Ihr Gesprächspartner hat ein Problem und ist deshalb verärgert, traurig oder zornig. In diesem Fall verwenden Sie die in diesem Kapitel beschriebene Technik des erweiterten aktiven Zuhörens.

Fall 2: Sie selbst haben ein Problem. Das heißt, Sie sind über jemand anderen oder über eine Situation verärgert, traurig oder zornig und möchten, dass Ihr Gesprächspartner ein Verhalten ändert. In diesem Fall verwenden Sie die ab Seite 208 beschriebene Technik des Feedback oder des Lichtschwertes.

Fall 3: Sie beide haben ein gemeinsames Problem. Damit meine ich, Sie haben in ein- und derselben Angelegenheit unterschiedliche Meinungen, Wünsche oder Vorstellungen. Das ist ein potentieller Konfliktfall. In diesem Fall wechseln Sie zwischen den Techniken des Zuhörens und des Feedback, bis Sie zu einem positiven Ende des Gespräches gelangt sind. Der abwechselnde Einsatz der beiden Kommunikationstechniken kann unter dem Begriff "Verhandlung" (S. 226) zusammengefasst werden. Zugegeben, das ist die schwierigste Variante. Sie ist aber auch die seltenste. Sie können davon ausgehen, dass in höchstens 10% Ihrer bisherigen Streitfälle ein Streit notwendig gewesen wäre. Erfahrungsgemäß hatte in etwa 90% der Situationen ursprünglich nur einer der beiden Gesprächspartner ein Problem. Der andere hat erst durch sein eigenes kommunikatives Fehlverhalten eines bekommen. Das können Sie durch Anwendung der hier beschriebenen Techniken in Zukunft vermeiden.

4.3.3. Erweitertes aktives Zuhören: Ansprechen der Gefühle und Paraphrasieren

Gehen wir nun weiter davon aus, Ihr Gesprächspartner hat ein Problem, das ihm auch emotional zu schaffen macht.

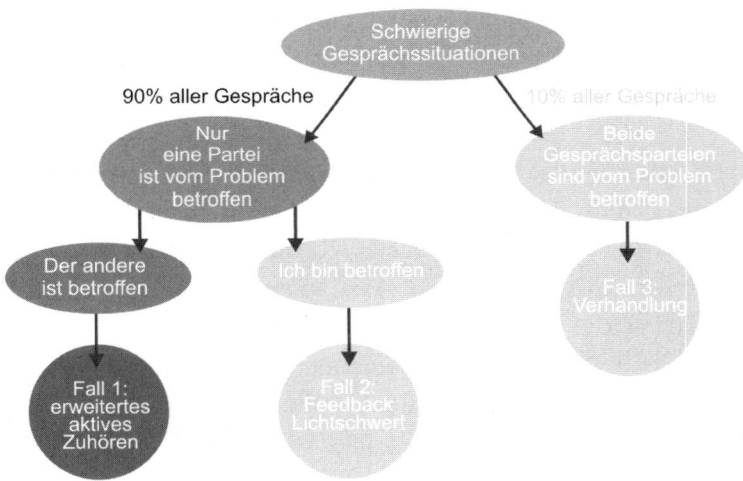

Grafik 12: Ihr Gesprächspartner hat ein Problem - Kommunikationstechnik erweitertes aktives Zuhören.

Dieses kann deutlich zu erkennen sein, weil er oder sie offensichtlich aufgebracht ist. Offensichtliche Gefühlszustände sind z.B. Zorn, Ärger, Verzweiflung, Angst oder Panik.

Es kann sich aber auch um diffizilere Unzufriedenheiten handeln, die auf ersten Blick nicht so festzustellen sind. Sie sind daran zu erkennen, dass sich der andere irgendwie "eigenartig" benimmt. Manche Menschen werden dann wortkarg, andere zynisch, andere verhalten sich trotzig, beleidigt, ungerecht - insgesamt können auch bei erwachsenen und intelligenten Menschen ziemlich kindliche Verhaltensweisen zutage treten.

Beispiele:

→ Partner/Freund gibt keine oder nur unzureichende Antworten auf Fragen.

→ Geschäftspartner/Freund weicht Fragen aus, verschiebt Antworten.

→ Kunde/Präsentationsteilnehmer stellt ununterbrochen Fragen, die schwer zu beantworten sind.

→ Kind/Partner meckert an allem und jedem herum.

Kennen Sie das? Anwendungsfälle sind alle Situationen, in denen sich Ihr Gesprächspartner zusehends eigenartig verhält, wodurch der Informationsaustausch mühevoll oder fehlerhaft wird. Dies wiederum kann die Gesprächsstimmung belasten. Je schlechter die Stimmung wird, umso weniger wird ein rein sachorientiertes Gespräch zu einer befriedigenden Lösung führen. Im Extremfall kann es zum Konflikt kommen.

Dies zu vermeiden und die Sachthemen des Gesprächs zu lösen ist für die meisten Menschen ungewohnt, aber im Prinzip sehr einfach: Sie müssen zuerst die angespannte Gesprächs-stimmung ansprechen und möglichst entspannen. Erst danach kann das Gespräch auch sachlich erfolgreich zu Ende geführt werden.

Sobald Sie also bemerken, dass Ihr Gesprächspartner irgend-wie "schlecht drauf" ist, ist folgendes empfehlenswert:

1. Erkennen Sie bewusst, dass Ihr Gesprächspartner sich nicht wohl fühlt

Dies ist tatsächlich der erste Schritt zu Lösung. Je mehr Fein-gefühl Sie für andere Menschen und für Kommunikation im All-gemeinen entwickeln, desto seltener werden Sie in die Falle eines vermeidbaren Streites laufen. Sie bemerken frühzeitig, dass Ihr Gegenüber verärgert, bedrückt, zornig oder sonstwie "schlecht drauf" ist. Hören Sie auf Ihre innere Stimme, die Ihnen sagt: *"Irgendetwas stimmt nicht. Mein Gegenüber hat ein Problem."* In diesem Fall hilft Ihnen die Technik des erweiterten aktiven Zuhörens.

Sie treffen überraschend eine Freundin, die Sie seit ein paar Wochen nicht mehr gesehen haben. Sie beide freuen sich über das zufällige Treffen und gehen gemeinsam etwas trinken. Zusehends fällt Ihnen auf, dass Ihre Freundin sich anders verhält als sonst. Sie sagt zwar, dass es ihr sehr gut gehe, sie scheint jedoch irgendwie bedrückt zu sein. Dies äußert sich z.B. daran, dass ihr Lächeln aufgesetzt wirkt und dass sie weniger erzählt als sonst.

Wenn Ihnen das auffällt, haben Sie schon den ersten Schritt geschafft. Sie haben bemerkt, dass mit Ihrem Gegenüber etwas nicht stimmt. Um festzustellen, ob Ihre Wahrnehmung zutrifft, folgt gleich der zweite Schritt:

2. Sprechen Sie diese Stimmung an. Fragen Sie Ihren Gesprächspartner danach

Diese Kommunikationstechnik nennt sich Türöffner. Türöffner sind "Einladungen" zum Reden. Sie heißen deshalb so, weil sie die Tür zu einem Gespräch öffnen sollen. Es sind Fragen oder Feststellungen, die bewirken sollen, dass Ihr Gegenüber zu sprechen beginnt. Türöffner sind in jeder Situation - egal ob entspannt oder angespannt - anwendbar.

Im Falle einer angespannten Gesprächsstimmung, wie sie hier beispielhaft beschrieben ist, haben Türöffner das Ziel, das Gespräch vorübergehend von der Informationsebene auf die Gefühls- oder auf die Trägerfrequenzebene zu verlagern. Ziel des

Türöffners ist es, dem anderen Gelegenheit zu geben, Dinge offen auszusprechen, die ihm wichtig sind, die er aber von sich aus nicht anspricht. Allein durch das Aussprechen von belastenden Themen entspannt sich die Situation üblicherweise. Sobald ein Gespräch offener und persönlicher wird, verbessert sich automatisch auch die Trägerfrequenz der beiden Gesprächspartner. Ein bisher schwieriges Gespräch kann dadurch schlagartig viel leichter werden.

Wie funktioniert nun so ein Türöffner? Sprechen Sie das an, was Sie als Hintergrund der Gesprächsstimmung vermuten. Wenn Sie keine konkrete Vorstellung haben, was los sein könnte, stellen Sie eine Frage oder fordern Sie Ihren Gesprächspartner zum Reden auf. Offene Fragen sind dabei empfehlenswerter als geschlossene, da mit ausführlicheren Antworten zu rechnen ist:

Wie geht es Dir?
Was ist denn los?
Ist alles in Ordnung?
Wie läufts?
Erzählen Sie mir davon.

Falls Sie eine konkretere Vorstellung haben, was mit Ihrem Gesprächspartner los sein könnte, verwenden Sie Formulierungen, die möglichst genau Ihre Vermutung ausdrücken. Je konkreter Ihr Eindruck ist, desto eher können Sie Feststellungen machen, anstatt Fragen zu stellen. Feststellungen wirken intensiver. Es ist fast unmöglich, auf solche Feststellungen keine Antwort zu geben. Am wirkungsvollsten ist es, wenn Sie direkt das Gefühl ansprechen, das Sie beim anderen wahrnehmen:

Du siehst heute irgendwie bedrückt aus.

Sie klingen verärgert.

Ich habe das Gefühl, irgend etwas stört Sie.

Sie scheinen nicht überzeugt.

Du willst das gar nicht, stimmts?

Spüren Sie, dass diese Feststellungen eine intensivere Wirkung haben als die obigen Fragen? Fassen Sie immer möglichst genau das Gefühl in Worte, das Sie spüren oder vermuten. Ihr Gefühl zur Situation. Es stimmt fast immer. Falls Sie es nicht genau treffen, dann haben Sie zumindest eine Tendenz gespürt. Es erfordert zu Beginn nur Mut, es auszusprechen. Sobald Sie sich das trauen, ist die Wirkung verblüffend und in höchstem Maß erleichternd. Probieren Sie es aus!

Wesentlich für den Erfolg eines Türöffners ist, dass Sie danach zuhören, also nicht weiterreden! Machen Sie Ihre Feststellung und geben Sie Ihrem Gesprächspartner die Chance, darauf zu reagieren. Wenn Sie sofort weitereden, ist die Tür wieder zu.

Ihr Türöffner war erfolgreich, wenn der/die andere nickt oder *"Ja"* sagt und zu erzählen beginnt. Er war auch erfolgreich, wenn der andere sagt: *"Nein, verärgert bin ich nicht, aber..."* und die Sache richtig stellt. Auch in diesem Fall hat der Türöffner gewirkt. Ihr Gesprächspartner öffnet sich und beginnt zu reden. Erfahrungsgemäß lenkt der Gesprächspartner immer korrigierend ein, wenn beim Ansprechen der Gefühlsebene über- oder untertrieben wurde. Und er öffnet genau dadurch die Tür zum Gespräch und vermindert seine bisherige Abwehrhaltung.

Wenn es nicht auf Anhieb klappt, machen Sie einfach weitere Türöffner, bis es funktioniert. Geben Sie nicht gleich auf, wenn Sie auf der Spur sind.

Falls Sie aber den Eindruck haben, Ihr Gesprächspartner will definitiv nicht darüber sprechen, was ihn/sie stört, können Sie genauso gut sagen: *"Sie wollen darüber nicht reden, stimmts?"*. Auch das kann übrigens wie ein Türöffner wirken.

Es kann gut sein, dass er oder sie genau dann loslegt. Die Wirkung ist oft überraschend. Sie brauchen nur die Nerven zu bewahren und nach Ihrem Türöffner ein paar Sekunden schweigend abzuwarten. Falls Ihr Gesprächspartner trotzdem nicht reden will, ist es auch ok. Seien Sie aufmerksam, aber machen Sie niemals Druck. Druck erzeugt immer Gegendruck. Wie intensiv dies eintritt, hängt seitens des Senders von der Stärke des Druckes ab und seitens des Empfängers von dessen Wahrnehmung und inneren Bereitschaft, sich Druck machen zu lassen. Gegendruck bedeutet in der Regel unmittelbare Abwehr. Es bewirkt, dass der andere sich wehren muss - automatisch geht er oder sie in Verteidigungsposition und ein offenes Gespräch ist nicht mehr möglich.

Unser Beispiel vom Treffen mit einer Freundin könnte folgendermaßen weitergehen: Sie haben bemerkt, dass Ihre Freundin bedrückt wirkt und möchten ihr nun Gelegenheit geben, darüber zu sprechen.

Sie: Sag einmal, ist wirklich alles in Ordnung? Du machst heute irgendwie einen bedrückten Eindruck.
Freundin (zögerlich, Blick zum Boden): Doooch, ich bin nur müde...
Sie (sehen der Freundin in die Augen, nicken = aktives Zuhören): Aha...
Es entsteht eine Gesprächspause von einigen Sekunden, in der Sie Ihre Freundin ansehen und warten.
Freundin: Also ehrlich gesagt hast du Recht. Ich bin schon irgendwie bedrückt.
Sie: Was ist denn los?
Freundin (beginnt zu erzählen):...

Der Türöffner hat funktioniert, die Tür ist offen. Ihre Freundin beginnt nun zu erzählen, was ihr am Herzen liegt.

Hätten Sie hingegen die gedrückte Stimmung Ihrer Freundin zwar bemerkt, aber nicht angesprochen, dann wäre vielleicht nur ein sehr oberflächliches Gespräch zustande gekommen. Sie beide hätten sich vermutlich bald wieder verabschiedet, da Sie sich nicht wohl gefühlt hätten.

Im dargestellten Beispiel wurde der Türöffner erfolgreich angewendet und die Chancen für ein offenes Gespräch unter Freunden stehen gut.

3. Aktives Zuhören

Ist Ihr Türöffner geglückt, brauchen Sie, wie bereits ausführlich beschrieben, nur mehr aktiv und aufmerksam zuzuhören. Hören Sie gut zu und mischen Sie sich nicht ein. Mit aufmerksamen Zuhören meine ich, wirklich Interesse daran zu zeigen, was der andere denkt oder fühlt.

Wie bereits erwähnt, ist es für wirklich gutes aktives Zuhören die wichtigste Voraussetzung, sich nicht angegriffen zu fühlen! Die meisten Menschen ärgern sich nicht über Sie persönlich, sondern sind aufgrund einer Summe von Problemen emotional angespannt. Es können gesundheitliche Probleme sein, Sorgen mit der Familie, Probleme in der Firma, finanzielle Sorgen, Eheprobleme oder sonst etwas. Es gibt auch Menschen, die schon schlecht gelaunt sind, wenn sie gerade keinen Parkplatz gefunden haben.

Diesen Ärger bekommt dann jeder zu spüren, der danach mit ihnen spricht. Sie als Empfänger sollten sich klar darüber sein, dass dieser Ärger zwar offensichtlich existiert, dass Sie ihn aber nicht auf sich beziehen sollten.

Selbst in dem Ausnahmefall, dass Ihr Gegenüber sich offensichtlich über Sie ärgert, nehmen Sie das nicht persönlich - so widersprüchlich das klingen mag. Ihr Gegenüber ärgert sich. Das ist seine/ihre Sache. Sie müssen den Ärger nicht übernehmen. Es ist eine Entscheidung, ob man sich ärgert oder nicht, es ist kein automatischer Ablauf. Das Bewusstmachen, dass der andere sich ärgert, Sie selbst aber (noch) kein Problem haben, kann Ihnen helfen, sich nicht in die Gefühlsverfassung des Gesprächspartners hineinziehen zu lassen. Auch das Wissen, dass Sie in entspannter Verfassung mit Sicherheit bessere Lösungsbeiträge liefern werden als unter Stress, kann ein Argument sein, sich nicht vom Ärger des anderen anstecken zu lassen. Sie können sich also entscheiden, sich nicht zu ärgern und statt dessen zu sehen, ob Sie etwas tun können, um Ihrem Gegenüber zur Beruhigung zu verhelfen und das Ärgernis zu klären.

Diese Erkenntnis hat für mich persönlich - speziell in den ersten Berufsjahren - mein Berufsleben ungemein erleichtert. Sobald ich das gelernt und verstanden hatte, habe ich aufgehört, mich vor Geschäftspartnern oder Kunden, denen ihr Ruf, "schwierig" zu sein, schon vorauseilte, zu fürchten. Ich konnte von dort weg auch mit schlecht gelaunten, angeblich unzugänglichen oder aggressiven Menschen sehr entspannt umgehen.

Diese sind dann im Übrigen sogar meist dankbar und verbunden, wenn ihr Gesprächspartner es auf anscheinend wundersame Weise geschafft habe, sie zu beschwichtigen - und auf sachlicher Ebene gute Lösungen findet. Es ist aber nicht wundersam. Es ist ganz simpel. Diese Technik funktioniert einfach genial. Und sie ist noch dazu leicht zu lernen.

Voraussetzung für die erfolgreiche Anwendung ist folgende Einstellung: Selbst wenn Sie von jemandem, der sich ärgert, schreit, schimpft etc. angeschrieen werden - Nehmen Sie es nicht persönlich! Versuchen Sie, die Emotion des anderen ernst zu nehmen und selbst ruhig zu bleiben. Denken Sie an das Beispiel vom aufgebrachten Kunden.

Ihr Gesprächspartner hat ganz offensichtlich ein Problem - deshalb schreit er. Sie haben keines. Sie können aber eines bekommen, wenn Sie das Verhalten des anderen persönlich nehmen und die typischen Abwehrmechanismen einschalten, wie z.B.:

→ sich verteidigen
→ sich rechtfertigen
→ erklären, wie die Dinge "wirklich" sind
→ Sachlösungen vorschlagen
→ den anderen zurechtweisen
→ den anderen belehren
→ den anderen analysieren
→ selbst zornig werden etc.

All das sind kommunikativ 100%ige Aufforderungen zum Streit und somit Reaktionsweisen, die Sie unbedingt vermeiden sollten. Selbst das gut gemeinte Vorschlagen von Sachlösungen kann Ihren Gesprächspartner noch mehr in Rage bringen, wenn er schon einmal zornig ist.

Später werden Sie sehen, dass es nicht darum geht, sich alles gefallen zu lassen - ganz im Gegenteil. Die Kunst besteht darin, nicht die Probleme anderer Menschen auf sich zu beziehen. Und Sie werden sehen, dass die Technik des Lichtschwertes, die dazu dient, mit Ungerechtigkeit, Angriffen und ähnlichem umzugehen, genauso hervorragend funktioniert, wie die hier beschriebenen Vorschläge zum Deeskalieren von Gefühlen.

Alle oben beschriebenen Reaktionsweisen (sich verteidigen, sich rechtfertigen, etc.) haben eine gemeinsame Fehlerquelle: Sie sind sachbezogen. Sie argumentieren auf Informationsebene und versuchen, dort zu reparieren, was nur auf Gefühls- oder Trägerfrequenzebene repariert werden kann.

Man könnte auch sagen: Mit einer solchen Reaktion tappt der Empfänger in die "Sachfalle": Er antwortet auf die Sachinhalte der Formulierung des Gesprächspartners, statt auf die Stimmung im Gespräch zu reagieren. Dieser Fehler passiert häufig. Der eine Gesprächspartner ist bemüht, Antworten zu geben und Probleme zu lösen, während der andere mit jedem Satz unwilliger oder sogar ärgerlich wird. Haben Sie das schon einmal erlebt? Wenn Ihnen das einmal passiert ist, werden Sie wahrscheinlich die Welt nicht mehr verstanden haben. Sie haben nach bestem Wissen und Gewissen geantwortet, beschwichtigt, vorgeschlagen, Lösungen gesucht - während Ihr Gesprächspartner immer zorniger wurde. Es funktioniert einfach nicht. Diese Reaktionsweise schafft tatsächlich ein Problem für beide Gesprächspartner.

Selbst wenn Ihr Gegenüber erzählen sollte, dass er/sie sich über Sie persönlich, über Ihr Produkt, über Ihre Firma oder über Ihre Familie geärgert hat, nehmen Sie es nicht persönlich! So widersinnig das vielleicht klingen mag. Verteidigen oder rechtfertigen Sie sich nicht! *"Aha"*, *"Mhm"* *"Ohje"* oder *"Das tut mir leid"* - sind Bemerkungen, die Anteilnahme zeigen, ohne inhaltlich Stellung zu beziehen. Hören Sie einfach zu und versuchen Sie zu verstehen, wie der/die andere sich fühlt. Wenn jemand im Sumpf liegt und um Hilfe ruft, hilft es ja auch nichts, wenn

Sie nachspringen. Sie müssen sich heraushalten. Sonst können Sie in Folge auch nichts beitragen, um die Situation zu verbessern.

Das Gespräch mit der Freundin könnte sich nun folgendermaßen weiterentwickeln:

Freundin: Also ehrlich gesagt hast du recht. Ich bin schon irgendwie bedrückt...
Sie: Was ist denn los? (offene Frage)
Freundin: Naja, ich hab' mich so gefreut, dich wiederzusehen, aber...
Sie: Mhm... (aktives Zuhören)
Pause von einigen Sekunden.
Freundin:... aber dann habe ich mich erinnert, dass bei unserem letzten Treffen etwas sehr Unangenehmes passiert ist...
Sie (überrascht): Aha? Was denn? (aktives Zuhören und offene Frage)
Freundin: Weißt du noch, damals ist ein Freund von mir vorbeigekommen und hat uns kurz begrüßt. Als er weg war, hast du dich ziemlich negativ über ihn geäußert...
Sie (erinnern sich an die Situation): Oh, jetzt erinnere ich mich...(aktives Zuhören und warten)
Freundin:... das hat mich ziemlich getroffen, denn ich mochte ihn damals schon und inzwischen ist er ein guter Freund geworden...

Sie haben aktiv zugehört und wissen nun, was schiefgelaufen ist. Hätten Sie Ihre Freundin an irgendeiner Stelle unterbrochen, wäre das Gespräch nicht so offen und gut gelaufen. Nun wissen Sie, was Ihre Freundin bedrückt. Achtung! Machen Sie jetzt nicht den oben beschrieben Fehler, sachbezogen zu antworten. Gehen Sie inhaltlich nicht auf die Situation ein, die Ihre Freundin beschrieben hat, indem Sie erklären, warum Sie sich so verhalten haben, die Sache abschwächen, sich rechtfertigen etc. Zuerst sind die Gefühle dran:

4. Fassen Sie in Worte, welche Gefühle der andere Ihrem Eindruck nach hat

Sie sprechen damit - wie beim Türöffner - die Gefühlsebene an. Ihre Äußerungen müssen dazu möglichst gefühlsbezogen und möglichst wenig sachbezogen sein. Dies erfordert Feingefühl für die Situation und für den Menschen, mit dem Sie sprechen, sowie das ehrliche Anliegen, den anderen wirklich verstehen zu wollen. Und es kann Mut erfordern, die Dinge auszusprechen. Die Wirkung ist allerdings gewaltig. Und die Trägerfrequenz wird verbessert.

Auch dieses Ansprechen der Gefühlsebene ist ein Türöffner, es gelten daher die selben Regeln: Verwenden Sie Formulierungen, die möglichst exakt Ihren Eindruck vom Gefühl des anderen ausdrücken. Oder stellen Sie offene Fragen. Am intensivsten wirkt es, wenn Sie das Gefühl des anderen klar benennen.

Das war sehr verletzend für dich.
Sie ärgern sich darüber, stimmts?
Sie stehen ziemlich unter Druck.
Das bedeutet für Sie enormen Stress.
Sie sind extrem verärgert.
Du bist enttäuscht, stimmts?
Das macht dich traurig.
So zornig habe ich dich noch nie erlebt.

Ihr nächster Schritt ist nun wiederum aktives Zuhören. Sie werden sehr rasch erfahren, wo Ihr Gesprächspartner Unsicherheiten, Ängste, Sorgen oder Ärger hat. All dies hindert ihn/sie daran, klare Gedanken zu fassen, Entscheidungen zu treffen, Sachfragen zu lösen. Oder einfach nur, sich zu entspannen. Sind die Emotionen einmal ausgesprochen, wird die Situation sich erstaunlich rasch entspannen und Sie können über das Sachthema oder - sollte dies inzwischen geklärt sein - über irgend etwas anderes weitersprechen.

Das Gespräch mit der Freundin könnte z.B. folgendermaßen weitergehen:

Freundin: Weißt du noch, damals ist ein Freund von mir vorbeigekommen und hat uns kurz begrüßt. Als er weg war, hast du dich ziemlich negativ über ihn geäußert...

Sie (erinnern sich an die Situation): Ahhh...

Freundin:... das hat mich ziemlich getroffen, denn ich mochte ihn damals schon und inzwischen ist er ein guter Freund geworden...

Sie: Das war sehr verletzend für dich. (Ansprechen des Gefühls)

Freundin (sehr erleichtert): Ja, stimmt. Es war nämlich so... (erzählt noch ein paar Hintergründe, während Sie mit "Aha" und "Mhm" und "Verstehe" aktiv zuhören)

Sie: Das tut mir Leid. (Anteilnahme = Akzeptieren des Gefühls des anderen) Das war überhaupt nicht meine Absicht. Kann ich das irgendwie wieder gut machen?

Freundin (macht nun überhaupt keinen bedrückten Eindruck mehr, sondern ist gut gelaunt): Nein, ist schon ok. So schlimm war es auch wieder nicht und jetzt ist es sowieso schon vorbei. Sag einmal, wie geht es dir eigentlich?....

Sie haben das Gefühl Ihrer Freundin angesprochen und ihr ermöglicht, ganz offen zu sagen, was sie gestört hat. Ihre Freundin konnte ihrem unangenehmen Gefühl Ausdruck verleihen und ist dadurch erleichtert. Da Sie das Problem kommunikativ bei Ihrer Freundin lassen, indem Sie sich weder rechtfertigen, noch verteidigen oder erklären, dass alles ganz anders war, verliert die Sache an Schwere. Sie hören und akzeptieren sozusagen widerstandslos, dass sich Ihre Freundin verletzt gefühlt hat. Durch den Satz *"Das tut mir Leid"* drücken Sie Verständnis für die Situation aus. Durch die Aussage *"Das war nicht meine Absicht..."* vermitteln Sie, dass Sie weder Ihre Freundin, noch deren Freund beleidigen wollten.

Bitte beachten Sie, dass Sie darüber hinaus keine inhaltliche Stellungnahme abgeben! Sie behaupten weder, dass Ihre Freundin Recht, noch dass sie Unrecht habe. Sie beziehen inhaltlich überhaupt nicht Stellung! Solange die Emotionen noch nicht beruhigt sind, belassen Sie das Gespräch durch Ihre Anteilnahme auf der Gefühlsebene und das Problem bei Ihrer Freundin. Das ist das Beste, was Sie in einer solchen Situation tun können. Ihre Freundin wird immens erleichtert sein. Sie kann sagen, was ihr am Herzen liegt, ohne dass eine Diskussion oder ein Streit entstehen würde. Das Problem verliert dadurch sehr rasch an Wichtigkeit und Gewicht. Die Trägerfrequenzebene wird durch das Aussprechen der Angelegenheit und durch Ihre entspannte und liebevolle Reaktion deutlich verbessert. In Folge können Sie beide in Ruhe miteinander reden.

Wenn es aus Ihrer Sicht inhaltlich etwas zu klären oder richtigzustellen gibt, können Sie das jetzt tun. Erst jetzt ist der richtige Zeitpunkt dazu gekommen. Solange die Emotionen im Vordergrund stehen, wird Ihr Gesprächspartner kein offenes Ohr für Ihre Erklärungen haben. Sobald er sich entspannt hat und sieht, dass Sie nicht gegen ihn sind, sondern auf seiner Seite stehen, das heißt, sobald die Trägerfrequenz klargestellt ist, können Sie den inhaltlichen Aspekt des Problems besprechen, sofern es diesbezüglich noch etwas zu klären gibt.

Gespräche wie diese, in denen ein Gesprächspartner so professionell mit dem Ärger des anderen umgeht, klingen für Außenstehende oft so harmlos und unspektakulär, dass diese den Eindruck gewinnen könnten, in einem solchen Gespräch könne man gar nichts falsch machen. Wer kommunikativ nicht geschult ist, merkt meist nicht einmal, dass es im Gespräch überhaupt eine Schwierigkeit gegeben hat. Weit gefehlt. Ein Gespräch wie das obige verläuft nur deshalb so mühelos positiv, weil sich zumindest ein Gesprächspartner kommunikativ professionell verhalten hat.

Zur Aussage der Freundin gäbe es jede Menge nicht empfehlenswerte Antworten, die allesamt in Diskussion, Streit oder ergebnislosem Hin und Her münden würden. Lesen Sie hier ein paar Beispiele, wie Sie nicht antworten sollten:

Freundin: Weißt du noch, damals ist ein Freund von mir vorbeigekommen und hat uns kurz begrüßt. Als er weg war, hast du dich ziemlich negativ über ihn geäußert...

Sie: Daran kann ich mich gar nicht erinnern. (Ausweichmanöver)
Oder: Ich habe sicher nichts Negatives gesagt! (Abwehr)
Oder: Nein, überhaupt nicht! Das hast du total missverstanden! Ich hab mich doch nur auf ... bezogen! (Rechtfertigung, Sachargument)
Oder: Wie? DAS hat dich so gestört? Na du bist vielleicht empfindlich! (Verurteilung)
Oder: Ach! Das ist wieder typisch für dich! So reagierst du immer, du nimmst alles viel zu persönlich! Das war doch überhaupt nicht so gemeint! (Analyse und Lächerlichmachen des Verhaltens der Freundin)

Diese und ähnliche Aussagen führen höchstens zu einem verbalen Hickhack. Mit solchen Reaktionen weisen Sie die Aussage Ihrer Freundin zurück, verteidigen sich, oder greifen gar die Freundin an. Das offene Gespräch, wie es oben gezeigt wurde und das so rasch zu einem positiven Ende kommt, kann auf diese Weise nicht geführt werden.

Alle hier gezeigten nicht empfohlenen Antwortversionen haben etwas gemeinsam: Sie sind Versuche, die Sache abzutun und die Gefühle des Gesprächspartners abzuwehren, zu unterdrücken, als unpassend und ungerechtfertigt zu erklären. Genau dadurch werden sich diese Gefühle jedoch nicht beruhigen, sondern intensivieren. Sie können nicht ans Licht kommen und sich dort auflösen. Ihr Gesprächspartner wird sich zu Recht missverstanden fühlen und sich entweder wehren oder zurückziehen. Die Trägerfrequenzebene wird durch eine solche Reaktion noch empfindlicher gestört, statt verbessert. Selbst wenn Sie beide das Thema wechseln, um auf ungefährlichem Terrain zu plaudern, wird vermutlich während des gesamten Gespräches ein unangenehmes Gefühl auf beiden Seiten bestehen bleiben.

Ich kann Ihnen wirklich empfehlen, sich in einem solchen Fall in der hier gezeigten Weise zu verhalten. Probieren Sie es einfach aus. Es ist dabei belanglos, ob es sich um private oder um geschäftliche Gespräche handelt, ob Sie persönlich oder am Telefon mit jemandem sprechen. Und ob Ihre Gesprächspartner Erwachsene oder Kinder sind. Ich habe mit dieser Technik bei meinen Kindern schon im Kleinkinderalter bei Wutanfällen manchmal erstaunliche Ergebnisse erzielt. Es funktioniert nicht immer, aber es deeskaliert die meisten Gespräche. Dasselbe gilt für zornige Erwachsene. Das Prinzip ist immer dieselbe. Zuerst die Gefühle, dann die Lösung.

Die dargestellte Systematik und Analyse des Gespräches mit einer Freundin können Sie übrigens auch auf die beiden Versionen des vorigen Beispiels vom zornigen Anrufer (Seite 166) übertragen. Sehen Sie es sich nochmals an. Erkennen Sie die Parallelen? Der Fall vom Anrufer ist sogar insofern einfacher, als der Gesprächspartner offensichtliche Gefühle zeigt. Damit ist eindeutig zu erkennen, dass "der andere ein Problem hat". Die richtige Technik für Sie ist dann die hier vorgestellte.

5. Fassen Sie zusammen und fragen Sie nach, um sicherzugehen, dass Sie alles richtig verstanden haben (Paraphrasieren und Informationssuche)

Nun gibt es jede Menge Fälle, in denen Sie nach der ersten Aussage Ihres Gegenübers noch gar nicht wissen, was genau passiert ist. Es kann sein, dass Sie einige Male nachfragen müssen, um sicherzugehen, dass Sie alles richtig verstanden haben und um das Gespräch so richtig ins Rollen zu bringen. Dies ist üblicherweise sehr angenehm für Ihren Gesprächspartner und trägt zu seiner Beruhigung bei, weil Sie damit Ihre weitere Bereitschaft zuzuhören sowie Ihre Anteilnahme signalisieren.

Darüber hinaus ist es oft erforderlich, dass Sie genau erfahren, was vorgefallen ist. Das ist immer dann der Fall, wenn es für Sie etwas zu lösen oder zu tun gibt, wenn Sie aufgrund Ihrer Position oder Funktion dem Gesprächspartner gegenüber in Folge etwas beitragen müssen. Das ist vor allem in beruflichen Gesprächen der Fall, es kann aber auch im Privatbereich Handlungsbedarf geben.

Eine dabei sehr hilfreiche Technik ist das Paraphrasieren. Paraphrasieren heißt, dass Sie den Inhalt der Aussage Ihres Gesprächspartners in eigenen Worten wiederholen. Sie können einen ganzen Satz wiederholen oder das, was Sie gehört haben, sinngemäß zusammenfassen. Dies ist eine sehr wichtige Technik, weil Sie hilft, sicherzustellen, dass Sie richtig verstanden haben.

Meine Erfahrung ist, dass wir erstaunlich oft nicht das Richtige verstehen und dass uns das ohne Paraphrasieren gar nicht auffallen würde! Gerade in Gesprächen, die für Sie und/oder Ihren Gesprächspartner wichtig sind, ist Paraphrasieren das

Um und Auf. Vielen Menschen kommt es zu Beginn idiotisch vor, nahezu "papageienartig" zu wiederholen, was ohnehin schon gesagt wurde. Sie wundern sich dann aber, wie oft sie mit ihrer vermeintlichen Wiederholung ganz beträchtlich daneben liegen und sind froh, mit Hilfe dieser Technik Missverständnisse vermeiden zu können.

Achten Sie beim Paraphrasieren darauf, wirklich nur die Ausführungen Ihres Gesprächspartners zu wiederholen. Fügen Sie nichts hinzu, auch wenn es Ihnen wesentlich erscheint. Die Gefahr, den anderen zu interpretieren und zu manipulieren ist groß. Er/sie wird sich massiv dagegen wehren.

Beispiele für Satzanfänge beim Paraphrasieren:

1. Wenn Sie überzeugt sind, dass Ihr Eindruck zutrifft:

Für Sie ist es also so, dass....
Sie vermuten also, dass...
So wie ich Sie verstehe, sind Sie der Meinung...
Du denkst, dass...
Du glaubst, dass...
Wenn ich dich richtig verstehe, ist folgendes passiert...

2. Wenn Sie nicht sicher sind, ob Ihr Eindruck zutrifft:

Verstehe ich Sie richtig, dass...?
Kann ich das so zusammenfassen, dass...?

Sie zeigen dadurch Ihr aktives Interesse am Anliegen Ihres Gesprächspartners und stellen sicher, dass Sie den anderen wirklich verstanden haben. Dies ist besonders wichtig, wenn es um geschäftliche Gespräche geht, oder um andere Themen, bei denen Sie in Folge tatsächlich etwas zur Lösung beitragen sollen.

Es ist aber auch bei rein persönlichen Gesprächen, in denen Ihr Gesprächspartner einfach etwas erzählen möchte, wichtig, weil Sie durch das Wiederholen und Zusammenfassen des Gehörten Ihre Aufmerksamkeit und Ihr Dasein für Ihr Gegenüber vermitteln.

Wäre das obige Problem mit der Freundin nicht so schnell bewältigt, könnte es beispielsweise so weitergehen:

Freundin:... das hat mich ziemlich getroffen, denn ich mochte ihn damals schon und inzwischen ist er ein guter Freund geworden...

Sie: Das war sehr verletzend für dich.... (Ansprechen des Gefühls)
Freundin (sehr erleichtert): Ja, stimmt. Und schon vorher, als er zu unserem Tisch gekommen ist, hast du so komisch dreingesehen, dass ich den Eindruck hatte, du findest ihn nicht sympathisch. Ich hab ihn dir dann gar nicht richtig vorgestellt...
Sie: Du hast gedacht, ich finde ihn unsympathisch? (Paraphrase)
Freundin (wird immer entspannter): Naja, zumindest hatte ich den Eindruck, du willst ihn keinesfalls kennenlernen. Deswegen hab ich ihn nur so flüchtig vorgestellt...
Sie: Ach, deshalb hast du ihn nur so kurz vorgestellt! (Paraphrase)
Freundin (spricht ab jetzt ruhig und offen. Die Stimmung ist wieder in Ordnung): Ja, das war eine blöde Situation...
Sie: Das war dir sehr unangenehm, stimmts? (Ansprechen des Gefühls)
Freundin: Genau. Für ihn war es bestimmt auch nicht angenehm, deshalb ist er dann sofort wieder gegangen.
Sie: Oh, da muss ich mich sehr achtlos verhalten haben! So war das wirklich nicht gemeint. Das tut mir Leid. Kann ich das irgendwie wieder gut machen?
Freundin: Nein, ist schon ok. So schlimm war es auch wieder nicht und jetzt ist das ganze sowieso schon lange vorbei...
Sie: Und jetzt ist er ein guter Freund von dir geworden? Erzähl doch mal...
Freundin (lächelt und beginnt zu erzählen)...

In diesem Beispiel gibt es nichts, was Sie tun müssen, oder lösen könnten. Sie haben keinen inhaltlichen Beitrag zu leisten. Es geht nur darum, zuzuhören und dadurch das Missverständnis und die schlechte Stimmung zu beheben.

Im Beispiel mit dem zornigen Anrufer kann es sein, dass Sie auch inhaltlich etwas beitragen müssen. Sehen wir uns auch dazu eine Variante an:

Situation ab der ersten Beruhigung des Kunden durch die Mitarbeiterin (Seite 168):

Kunde (erleichtert): Da bin ich aber froh, danke. Verbinden Sie mich doch mit Herrn Z bitte.

Mitarbeiterin: Das tut mir jetzt furchtbar leid, aber Herr Z ist ausgerechnet heute den ganzen Tag nicht im Haus! Wenn Sie mir sagen, worum es geht, werde ich mich darum kümmern, dass Ihnen jemand anderer weiterhilft.

(Bereitschaft zu helfen, weiterhin unter Berücksichtigung der Gefühle des Anrufers)

Kunde (wieder leicht gestresst, bleibt aber gesprächsbereit): Mhm, ich fürchte, das ist kompliziert. Ich habe eine Sonderbestellung aufgegeben und warte schon sehr dringend auf sie. Sie hätte gestern schon ankommen sollen. Es ist keine Standardbestellung und ich habe darüber immer nur mit Herrn Z gesprochen, da er der Spezialist für diesen Bereich ist. Herr Z sagt, dass er der Einzige ist, der sich mit dieser Spezialsache wirklich auskennt. Nun bekomme ich aber ziemliche Probleme, weil die Lieferung nicht da ist. Hach, das ist wirklich ein Mist! ... Ich muss unbedingt wissen, ob sie schon weggeschickt wurde. Wenn nicht, kommt sie in jedem Fall zu spät und ich muss mir eine andere Zwischenlösung einfallen lassen, das wäre ein ziemlicher Stress...

Mitarbeiterin: Das heißt, Sie haben bei Herrn Z eine Sonderbestellung aufgegeben, die schon längst da sein sollte und müssen nun wissen,

ob sie überhaupt schon am Postweg ist, oder ob sie noch gar nicht
versendet wurde. Stimmt das so? (Paraphrase)
Kunde (erleichtert): Genau.
Mitarbeiterin: Das kann ich mit Hilfe unserer Datenbank in einer
Minute feststellen. Einen Moment bitte.....

Die Mitarbeiterin kann nun die gewünschte Auskunft geben
und danach eine Lösung vorschlagen.

Das zentrale Erfolgskriterium beim Paraphrasieren ist, dass
Sie lernen, das Wesentliche aus der Botschaft Ihres Gesprächspartners herauszuhören. Sehr oft spricht unser Gegenüber eine
Menge. Besonders wenn es Probleme gibt, kann dies, wie im
obigen Beispiel, ziemlich wirr sein. Es ist daher eine Frage der
Übung, wirklich aufmerksam zuzuhören, und zwar selektiv
aufmerksam: Wiederholen Sie aus der gesamten Botschaft nur
das, was Ihnen in der jeweiligen Situation in Hinblick auf eine
Lösung am wichtigsten erscheint!

Im Beispiel mit dem verärgerten Anrufer ist es die Aufgabe
der Mitarbeiterin, zur Problemlösung beizutragen. Sie konzentriert sich also darauf, herauszuhören, was für den Kunden die
wichtigste Information ist und wo sie etwas beitragen kann. In
diesem Fall lautet die zentrale Fragestellung, ob die Lieferung
bereits versendet wurde, oder noch nicht. Lesen Sie doch noch
einmal die Aussage des Anrufers durch. Sie werden sehen, dass
es auch andere Möglichkeiten zum Paraphrasieren gäbe. Diese
wären aber nicht zielführend. Auf die Tatsache der Sonderbestellung oder des Spezialwissens von Herrn Z einzugehen,
führt zu keiner Lösung. Und zu paraphrasieren, dass der Kunde ernste Probleme bekommen kann, würde diesen wahrscheinlich neuerlich in Rage bringen. Da sein anfänglicher Zorn sich
bereits beruhigt hat, wäre das jetzt kontraproduktiv. Die

Emotionen sind schon beruhigt. Nun ist die Sache dran. Noch einmal die Gefühle anzusprechen wäre an dieser Stelle ein Rückschritt. Der Gesprächspartner würde an seine Probleme erinnert und könnte beginnen, sich neuerlich zu ärgern.

Sobald die Gefühle beruhigt sind und die Gesprächsstimmung wieder gut ist, sollten Sie raschestmöglich zu einem Lösungsvorschlag gelangen, mit dem der andere zufrieden ist. Jede Verzögerung kann hingegen neuen Ärger auslösen.

In emotional angespannten Situationen ist es also essentiell, zuerst die Stimmung zu entspannen und erst dann über die Inhalte zu sprechen. Die meisten Menschen machen den fatalen Fehler, dass sie es genau verkehrt angehen. Sie wollen zuerst die Probleme lösen, um auf diese Weise die Gefühle zu beruhigen. Sie fürchten, dass der Gesprächspartner seinem Ärger Luft machen könnte und versuchen, dies durch Sachargumente zu verhindern. Sie sprechen auf Informationsebene, während ihr Gesprächspartner sich immer tiefer auf Gefühlsebene begibt. Das funktioniert nicht. Gerade wenn jemand ohnehin schon verärgert ist, gehen Sachargumente meist genau in die falsche Richtung. Der Gesprächspartner wird immer ärgerlicher, obwohl wir doch so darum bemüht sind, seine Probleme zu lösen. Viele Menschen sind richtig stolz darauf, wenn sie in solchen stressigen Situationen "ganz sachlich" bleiben und wundern sich, dass die Situation sich daraufhin verschlimmert. Dabei würden Bemerkungen wie *"Ich kann verstehen, wie es Ihnen geht... Ich kann das nachvollziehen, ich würde mich genauso ärgern..."* zu unmittelbarer Spannungsverringerung führen.

Es geht primär darum, die Gefühle anzusprechen. Sind diese einmal am Tisch, beruhigen sie oft schon alleine dadurch. Sie wollen in erster Linie gesagt und gehört werden. Wenn Sie als Empfänger sich nicht in die Gefühlswelt Ihres Gegenüber einmischen, verteidigen oder rechtfertigen, sondern Verständnis darüber zeigen können, dass er oder sie sich über etwas geärgert hat, beruhigt sich das Unwetter unglaublich schnell. Danach lassen sich die Sachthemen meist erstaunlich leicht lösen.

Aus diesem Grund sollte das Ansprechen der Gefühlsebene vor dem Paraphrasieren erfolgen, da das Paraphrasieren meist schon in Richtung einer inhaltlichen Lösungsfindung geht.

6. Tragen Sie dort zu einer Lösung bei, wo es Ihr "Job" ist

Nachdem sich also die Stimmung im Gespräch wieder beruhigt hat, werden entweder Sie oder Ihr Gesprächspartner von der Gefühls- oder Trägerfrequenzebene auf die Informationsebene zurückwechseln. Das heißt, Sie wenden sich den inhaltlichen Fragen zu. Sehr oft ist es sogar der Gesprächspartner selbst, der, nachdem er Verständnis erhalten hat, von sich aus wieder auf das ursprüngliche Thema zu sprechen kommt.

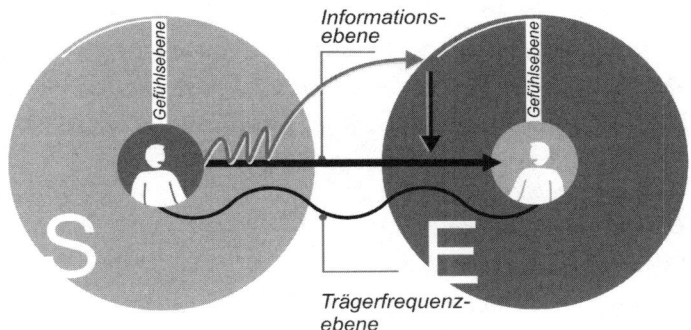

Grafik 13: Rückwechseln des Gesprächs von der Gefühlsebene auf die Informationsebene.

Nun gilt wieder das im Kapitel "Die weitaus meisten Probleme können die Betroffenen selbst lösen" Gesagte. Wo Sie etwas beitragen wollen oder müssen, tun Sie das. Wenn Ihre Meinung hilfreich sein könnte, sagen Sie diese. Wenn es Ihre Aufgabe ist, Empfehlungen abzugeben, Lösungen vorzuschlagen oder sonst wie einzugreifen, tun Sie das nun. Je besser Sie zuvor die Trägerfrequenz wieder hergestellt haben und je besser die Stimmung im Gespräch nun ist, umso rascher werden Sie zu den gewünschten Ergebnissen gelangen. Jetzt ist vor allem eine hohe Lösungsorientierung wichtig. Das heißt, rasch und ohne Umwege oder Umständlichkeiten den besten Weg zum Ziel zu suchen.

> **Übung erweitertes aktives Zuhören:** Üben Sie das erweiterte aktive Zuhören mit den Techniken des Türöffners, des Ansprechens der Gefühle/der Trägerfrequenz und mit Paraphrasieren. Üben Sie dies vor allem in entspannten Situationen. Wenden Sie es an, wenn Ihr Gesprächspartner ein Problem hat.

Das Angenehme dabei ist nämlich: Sie brauchen diese Technik nicht in Konfliktsituationen zu üben! Sie benötigen sie dort - aber üben können Sie viel entspannter. Üben Sie in Gesprächen mit guter Stimmung. Nehmen Sie die Stimmung wahr und fassen Sie diese in Worte. Sagen Sie z.B. zu jemanden, der gut gelaunt ist, oder der gerade etwas Erfreuliches erlebt hat:

Du bist heute aber gut drauf!
Das macht dir Spaß, stimmts?
Da bist du richtig stolz darauf!
Du bist ja richtig begeistert davon!

Sie üben damit das Türöffnen und das Ansprechen von Gefühlen. Danach hören Sie aktiv zu und freuen sich über die positiven Berichte Ihres Gesprächspartners.

Üben Sie während des dann folgenden Gespräches auch, die Inhalte zu paraphrasieren. Man kann nahezu jeden Satz paraphrasieren. Dann fällt es im Ernstfall unendlich viel leichter. Zwischendrin sprechen Sie wieder einmal die positiven Gefühle oder die positive Stimmung an.

Sie können auch eine positive Trägerfrequenzebene in beliebigen Gesprächen zwischendrin ansprechen, indem Sie z.B. sagen:

Ich finde es toll, dass wir uns so gut verstehen.
Ich schätze es sehr, dass wir beide so offen miteinander reden können.
Ich finde, unsere Beziehung hat sich in der letzten Zeit deutlich verbessert.
Ich kenne wenige Leute, mit denen ich über so ein Thema so gut reden kann, wie mit dir.

In entspannten Situationen zu üben ist einfach, stressfrei und wird erfahrungsgemäß für Sie selbst, sowie für Ihre Gesprächspartner sehr angenehm sein. Testen Sie doch ruhig in Ihren Meetings das aktive Zuhören inklusive Paraphrasieren und versuchen Sie, auch gute Gesprächsstimmungen durch persönlichpositive Statements noch weiter zu verbessern. Aufmerksame Zuhörer sind ein Segen - nicht nur wenn es um Probleme geht, sondern ganz genauso, wenn jemand etwas Erfreuliches erzählen möchte.

Alles klar? Je mehr Übung Sie in entspannten Situationen erlangen, desto leichter wird es Ihnen fallen, dieselben Techniken dann gezielt in angespannten Situationen anzuwenden. Sie werden feststellen, dass Sie mit Hilfe dieser Techniken entstehende Konflikte entspannen und einer konstruktiven Lösung zuführen können. Je besser Sie dies beherrschen, desto weniger werden Sie sich von nun an anders verhalten wollen. Üben Sie und geben Sie nicht auf. Wenn etwas nicht gelungen ist, lesen Sie nach. Sie werden mit Sicherheit die Stelle erkennen, an der

Sie einen Fehler gemacht haben. Dann üben Sie einfach noch einmal.

Seien Sie nicht enttäuscht, falls das nicht gleich beim ersten Mal perfekt läuft. Dieses Verhalten ist so diametral anders als alles, was die meisten von uns in ihrer Erziehung gelernt haben, dass Sie nicht damit rechnen können, es auf einen Schlag umzulernen. Vor allem, wenn Ihnen Ihr Gesprächspartner persönlich sehr nahe steht, kann es anfangs schwierig sein, Dinge nicht persönlich zu nehmen. Es muss Ihnen ja auch nicht immer gelingen. Aber jedes Mal, wenn es gelingt, werden Sie erleben, wie unendlich erlösend es ist! Es wird Sie von Unmengen an Lasten und Erschwernissen befreien. Es macht das Leben angenehmer, leichter und erfolgreicher. Es macht Beziehungen schöner. Und diese Erfahrung wiederum macht den Lernprozess kürzer und leichter. Genießen Sie Ihre Erfolge. Viel Spaß dabei!

4.4. Konsequenzen für den Sprecher: Drücken Sie sich klar aus

Wir haben uns in den letzten Kapiteln ausführlich mit der Seite des Empfängers und mit der Technik des Zuhörens beschäftigt. Kommen wir nun wieder zurück zum Sprecher. Was können Sie als Sprecher, als Sender von Informationen tun, um den Energiefluss der Kommunikation zu gewährleisten und größtmögliche Chancen zu haben, verstanden zu werden?

Einige Grundregeln habe ich im Kapitel über die Trägerfrequenz bereits beschrieben und fasse sie hier nur als Wiederholung zusammen.

1. Formulieren Sie Ihre persönliche Meinung und Sichtweise als Ich-Botschaft. Sprechen Sie in Ich-Botschaften, wenn Sie etwas von sich erzählen, wenn Sie Ihre Meinung, Ihren Standpunkt oder über Ihre Gefühle berichten.
2. Lernen Sie zu unterscheiden, ob Sie mit einer Aussage primär Informationen übertragen oder Energie übertragen wollen. Ist der primäre Zweck Energieübertragung, dann ist eine Du-Botschaft zweckmäßiger als eine Ich-Botschaft.
3. Legen Sie Energie in Ihre Kommunikation. Vermeiden Sie Abwertungsgesten und Abwertungsbemerkungen.

Unter dem Gesichtspunkt der Energieübertragung gibt es nun noch weitere Empfehlungen für den Sender. Diesen Empfehlungen ist dieses Kapitel gewidmet.

Zu Beginn dieses Kapitels über die Energieübertragung haben wir über die Wirkung von Symbolen in der Kommunikation gesprochen. Wenn Sie gerade Sender sind, sollten Sie vermeiden, in Ihren Formulierungen Symbole zu verwenden, also Begriffe, die so individuell interpretierbar sind, dass sie leicht fehlinterpretiert werden können. Wenn Sie gerade Empfänger sind, sollten Sie nicht nach jedem Symbol schnappen, sondern nachfragen. Symbole wirken wie Köder, die jedes Gespräch in eine Sackgasse führen. Die Energieübertragung ist damit blockiert, die Worte kommen nicht an, die Kommunikation bricht ab.

Warum ist das so? Weshalb sind wir so leicht von der Informationsebene abzubringen und warum enden unsere Gespräche so oft in heillosem Missverständnis? Es liegt zu einem großen Teil an unserer Gefühlswelt. In unserer Kommunikation schwingen immer die Gefühle aller Beteiligten mit. Diese haben eine wesentliche Auswirkung auf die Qualität der Informationsübertragung. Dasselbe gilt für die Trägerfrequenz der Beteiligten zueinander. Die Ursache für diese starke Beeinflussung der Informationsübertragung durch unsere Gefühle liegt in unseren Gehirnen.

Unsere rechte Gehirnhälfte, die für unsere Gefühlswelt zuständig ist, schläft nie. Weder am Tag, noch in der Nacht. Alles, was wir als Sender von uns geben, bewirkt bei anderen Gefühle. Alles, was wir als Empfänger wahrnehmen, bewirkt bei uns Gefühle. Und alles, was wir wahrnehmen, wird von unserer rechten Gehirnhälfte in Sekundenbruchteilen auf ein wesentliches Kriterium hin untersucht: Welches Gefühl löst es aus? Es gibt unendlich viele Gefühle, doch wenn wir sie hier der Einfachheit halber auf ihre Basis reduzieren, könnte man sagen: Die Frage, die sich unsere rechte Gehirnhälfte ununterbrochen stellt, lautet: Löst das, was ich wahrnehme, Angst oder Vertrauen aus? Dies ist eine intuitive Grundsatzfrage, die ununterbrochen in uns abläuft. Wie wir sie beantworten, entscheidet darüber, in welche Richtung wir alles Wahrgenommene färben.

Wir hören also nicht genau das, was uns jemand sagt, sondern wir "hören" die in unsere emotionelle Färbung verpackte Information. Ziel aller Zuhörtechniken ist es daher, die Information wieder "auszupacken", um sie klar und eindeutig verstehen zu können. Im Folgenden werden Sie sehen, dass Sie als Sender sehr viel dazu tun können, Ihre Botschaften in einer Weise zu vermitteln, die bestmögliches, ungefärbtes und unmissverständliches Verstehen erleichtert.

Wenn Sie sich als Sender verbessern möchten, lautet unsere Empfehlung:

1. Üben Sie sich darin, sensibler für Worte oder Formulierungen zu werden, die bei anderen - ebenso wie bei sich selbst - Angst, Ärger oder eine andere Art von Stress auslösen können. Vermeiden Sie solche Worte oder Formulierungen.
2. Vermeiden Sie Symbole in Ihrer Wortwahl. Beschreiben Sie statt dessen, was Sie meinen.

4.4.1. Vermeiden Sie Worte oder Formulierungen, die Angst, Ärger oder eine andere Art von Stress auslösen können

Alles, was wir sagen, ist nicht nur Information, sondern löst zugleich immer auch Gefühle aus. Und es wirkt immer auch auf unsere Beziehung zum Gesprächspartner. Aus diesem Grund ist es durchaus eine Überlegung wert, welche Worte wir wählen, um die Botschaft im gewünschten Sinne an den Empfänger zu übermitteln.

Wir sollten alle Worte vermeiden, die ungewollt Angst oder eine andere negative Gefühlsreaktion bei unserem Gesprächspartner auslösen können. Erfahrungsgemäß passiert dies sehr häufig und unbeabsichtigt. Und es lässt sich bei etwas bewussterer Überlegung unserer Wortwahl vermeiden.

Wir haben bereits erklärt, dass Worte unsere Welt schaffen. Und dass wir daher energievoll und positiv formulieren sollten. Verwenden Sie also, wann immer möglich, positive und energiestarke Formulierungen. Gewöhnen Sie sich allgemein eine positivere Ausdrucksweise an. Es ist nur eine Frage der Übung. Die Wirkung ist gewaltig.

Verbesserungswürdige Ausdrucksweise	Positive Ausdrucksweise
Das ist ein schwieriges Problem.	Das ist eine faszinierende Herausforderung.
Wie geht es dir? Danke, nicht schlecht.	Wie geht es dir? Danke, gut!
Er ist stur.	Er weiß, was er will.
Das Wetter ist schlecht.	Es regnet.
Das Glas ist halb leer. (Der Gesprächspartner hat Durst)	Das Glas ist halb voll. (Der Gesprächspartner hat Durst)

Es heißt, alle Dinge hätten zwei Seiten. Die Kunst in der Wortwahl besteht darin, jene Seite zu erwähnen, die erstrebenswert ist, die motiviert, die Kraft gibt, die einer Lösung dient. Die andere Seite, die Sie vermeiden wollen, die Sie befürchten, die nur Probleme aufzeigt aber nicht löst, können Sie verbal ersatzlos streichen. Versuchen Sie es doch einmal! Es kommt immer darauf an, was Sie mit Ihrer Botschaft erreichen wollen. Natürlich ist es nicht verboten, das Wort "Problem" zu sagen. Da aber unsere Worte immer Wirkung erzielen, kann es im Sinne einer Lösungsfindung hilfreich sein, statt dessen von Herausforderungen zu sprechen. Obwohl wir alle wissen, was damit gemeint ist, ist die unbewusste, emotionale Wirkung auf alle, die das Wort hören - und dies inkludiert auch den Sprecher selbst - immer vorhanden. Worte wirken. Worte bewirken Gefühle und Reaktionen und beeinflussen damit das, was in Folge geschieht, wie z.B. den Prozess der Lösungsfindung.

Das vielzitierte zur Hälfte gefüllte Wasserglas können wir als halbvoll oder halbleer bezeichnen. Jemand, der durstig ist, wird lieber hören, dass das Glas noch halbvoll ist. Jemand anderer, der nicht mehr trinken will, jedoch trinken soll, wird froh sein, dass es bereits halb leer ist. Es ist also eine Frage dessen, was wir mit der Botschaft erreichen wollen, um festzustellen, welche Formulierung diesem Ziel am besten dient.

Regenwetter wird meist als Schlechtwetter bezeichnet. Dies werden Badetouristen wohl tatsächlich so empfinden. Die Landwirtschaft sieht das anders. Ohne Regen könnte sie nicht existieren. Auch wenn wir zu jenen gehören, die sich Sonne wünschen würden, tut es uns von der energetischen Wirkung der Worte her gut, schlicht zu sagen: "Heute regnet es." Dies ist eine Feststellung, die nichts Ärgerliches beinhaltet. Man könnte sich auch freuen, dass der Staub weggewaschen wird, dass der Garten gegossen wird, etc.

Auf dieselbe Weise können Sie auch die anderen Beispiele betrachten. Negativ behaftete Worte, wie z.B. "Schlechtwetter", "Problem" oder "stur", haben negative Energiewirkung. Wer sie hört, wird durch sie emotional beeinflusst. Es kann ein intensives Gefühl sein, oder nur ein Hauch eines Gefühles. Aber es wirkt. Je nach Situation, momentaner Befindlichkeit und dem konkreten Wortlaut des Gehörten werden wir schlechter gelaunt, ärgern uns über das Gehörte oder können sogar Angst bekommen. Negative Emotionen kommen auf, die Gesprächsstimmung wird schlechter. Die Verständigung zwischen den Gesprächspartnern wird erschwert. Das Finden von Lösungen wird schwieriger, belastender, anstrengender. Dies können wir uns sparen. Nicht nur beim Wetter, auf das wir ohnehin keinen Einfluss haben. Es macht generell keinen Sinn, sich zusätzlich zu Sachproblemen auch noch emotionale Probleme aufzuhalsen. Dies verbessert weder die Sachlage, noch wird das Lösen leichter. Ganz im Gegenteil. Wir haben es ja schon ausführlich besprochen. Je schlechter die Stimmung, desto geringer ist die

Chance für wirkliche Verständigung und Problemlösung zwischen den Gesprächspartnern.

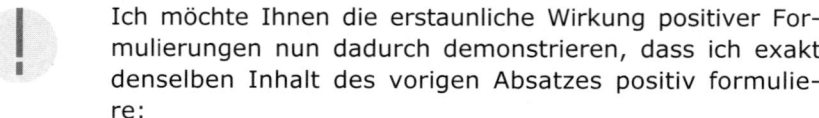

Ich möchte Ihnen die erstaunliche Wirkung positiver Formulierungen nun dadurch demonstrieren, dass ich exakt denselben Inhalt des vorigen Absatzes positiv formuliere:

Positiv behaftete Worte, wie z.B. "endlich Regen", "Herausforderung", oder "er weiß, was er will" haben positive Energiewirkung. Wer sie hört, wird durch sie emotional beeinflusst. Es kann ein intensives Gefühl sein, oder nur ein Hauch eines Gefühles. Aber es wirkt. Je nach Situation, momentaner Befindlichkeit und dem konkreten Wortlaut des Gehörten werden wir besser gelaunt, freuen uns über das Gehörte und können sogar Energie bekommen. Positive Emotionen kommen auf, die Gesprächsstimmung wird besser. Die Verständigung zwischen den Gesprächspartnern wird erleichtert. Das Finden von Lösungen wird leichter, unbeschwerter, müheloser.

Bemerken Sie den Unterschied? Wir entscheiden, worauf wir unsere Aufmerksamkeit richten. Das, worauf wir unsere Aufmerksamkeit richten, wird von uns mit Energie gefüllt. Es wird dadurch wichtig für uns.

Kennen Sie das? Sie haben sich über jemand geärgert. Je mehr Sie daran denken, desto mehr ärgern Sie sich. Sie können sich richtig hineinsteigern, innere Streitgespräche mit dieser Person führen und immer zorniger werden, ohne dass in Wirklichkeit etwas Weiteres passieren würde. Alles das spielt sich nur in Ihrem Kopf ab. Je intensiver Sie daran denken, desto negativer werden Ihre Gefühle. Dasselbe passiert, wenn Sie wieder und wieder über das Vorgefallene sprechen. Jedes Mal füllen Sie es aufs Neue mit Energie. Jedes Mal fühlen Sie sich aufs Neue schlecht dabei.

Jeder Gedanke, den wir denken und jedes Wort, das wir sagen, wird von uns mit Energie gefüllt. Dadurch wirkt es und löst in unserer rechten Gehirnhälfte Gefühle aus. Wenn wir hingegen aufhören, an das zu denken und über das zu sprechen, was uns ärgert, nimmt auch der Ärger ab, weil ihm keine Energie mehr zugeführt wird. Worte schaffen unsere Welt. Egal, ob wir sie laut aussprechen, oder ob wir sie nur denken.

Es ist daher durchaus einen Versuch wert, sich zu entscheiden, seine Wahrnehmung und Energie schwerpunktmäßig auf alles Positive und auf seine Ziele zu richten. Das heißt nicht, dass wir nicht über Probleme sprechen und nachdenken sollen. Es heißt, dass wir uns nicht unnötig lange leidend und selbstbemitleidend darin aalen müssen. Wir entscheiden, wie lange wir uns ärgern oder wie lange wir leiden - und ab wann wir in die Beruhigungs- und Lösungsphase gehen. Es ist nicht Gottgegeben, zu leiden. Es ist eine Frage der Einstellung, Gedanken und Worte. Ab dem Zeitpunkt, in dem Sie sich entscheiden, Ihre Probleme zu lösen und Ihre Ziele zu verfolgen, sind negative Gefühle wie Angst und Zorn nur hinderlich an wirklich guten Ergebnissen. Hilfreich ist eine Konzentration auf alles, was einer guten Lösung im Sinne Ihrer Wünsche und Ziele dient.

Das Verblüffende daran ist: Der Wahrnehmungsaufwand ist derselbe! Die Wirkung ist jedoch diametral anders. Es ist nicht anstrengender, sich auf die schönen Dinge des Lebens zu konzentrieren, statt auf die Ärgernisse. Es kostet auch nicht mehr Energie, lösungsorientiert zu denken, statt problemorientiert. Im Gegenteil, insgesamt kostet es viel weniger Energie, da wir ja mit Wohlbefinden und Freude belohnt werden, statt mit Unwohlsein und Ärger gestraft. Wir erschaffen unsere Realität. Daher wird für jeden von uns das "wahr", worauf er seine Aufmerksamkeit richtet. Konzentrieren wir uns auf die ärgerlichen

Dinge des Lebens, werden wir uns täglich ärgern "müssen". Konzentrieren wir uns auf die schönen Dinge des Lebens, fühlen wir uns glücklich. Wenn es uns also besser gehen soll, müssen wir unsere innere Haltung ändern. Es hat wenig Sinn, darauf zu warten, dass sich die Welt ändert.

In dem Ausmaß, in dem Sie sich daran gewöhnen, positiver zu formulieren, werden Sie mehr positive Dinge im Leben wahrnehmen. Dadurch werden Sie erkennen, dass die positive Formulierung der Welt mehr entspricht, als das Gegenteil. Und Sie werden sich mit Sicherheit besser fühlen. Sie können es ja testhalber versuchen. Genießen Sie es!

4.4.2. Vermeiden Sie Symbole in Ihrer Wortwahl. Beschreiben Sie statt dessen, was Sie meinen

Zusätzlich zu einer positiven und energiestarken Wortwahl ist es empfehlenswert, sich möglichst klar auszudrücken. Vermeiden Sie Symbole, Fachausdrücke sowie jegliches "Fach-Vokabular". Erklären Sie statt dessen mit möglichst einfachen Worten, was Sie mit Ihrer Aussage meinen.

Wenn Sie sich dabei in Ihrer Wortwahl einem Erwachsenen gegenüber so ausdrücken, dass ein etwa 14-jähriger Jugendlicher Sie verstehen könnte, liegen Sie genau richtig. Damit meine ich keineswegs, dass 14-Jährige begriffsstutzig wären. Ich meine nur, dass Erklärungen und Erläuterungen, wie wir sie üblicherweise Kindern bzw. Jugendlichen dieses Alters geben, deutlich verständlicher sind als das, was Erwachsene oft miteinander reden. Hier werden häufig nur Bruchteile von Sätzen und Inhalten ausgetauscht. Den Rest muss sich der Zuhörer irgendwie zusammenreimen.

Besonders unverständlich werden wir, sobald wir in einer bestimmten Fachsprache sprechen und voraussetzen, dass unser Gegenüber diese versteht. Dies ist praktisch immer ein Irrtum. Wieviele Kunden verstehen die Fachbegriffe der Verkäufer? Wieviele Klienten verstehen das Vokabular ihrer Berater? Wieviele Patienten verstehen die Fachsprache ihrer Ärzte? Wieviele Leser verstehen die Fachbegriffe der Bücher, die sie lesen? Ich hoffe, dass ich in diesem Buch alle kommunikations-spezifischen Begriffe so erläutert habe, dass Sie als Leser sie verstehen können. Ganz sicher bin ich mir jedoch nicht. Beim Schreiben eines Buches kommuniziere ich mit leeren Seiten. Ich sehe und höre keine Reaktion von Ihnen als zukünftige Leser. Erste Reaktionen kommen von den Korrekturlesern. Dies sind jedoch niemals so viele, wie die späteren Leser. Also kann ich nie ganz sicher sein, ob ich nicht doch vergessen habe, einen Begriff zu erläutern, der mir selbst klar und verständlich ist, der jedoch für jemand, der sich bisher noch nicht mit Kommunikation beschäftigt hat, ein Fremdwort ist. Das ist der Grund, weshalb ich die Begriffswelt von Jugendlichen als Beispiel nehme.

Abgesehen von Klarheit und Verständlichkeit spielt auch der emotionale Aspekt einer Aussage eine wichtige Rolle: Am allerbesten zu verstehen sind Sie, wenn Sie zusätzlich zur Botschaft auch Ihre Gefühle zur Sache in Worte fassen. So hat auch ein nicht so geübter Zuhörer die Chance, Sie zu verstehen. Seien Sie dabei ruhig offen. Sie werden dadurch nicht nur verständlicher, sondern auch viel stärker.

Eine klare Aussage könnte also folgende Bestandteile haben:

→ Beschreiben der Sachinhalte statt Symbolisierung
→ Hinzufügen Ihres Gefühls zum Sachinhalt

Symbol - nicht empfehlenswert	Verständliche Botschaft, versehen mit Gefühlsausdruck - empfehlenswert
Eva ist immer so unverlässlich.	Eva verspricht mir immer wieder Dinge, die sie später nicht einhält. Ich habe dann das Gefühl, ich kann mich überhaupt nicht auf sie verlassen. Das macht mich oft richtig zornig.
Mein Sohn hat Lernschwierig-keiten.	Mein Sohn will im Moment absolut nicht lernen. Bei den letzten Schularbeiten hat er schon ein paar "Nicht genügend" bekommen. Ich mache mir Sorgen, denn ich weiß nicht, was ich tun soll.
Männer sind doch alle gleich.	Im Moment habe ich ernste Probleme in meiner Beziehung und schaffe es überhaupt nicht, mit meinem Mann ein offenes Gespräch darüber zu führen. Ich fühle mich richtig mutlos und unglücklich.
Der Service in diesem Hotel ist eine Katastrophe.	Ich habe mich heute über den Kellner geärgert, weil er meine Getränkebestellung dreimal vergessen hat.
Dieses Kind ist sympathisch.	Dieses Kind gefällt mir. Es ist aufmerksam und man kann sich richtig gut mit ihm unterhalten. Das ist nicht selbstverständlich für Kinder in diesem Alter. Ich finde es total sympathisch.
Du bist super.	Ich bin begeistert, wie du alles unter einen Hut bringst. Familie, Job, Haus - und du scheinst immer gut gelaunt! Wie machst du das?

Erkennen Sie den Unterschied zwischen der linksstehenden symbolischen Ausdrucksweise und der rechtsstehenden Aussage? Die Symbole können alles und nichts bedeuten. Der Zuhörer muss etwas tun, um die Botschaft zu entschlüsseln. Entweder er hört aktiv zu, fragt nach, paraphrasiert und spricht die Emotionen an, die er beim Gesprächspartner vermutet. Oder er fragt nicht nach und hat eine Vielfalt an Interpretationsvarianten. Diese entstehen in ihm und sind beeinflusst von den Assoziationen, die das jeweilige Symbol in ihm auslöst, von seiner aktuellen Gefühlslage und von seiner Trägerfrequenz zum Sender.

So betrachtet wird verständlich, wieso es so leicht ist, sich misszuverstehen. Dem können Sie von nun an nicht nur in Ihrer Rolle als Empfänger, sondern auch als Sender entgegenwirken.

Übung Senden: Drücken Sie sich klar, verständlich, positiv und energiestark aus. Fassen Sie jene Faktoren in Worte, die erstrebenswert sind, die motivieren, die Kraft geben und die lösungsorientiert sind. Vermeiden Sie negative, schwächende und problemorientierte Formulierungen.

Vermeiden Sie Symbole. Beschreiben Sie statt dessen den Sachinhalt Ihrer Botschaft möglichst klar. Am besten verständlich sind Sie, wenn Sie auch Ihr Gefühl zu dieser Sache in Worte fassen.

Soviel zu den Grundregeln für erfolgreiches Senden von Informationen. Mit ein bisschen Üben und Achtsamkeit auf Ihre Worte lässt sich das leicht erlernen. Ihre Gesprächspartner werden Sie dann besser verstehen, selbst wenn diese keine Kommunikationsprofis sein sollten. Das ist angenehm für beide Seiten.

Sobald Sie dies beherrschen, ist es Zeit für die Steigerungsstufe: Für das klare und entschiedene Vorbringen eigener Anliegen, auch solcher, die für Ihren Gesprächspartner unangenehm sind oder seinen Wünschen entgegenstehen. Für Nein sagen, Grenzen setzen und Ihre eigenen Vorstellungen durchsetzen.

4.5. Senden für Fortgeschrittene: Wie Sie Grenzen setzen und eigene Anliegen vorbringen, die Konfliktpotenzial bergen

Auch zum Thema Senden gibt es eine Profi-Übung. Sie setzt das Beherrschen aller bisher beschriebenen Grundregeln für das Senden von Botschaften voraus und erfordert darüber hinaus noch einiges zusätzlich. Wenn Sie diese Technik beherrschen, werden Sie in der Lage sein, ohne Angst und ohne Aggression zu sagen, was Sie an anderen Menschen stört. Und Sie werden wissen, wie Sie es formulieren, wenn Sie möchten, dass jemand anderer ein Verhalten ändert - selbst wenn Sie davon ausgehen müssen, dass Sie damit Widerstand, Unwillen, vielleicht sogar Ärger oder Zorn auslösen. Sie werden ein Werkzeug in der Hand haben, um all jene Situationen besser zu bewerkstelligen, die potenzielle Konfrontationen und Konflikte beinhalten.

Während die Technik des Zuhörens in allen Fällen anzuwenden ist, in denen Ihr Gesprächspartner ein Anliegen oder Problem hat, ist diese Technik in allen Situationen anzuwenden, in denen Sie selbst ein Anliegen oder Problem haben. Betrachten wir unter diesem Gesichtspunkt nochmals die Grafik der „schwierigen Gesprächssituationen", in der die unterschiedlichen Varianten Ihrer Beteiligung am Problem dargestellt sind:

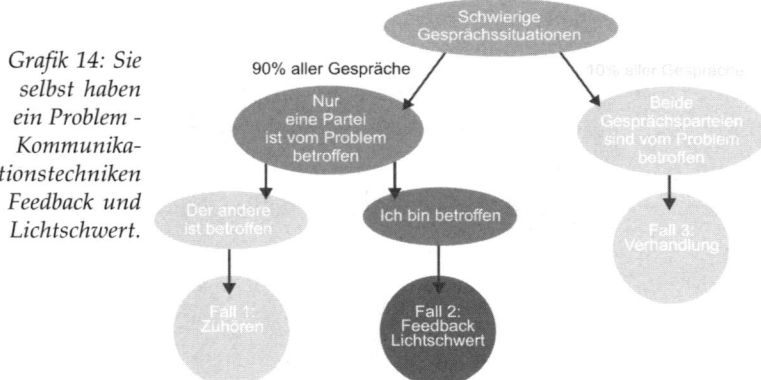

Grafik 14: Sie selbst haben ein Problem - Kommunikationstechniken Feedback und Lichtschwert.

Im Folgenden behandeln wir den Fall 2, dass Sie selbst ein Problem haben. Das heißt, Sie sind über jemand anderen oder über eine Situation verärgert, traurig oder zornig und möchten, dass Ihr Gesprächspartner ein Verhalten ändert. Oder dass Sie einfach Ihre Wünsche durchsetzen möchten. In diesem Fall verwenden Sie die Technik des Feedback oder des Lichtschwertes.

Im ersten Schritt beschäftigen wir uns mit der Technik des Feedback. Sie passt in den meisten Fällen und funktioniert außergewöhnlich gut. Dies gilt für private Situationen genauso wie für berufliche.

Eine typische Feedbacsituation ist, dass Sie etwas stört, das jemand anderer tut und dass Sie dies gerne geändert hätten. Es kann sich um ein Verhalten Ihnen gegenüber, um ein Verhalten anderen gegenüber oder um ein generelles Verhalten handeln.

→Jemand verhält sich Ihnen gegenüber sehr unhöflich.

→Ein Bekannter behandelt eines Ihrer Kinder ungerecht.

→Ihr Kind/Partner erledigt vereinbarte Aufgaben im Haushalt nicht.

→Ein Kollege hält sich nicht an Abgabetermine, ist unverlässlich, macht immer wieder Fehler etc.

→Eine Freundin/Freund ruft Sie regelmäßig an, um Ihnen ihre/seine immer gleichbleibenden Probleme vorzujammern und belastet Sie damit.

→Ihr Partner nimmt zu wenig Rücksicht auf Ihre Bedürfnisse.

→Einer Ihrer Mitarbeiter missbraucht Ihr Vertrauen.

Es mag sein, dass diese Vorkommnisse einmalig waren. Typische Anlässe für die Anwendung der Feedbacktechnik sind aber in den meisten Fällen "chronisch". Es handelt sich sehr oft um Verhaltensweisen und Gewohnheiten anderer, die Sie schon eine Zeitlang stören, bis Sie sich entscheiden, dass es Ihnen reicht.

Dies sind erfahrungsgemäß Kommunikationssituationen, die für viele Menschen eine große Herausforderung darstellen: Etwas am anderen stört mich. Wie sage ich es, ohne dabei in Streit zu geraten - und dennoch eine Verhaltensänderung beim Gesprächspartner zu bewirken?

Viele Menschen versuchen eine Konfrontation zu vermeiden, indem sie sehr lange Zeit nicht sagen, was sie stört. Sie stauen ihren Ärger in sich auf, sagen nicht was sie wollen, ärgern sich immer mehr und werden dadurch immer angespannter. Der Grund hierfür ist Konfliktscheuheit gepaart mit dem Nichtwissen-wie-ich-es-sagen-soll. Irgendwann einmal "explodieren" sie dann. Oft wegen einer Kleinigkeit oder wegen einer ganz anderen Sache, die an sich gar nicht besonders schlimm wäre. Sie explodieren, weil das Fass zum Überlaufen gekommen ist und liefern eine Reaktion, die in ihrer Intensität oft überhaupt nicht zum Anlass passt. Eine andere sehr typische Verhaltensweise ist es, auf jemand anderem ständig herumzuhacken und/oder hinter dem Rücken dieses anderen negativ zu sprechen, statt der betroffenen Person klar und offen zu sagen, was man gerne hätte.

Beide geschilderten Verhaltensweisen sind weder nett noch erfolgreich. Sie geben dem Gesprächspartner gar keine Chance, etwas zu ändern, da er keine klare Information bekommt, was er ändern soll. Sie erzeugen negative Energie, schlechte Stimmung und verschlechtern Trägerfrequenzen.

Lesen Sie hier einen Vorschlag, wie Sie Ihr Anliegen auf bestmögliche Weise friedlich und zugleich klar und ehrlich auf den

Tisch bringen können. Es ist kein Lösungsrezept für jedes Problem, aber es ist die beste uns bekannte Methode, seine Anliegen klar und in voller Intensität offenzulegen. Die Chance, in Folge zu einer guten Lösung zu kommen, ist unendlich viel höher, als wenn Sie entweder gar nichts sagen, oder Ihr Anliegen nicht klar genug vorbringen, oder aggressiv und überzogen agieren.

4.5.1. Feedback: Verhaltensänderung aufgrund freiwilliger Entscheidung des Gesprächspartners

Im Gegensatz zur Technik des Zuhörens, die Sie anwenden, wenn Ihr Gesprächspartner ein Problem hat, wenden Sie die Technik des Feedback an, wenn Sie selbst ein Anliegen haben. Sie gibt Ihrem Gesprächspartner die Chance, aus eigenem und ohne Druck etwas zu ändern. In vielen Fällen reicht das auch. Viele Fehler passieren nur deshalb, weil die handelnden Personen nicht wissen, was sie mit ihrem Verhalten auslösen.

Die Technik des Feedback ist dann anzuwenden, wenn Sie möchten, dass jemand anderer von sich aus ein bestimmtes Verhalten ändert.

Vielleicht möchten Sie, dass Ihre Schwiegermutter Ihre Kinder nicht mit Schokolade vollstopft. Vielleicht möchten Sie, dass Ihr Partner beim Frühstück nicht die Zeitung liest. Vielleicht möchten Sie nicht, dass Ihre Kinder sich piercen lassen, dass Ihre Kollegen in der Kaffeeküche rauchen, oder zu Besprechungen zu spät kommen.

All das sind Situationen, in denen Sie gerne hätten, dass jemand anderer etwas ändert. Und es sind Situationen, die sich auch durch lebenslanges aktives Zuhören nicht ändern werden. Wenn Sie etwas ändern möchten, müssen Sie agieren.

Ziel des Feedback ist es, diese Verhaltensänderung auf "freiwilliger" Basis aufgrund von Verständnis herbeizuführen, indem Sie Ihrem Gesprächspartner klar machen, warum Sie diese Verhaltensänderung wünschen. Sie lassen ihm oder ihr aber letztlich die Wahl, etwas zu ändern oder nicht. Sie haben zwar einen Wunsch und sagen, was Sie stört, überlassen es aber dem Gesprächspartner, ob er Ihnen diesen Wunsch erfüllt, oder nicht.

Um dieses Ziel zu erreichen ist es essentiell, keinen Druck auf Ihren Gesprächspartner auszuüben. Druck erzeugt immer Gegendruck und Abwehr. Bei der Technik des Feedback geht es darum, das, was Sie stört, in einer Weise zu schildern, die es Ihrem Gegenüber ermöglicht, von sich aus und ohne das Ankündigen einer Konsequenz, etwas zu ändern. Im Idealfall schlägt der Gesprächspartner genau die Lösung vor, die Sie sich wünschen. Oder es entsteht eine konstruktive Diskussion, aus der eine andere für Sie akzeptable Lösung hervorgeht. In manchen Fällen kann es auch sein, dass es in dem Gespräch zu keiner Lösung kommt, oder dass die Entscheidung für die eine oder andere Lösungsvariante vorläufig aufgeschoben wird. In den weitaus meisten Fällen wird es aber zu einem befriedigenden Gesprächsergebnis kommen.

Der Technik des Feedback steht die Technik des Lichtschwertes gegenüber, deren Ziel es ist, durch das klare Ankünden von Konsequenzen, also durch Druck, zur gewünschten Verhaltensänderung zu gelangen. Dies ist in bestimmten Fällen zielführender als die Feedbacktechnik. Die Feedbacktechnik ist die druck-freie Variante. In den allermeisten Fällen werden Sie damit zum Ziel gelangen. Das Lichtschwert ist dann einzusetzen, wenn Ihr Gegenüber auf das Feedback nicht reagiert, oder wenn sich jemand einfach in einer Art und Weise verhält, die es erfordert, rasch und entschieden zu agieren, ohne vorher lange Erklärungen abzugeben.

Beide Techniken, Feedback und Lichtschwert sind Forder-Techniken. Sie fordern etwas vom anderen. Sie wollen, dass der andere etwas Bestimmtes tut oder unterlässt. Sie dienen somit den Vorstellungen, Wünschen und Zielen des Forderers und fördern diesen.

Wie funktioniert nun das Feedback? Ziel der Feedbacktechnik ist es, unserem Gesprächspartner das Verhalten, das uns stört und die Konsequenzen, die für uns aus diesem Verhalten entstehen, in einer Art und Weise zu schildern, die Verständnis erzeugt, möglichst wenig Druck macht und die es dem Gesprächspartner ermöglicht, von sich aus einzulenken und sich zu einer Verhaltensänderung zu entscheiden.

Um dies zu erreichen, müssen wir das, was uns stört, möglichst klar und vorwurfslos schildern. Ein Fehler, der dabei häufig passiert, ist, dass die Schilderung des Verhaltens dermaßen kompliziert und unklar erfolgt, und so umfassend eingeleitet wird, dass die eigentliche Botschaft für den Empfänger nicht mehr zu entschlüsseln ist. Ein anderer Fehler ist das Unter- oder Übertreiben bei der Schilderung des störenden Verhaltens. Das Untertreiben bewirkt wenig Anlass zu einer Änderung, das Übertreiben bietet Stoff für Abwehr und Diskussionen über die ausufernde Wortwahl des Senders.

Die Botschaft muss exakt zu verstehen sein, damit klar ist, wo konkret ein Änderungsbedarf besteht.

Beispiel für eine unklare Botschaft: Einen Ehepartner stört es, dass der andere morgens beim Frühstück immer die Zeitung liest.

Du, ich wollte dir schon lange etwas sagen: Du weißt ja, unser Frühstücksproblem... Es ist ja gar nicht so schlimm, aber irgendwie stört es mich schon. Zum Beispiel letzte Woche wieder: Ich wollte mit dir über den Urlaub sprechen, dann sind die Kinder noch einmal zurückgekommen, weil sie etwas vergessen hatten, dann hat das Telefon geläutet - und dazu ist noch dein tägliches Zeitunglesen gekommen. Jetzt haben wir noch immer nicht geklärt wann und wohin wir fahren. Ich meine, wenn du nicht gerade beim Frühstück die Zeitung lesen müsstest, wäre das manchmal schon leichter. Letzte Woche hab' ich mich ziemlich geärgert, zwischendurch ist es wieder nicht so schlimm. Aber dann wieder...

Dass der angesprochene Ehepartner aufgrund dieser Schilderung versteht, was genau die Botschaft ist und ob es für ihn irgendeinen Handlungsbedarf gibt, ist unwahrscheinlich. Und selbst wenn er es versteht, ist es bei einer dermaßen konfusen Botschaft leicht, sich taub zu stellen, oder eines der zahlreichen genannten Nebenthemen aufzugreifen, um nicht auf die eigentliche Botschaft einzugehen zu müssen.

Das oben beschriebene verbale Chaos erscheint Ihnen übertrieben? Wenn man es hier so schwarz auf weiß sieht, könnte dieser Eindruck entstehen. Es ist aber die durchaus übliche Praxis von Menschen, die noch nicht gelernt haben, sich klar auszudrücken. Oder die sich einfach nicht trauen, klar und in aller Deutlichkeit zu sagen,was sie wollen.

Um Ihre Anliegen klar auszudrücken, müssen Sie:
1. ganz genau wissen, was sie stört und
2. dies präzise in Worte fassen.

Beides ist eine Frage der Übung. Es erfordert Klarheit im Wissen um die eigenen Ziele und Wünsche, die Wahrnehmung all dessen, was dem im Wege steht und das klare Formulieren dieser Hindernisse. Und es erfordert Entschiedenheit in Bezug auf die eigenen Ziele und Bedürfnisse.

Vergleichen wir unter diesem Aspekt die obige Aussage mit der nun folgenden:

Du weißt, ich liebe dich sehr und es ist mir wichtig, Zeit mit dir zu verbringen. Durch unsere Berufstätigkeit ist diese ohnehin sehr knapp. Und es gibt da etwas, dass das noch sehr erschwert: Du hast die Gewohnheit, während des gesamten Frühstücks die Zeitung zu lesen. Ich kann dann nicht mit dir sprechen und das ist sehr schlimm für mich. Es ist die einzige Zeit, die wir in Ruhe miteinander verbringen und plaudern könnten. Statt dessen sitzen wir uns schweigend gegenüber, die Zeitung dazwischen. Ich fühle mich dann sehr traurig und einsam. Manchmal habe ich sogar das Gefühl, du interessierst dich überhaupt nicht mehr für mich, du liebst mich nicht mehr.

Können Sie sich vorstellen, dass diese Botschaft eine vollkommen andere Wirkung erzielt als die vorherige? Sie ist auf Informationsebene auf das Wesentliche konzentriert, klar und offen. Sie lässt alles Drumherum weg und bezieht sich nur auf den Kern. Auf Trägerfrequenzebene ist sie wertschätzend und liebevoll. Einer solchen Botschaft kann der Empfänger kaum ausweichen, er wird in irgendeiner Form Stellung beziehen und ein Gespräch wird entstehen. Die Botschaft ist so friedlich und vorwurfslos, dass die Wahrscheinlichkeit für ein gutes und wertschätzendes Gespräch und für eine gute Lösung hoch ist.

Mit vorwurfslos meine ich, dass Sie alle Formen von Urteilen, Beschuldigungen *(typisch, das sagen alle, das weiß jeder, das machst du absichtlich...)* sowie Verallgemeinerungen und Übertreibungen *(schon wieder, immer, alles, nichts)* vermeiden sollten. Alle derartigen Formulierungen schaffen eine Abwehrhaltung beim Gesprächspartner und verringern die Chancen auf eine gute Lösung drastisch. Bleiben Sie ganz genau bei der Sache. Wenn der obige Ehepartner täglich die Zeitung liest, können Sie das Wort "täglich" ruhig verwenden. Kommt es hingegen nicht jeden Tag vor, schaffen Sie mit der Formulierung *"Du liest beim Frühstück immer die Zeitung"* bereits einen hervorragenden Ansatzpunkt für Ihr Gegenüber, über ein unwichtiges Detail zu diskutieren, anstatt sich mit dem eigentlichen Thema auseinanderzusetzen. Noch schlimmer wird es, wenn Sie Interpretationen oder Analysen anstellen, wie z.B. *"Das machst du absichtlich"*, *"Du hast sicher ein schlechtes Gewissen"*, oder wenn Sie Dritte ins Spiel bringen *"Meine Mutter findet das auch unmöglich"*. Alle derartigen Kommentare führen zu Abwehrreaktionen, anstatt zu einem offenen Gespräch über die Sache.

Sehen wir uns nun systematisch an, wie Sie zu einer klaren Botschaft gelangen, die möglichst wenig Widerstand erzeugt und höchstmögliche Chancen hat, von Ihrem Gegenüber gehört und zu einer positiven Lösung geführt zu werden. Dies sind die einzelnen Schritte der Feedback-Technik:

1. Entscheiden Sie sich, dass Sie ein bestimmtes Verhalten nicht mehr dulden.
2. Vermeiden Sie es, in Akutsituationen anzusprechen, was Sie stört.
3. Beginnen Sie immer positiv. Und zwar möglichst personenbezogen positiv
4. Sagen Sie, was Sie stört, warum es Sie stört und wie Sie sich dabei fühlen.
5. Machen Sie keinen Lösungsvorschlag und drohen Sie keine Konsequenzen an.
6. Bringen Sie das Gespräch zu einem positiven Ende.

1. Entscheiden Sie sich, dass Sie ein bestimmtes Verhalten nicht mehr dulden

Wie beim aktiven Zuhören, bei dem der erste Schritt im Erkennen der Situation besteht, ist auch hier die erste Erfolgsvoraussetzung Ihre innere Haltung. Wenn Sie möchten, dass Ihr Gesprächspartner ein bestimmtes Verhalten ändert, ist es wesentlich, dass Sie für sich entscheiden: *Ich dulde dieses Verhalten nicht mehr. Ich werde mir das nicht mehr gefallen lassen. Ich werde diese Sache jetzt positiv lösen.* Klarheit und Entschiedenheit sind für Ihre Feedbackbotschaft die wesentlichen Erfolgsvoraussetzungen.

Ihre innere Entschiedenheit ist ein wesentlicher Erfolgsfaktor für Ihre Botschaft. Solange Sie nur bemängeln was Sie stört, ohne jedoch mit einer wirklichen Änderung zu rechnen, wird Ihre Botschaft kraftlos ausfallen und mit großer Wahrscheinlichkeit ohne Wirkung bleiben.

Die gedankliche Vorbereitung Ihres Feedbackgespräches verringert die Gefahr, dass Sie während des Gesprächs Fehler machen, übertreiben, beleidigend werden etc., und damit übers Ziel hinausschießen, was hingegen in Akutsituationen - in denen Sie sich gerade über den Gesprächspartner ärgern - leicht passieren kann. Beachten Sie daher Regel 2:

2. Vermeiden Sie es, in Akutsituationen etwas anzusprechen, das Sie sehr stört

Dies ist eine Regel, die nicht immer einfach zu befolgen ist, wenn wir gerade zornig sind. Sie ist jedoch zielführend, wenn wir zu dauerhaften Lösungen gelangen wollen, ganz besonders, wenn es sich um "chronische" Ärgernisse handelt:

Sprechen Sie daher Verhaltensweisen, die Sie stören, nicht in der akuten Störsituation an. Außer Sie wollen streiten. Wenn Sie jedoch zu einer wirklichen Lösung kommen möchten, dann halten Sie sich in dem Moment des akuten Ärgernisses zurück. Suchen Sie das Gespräch in ruhiger, friedlicher und positiver Atmosphäre, sobald Sie sich beruhigt haben. Dauerhafte, wirkliche Lösungen, die Ihr Gesprächspartner von sich aus vorschlägt, werden nicht im Streit entstehen, sondern in Ruhe und Frieden. Nur dann kann Lösungsbereitschaft entstehen. Nur dann können beide Gesprächspartner klar, wertschätzend und reflektiert denken und sprechen.

Schaffen Sie also eine friedliche und entspannte Situation mit der Person, an die Sie ein Anliegen haben. Gehen Sie gemeinsam essen, auf ein Bier oder auf einen Kaffee und bringen Sie dann Ihr Anliegen vor. Betrachten wir hierzu ein neues Beispiel:

> Ein Kollege, mit dem Sie inhaltlich gut zusammenarbeiten, kommt oft verspätet zu gemeinsamen Geschäftsterminen. Sie hassen es, zu spät zu kommen. Heute ist wieder so ein Tag. Sie sind pünktlich am vereinbarten Ort und warten. Der vereinbarte Treffpunkt mit Ihrem Kollegen war 10 vor 8. Der Geschäftstermin ist um 8. Ihr Kollege kommt 5 nach 8. Sie kochen innerlich vor Wut. Betrachten wir hierzu zwei Reaktionsvarianten für diese Akutsituation, dass Sie auf Ihren Kollegen warten und immer zorniger werden.

Variante A (nicht empfehlenswert):

Sie (lautstark): Wo sind Sie denn schon wieder geblieben? Das ist wieder typisch, immer kommen Sie zu spät! Ich hasse das! Mit Ihnen kann man wirklich nicht zusammenarbeiten!!

Variante B (empfehlenswert): Sie beherrschen sich und erwähnen die Verspätung nicht. Sie wissen, dass es keinen Sinn macht, jetzt zu diskutieren. Im ersten Schritt ist ein erfolgreicher Termin das Wichtigste. Sie beschließen aber für sich, am Abend nach diesem Termin bei einem

Bier die Sache ernsthaft zu besprechen. Sie werden sich das nicht mehr gefallen lassen.

Würden Sie das Thema jetzt ansprechen, wäre es wahrscheinlich, dass Sie ins Streiten gelangen, da Sie selbst ja sehr zornig sind, während Ihr Kollege der Sache offensichtlich entspannt gegenüber steht. Ein Streit wäre auch in Hinblick auf den gemeinsamen Geschäftstermin eine denkbar schlechte Voraussetzung.

Beherrschen Sie sich also und nehmen Sie sich zugleich vor, diese Sache zu klären. Warten Sie auf die nächste Gelegenheit, bei der Sie entspannt zusammentreffen oder führen Sie eine solche herbei. Die oben in der Variante B erwähnte Terminnachbesprechung bei einem Glas Bier ist eine Möglichkeit dazu.

3. Beginnen Sie immer positiv. Und zwar möglichst personenbezogen positiv

Wenn Sie nun eine entspannte Situation geschaffen haben und die gewünschte Aussprache durchführen wollen, dann schaffen Sie zuerst eine möglichst entspannte Gesprächsstimmung. Reden Sie über Erfreuliches und sagen Sie etwas Nettes zu Ihrem Gesprächspartner. Am besten personenbezogen nett. PALES© eignen sich perfekt dafür. Investieren Sie immer zuerst in die Trägerfrequenz.

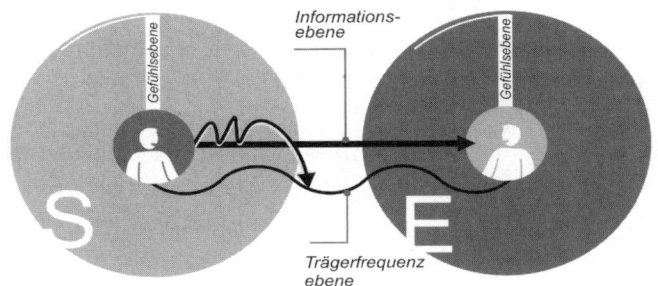

Grafik 15: Wechsel des Gesprächs von der Informationsebene auf die Trägerfrequenzebene.

Sie sollten ja laufend in die Trägerfrequenz zu Menschen investieren, mit denen Sie häufig zu tun haben. Wenn Sie aber etwas sagen möchten, das für Ihren Gesprächspartner unangenehm sein kann, ist es umso wichtiger, davor die Trägerfrequenz zu stärken, um ein angenehmes und tragfähiges Gesprächsklima zu erhalten. Sie schaffen damit bei Ihrem Gegenüber eine höhere Bereitschaft, zuzuhören und tatsächlich ein Verhalten zu ändern. Und Ihnen als Sender wird es um Klassen leichter fallen, Ihr Anliegen präzise, eindeutig und ohne vorsichtige Einschränkungen vorzubringen, je entspannter und wertschätzender Sie begonnen haben.

Sollten Sie PALES© übrigens ausschließlich in Feedback- oder Lichtschwertgesprächen einsetzen, werden sich Ihre Gesprächspartner mit Recht dagegen wehren und bei Ihren positiven Statements gleich das Schlimmste befürchten. PALES© sind zum Dauereinsatz gedacht - um Trägerfrequenzen gut und stabil zu halten. Nur wenn Sie regelmäßig nette Dinge sagen, erhalten diese die Wirkung, für die sie gedacht sind. Mit oder ohne Feedback.

Das Gespräch mit Ihrem unpünktlichen Kollegen könnte nun folgendermaßen weitergehen:

Schön, dass wir uns heute die Zeit nehmen, gemeinsam auf ein Bier zu gehen. Wir haben ja sonst bei all der Arbeit selten die Möglichkeit, miteinander zu plaudern... Was ich Ihnen schon länger mal sagen wollte: Es macht mir richtig Spaß, mit Ihnen zusammenzuarbeiten. Ich schätze Ihre Kenntnisse sehr und ich schätze auch unsere Zusammenarbeit. Ich finde, wir sind ein tolles Team.

Sie sagen damit etwas sehr Nettes und Persönliches zu Ihrem Gesprächspartner. Sie investieren in die Trägerfrequenz und schaffen eine gute Ausgangsstimmung für das nun folgende Gespräch. Dazu wären Sie im Zorn wohl kaum in der Lage gewesen. Sobald Sie sich aber beruhigt haben und mit dem klaren Ziel einer Besserung der Situation vor Augen, wird das leichter.

Überlegen Sie sich daher vor dem Gespräch, was Sie Positives sagen können. Es gibt Menschen, zu denen fällt uns jede Menge Positives ein. Zu anderen fällt uns vielleicht auf den ersten Blick nichts ein. Lassen Sie das nicht zu. Üben Sie sich bei dieser Gelegenheit im Wahrnehmen von positiven Dingen und formulieren Sie diese. Wenn Ihnen gar nichts einfällt, stellen Sie sich das Potenzial des Menschen vor, der Ihnen gegenüber steht und sprechen Sie darüber (siehe auch S.45). Sie sollen bei PALES© nicht lügen oder irgendwelche an den Haaren herbeigezogenen Aussagen treffen (S.95). Solche Aussagen verunsichern den Gesprächspartner - und verschlechtern damit die Trägerfrequenz. Wenn Sie die Trägerfrequenz verbessern wollen, müssen Ihre Aussagen glaubhaft und verständlich sein, damit Ihr Gesprächspartner damit etwas anfangen und sich darüber freuen kann. Gerade wenn Ihnen ein Anliegen sehr wichtig ist und wenn Sie keine besonders gute Beziehung zu Ihrem Gesprächspartner haben, sollten Sie zuvor ein paar Minuten investieren, um die passenden Worte zu finden. Sobald Sie eine gute und entspannte Gesprächsstimmung hergestellt haben, kommen Sie zum Kern Ihrer Botschaft.

4. Sagen Sie was Sie stört, warum es Sie stört, und wie Sie sich dabei fühlen

Nach Ihrer Investition in die Trägerfrequenz bringen Sie das Gespräch wieder auf die Informationsebene. Bringen Sie nun Ihr Anliegen wie oben beschrieben klar und vorwurfsfrei vor.

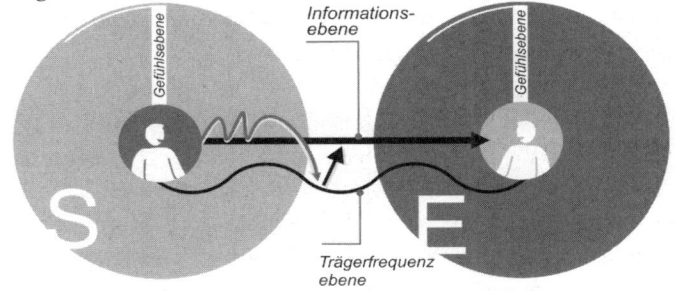

Grafik 16: Rückwechsel des Gesprächs auf die Informationsebene.

Da Sie ja dabei über Ihre persönlichen Anliegen und Wünsche sprechen, sollten Sie Ich-Botschaften verwenden. Vermeiden Sie Du-Botschaften, die die Person des Gesprächspartners angreifen und dadurch Druck machen. Sprechen Sie ausdrücklich von Ihrer Sicht der Dinge und Ihrem Gefühl und betonen Sie diese persönliche Betroffenheit auch.

Um die Botschaft möglichst klar zu übermitteln, beschreiben Sie*
1. das Verhalten, das Sie stört,
2. die Konsequenzen und Begründung, warum Sie das stört
3. die Gefühle, die Sie dabei haben.

Vermeiden Sie Verallgemeinerungen und Übertreibungen. Bleiben Sie ganz klar bei der Sache.

Nach dem Klarstellen der Trägerfrequenz könnte das Gespräch mit Ihrem Kollegen nun folgendermaßen weitergehen:

...Bevor wir nun ins Plaudern kommen, habe ich ein Anliegen, das mir wirklich wichtig ist: Wenn wir gemeinsame Termine haben, kommt es vor, dass Sie zum Termin zu spät kommen. Für mich ist Zuspätkommen etwas zutiefst Unangenehmes. Ich werde total nervös, kann mich schlecht konzentrieren und bin in denkbar ungünstiger Verfassung für einen professionellen Termin. Ich gerate ziemlich unter Stress. Ich habe dann das Gefühl, mich überhaupt nicht auf Sie verlassen zu können und das macht mich in diesen Situationen jedes Mal richtig zornig.

Diese Botschaft kommt sogar beim Lesen an, stimmts? Wichtig ist dabei, dass Sie erklären, was Sie stört und warum es Sie stört - selbst wenn es Ihnen logisch erscheint. Es ist aber möglicherweise nur für Sie selber logisch. Andere Menschen können anders reagieren. Vielleicht stört Ihren Gesprächspartner das angesprochene Verhalten selbst überhaupt nicht und er

* Gordon. Thomas, Die Managerkonferenz, Heyne Sachbuch.

geht deshalb so locker damit um. Vielleicht kann er sich gar nicht vorstellen, dass dieses Verhalten andere stören könnte. Das ist übrigens bei Gewohnheiten, die andere stören, fast immer die Regel. Der, der sie hat, den stören sie nicht!

Es gibt unzählige Möglichkeiten, worüber Ihre Gesprächspartner sich ärgern können und es gibt eine Vielfalt von Gründen, warum sie das tun. Sie machen es Ihren Gesprächspartnern leichter, ihr Verhalten zu ändern, wenn sie verstehen können, was genau Sie daran stört.

Ein weiterer wesentlicher Erfolgsfaktor bei Ihrer Botschaft ist es, dass Sie zusätzlich zur Informationsebene auch auf die Gefühlsebene eingehen. Erklären Sie, wie Sie sich fühlen, wenn Ihr Gesprächspartner sich in einer bestimmten Weise verhält. Ebenso wie die Sache sollten Sie auch Ihr Gefühl exakt schildern, ohne es zu verharmlosen oder zu übertreiben. Versetzen Sie sich gedanklich in die Situation, die Sie stört und beschreiben Sie ganz offen, wie Sie diese erleben.

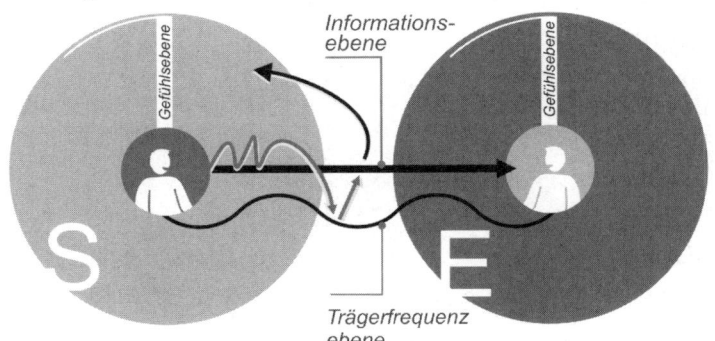

Grafik 17: Ansprechen der Gefühlsebene des Senders

Erfahrungsgemäß machen viele Menschen den Fehler, gerade bei der Beschreibung des Gefühls zu untertreiben. Die Befürchtung des Senders, mit dem Gesprächspartner bei soviel Offenheit in einen Streit zu geraten, bewirkt dann, dass der Botschaft durch Untertreibung ihre Wirkung genommen wird.

Eine Aussage wie *"... und das stört mich manchmal ein bisschen...",* oder *"...das ist dann nicht sehr angenehm..."* erzielt wenig Wirkung. Uns alle stört manchmal etwas ein bisschen. Dies gibt für den Gesprächspartner wenig Motivation, etwas zu ändern, das er ohnehin lieber nicht ändern würde.

Wenn Ihr Gefühl Zorn ist, müssen Sie das Wort "Zorn" sagen. Ist es Angst, müssen Sie "Angst" sagen. Genau wie bei der inhaltlichen Konsequenz des Verhaltens ist es extrem wichtig, dass Sie auch die emotionale Konsequenz exakt benennen. Übertreiben Sie nicht, aber untertreiben Sie auch nicht. Stellen Sie sich vor, wie Sie sich in der akuten Situation fühlen und beschreiben Sie dies genau. Sprechen Sie intensiv, aber ohne sich dabei aufzuregen. Ihre Worte haben auf diese Weise die höchste Wirkung.

Anstelle des oben gezeigten Beispiels einer erfolgreichen Ich-Botschaft gibt es auch jede Menge an Botschaften, die nicht zu empfehlen sind:

Du-Botschaften, Verallgemeinerungen und Übertreibungen (nicht empfehlenswert!) wären zum obigen Beispiel:

Sie kommen immer zu spät. (Übertreibung)
Mit Ihnen kann man einfach nicht arbeiten. (Stimmt nicht)
Sie sind unverlässlich. (Du-Botschaft mit Verallgemeinerung)
Das sagen die Kollegen auch alle. (Einbeziehen von Dritten)
Sie sind unmöglich. (Beleidigende Du-Botschaft)
Nie kann ich mich auf Sie verlassen. (Übertreibung)

Diese Botschaften sind übertrieben, verallgemeinernd oder einfach nicht wahr. Klar, dass die Kooperationsbereitschaft des Empfängers einer solchen Botschaft äußerst gering sein wird.

5. Machen Sie keinen Lösungsvorschlag und drohen Sie keine Konsequenzen an

Das ist vielleicht das Überraschendste an der Sache und es ist der wesentlichste Unterschied zum Lichtschwert: Schlagen Sie keine Lösung vor und drohen Sie keine Konsequenzen an! Dies gilt vor allem für Gespräche auf gleicher hierarchischer Ebene. Hier können Sie ohnehin nur wenig oder gar keinen Druck durch Konsequenzen ausüben. Es ist daher klüger, ihn von vornherein wegzulassen und statt dessen auf das Verständnis und den guten Willen des Gesprächspartners hinzuarbeiten.

Wenn Sie Ihre Botschaft wie oben beschrieben vorgebracht haben, ist Ihrem Gesprächspartner ohnehin glasklar, was er ändern soll. Sie haben das Gespräch bisher absolut ohne Druck aufgebaut. Durch das Aussprechen eines Lösungsvorschlages, der von Ihnen kommt, oder durch das Androhen von Konsequenzen würden Sie Druck erzeugen und die vorher aufgebaute positive Stimmung und Lösungsbereitschaft Ihres Gesprächspartners zunichte machen. Wenn Sie sich für die Feedbacktechnik entschieden haben, ziehen Sie diese bis zum Ende durch. Haben Sie Ihre Botschaft in der oben beschriebenen Weise geschildert, dann stehen die Chancen sehr hoch, dass Ihr Gesprächspartner zu einer Lösung bereit ist. Diese Lösungsbereitschaft steigt weiter, wenn er nun auch noch die Möglichkeit erhält, selbst eine Lösung vorzuschlagen.

Betrachten wir noch einmal das Beispiel mit dem unpünktlichen Kollegen. Nachdem Sie gesagt haben, was Sie stört und warum Sie das stört, machen Sie eine Pause. Ihre Botschaft ist zu Ende und wird bei Ihrem Gesprächspartner wahrscheinlich eine betroffene Nachdenk-Pause bewirken. Sie wirkt wie ein Türöffner. Ihr Gesprächspartner wird danach zu sprechen beginnen. Wenn Sie Ihr Anliegen wie beschrieben vorgebracht haben, ist die Chance hoch, dass er betroffen reagiert und Änderungsbereitschaft signalisiert, weil er sich dessen nicht bewusst war, was er mit seinem Verhalten anrichtet. Die meisten solcher "Verletzungen" entstehen nicht böswillig, sondern aus Unwissen über das, was andere stört.

Es kann sein, dass Ihr Gesprächspartner sich nun entschuldigt und Besserung verspricht, oder eine Lösung vorschlägt. Es kann auch sein, dass er versteht was Sie stört, dass er aber Gründe hat, sein Verhalten beizubehalten bzw. dass er es einfach nicht ändern will. Typische Reaktionen auf ein Feedback sind dann zB.: ausweichen, sich hinausreden, die Sache bagatellisieren, auf Angriff umschalten, die Sache lächerlich machen usw.

Dies führt uns dann zu Fall 3 aus unserer Grafik über die schwierigen Gesprächssituationen:

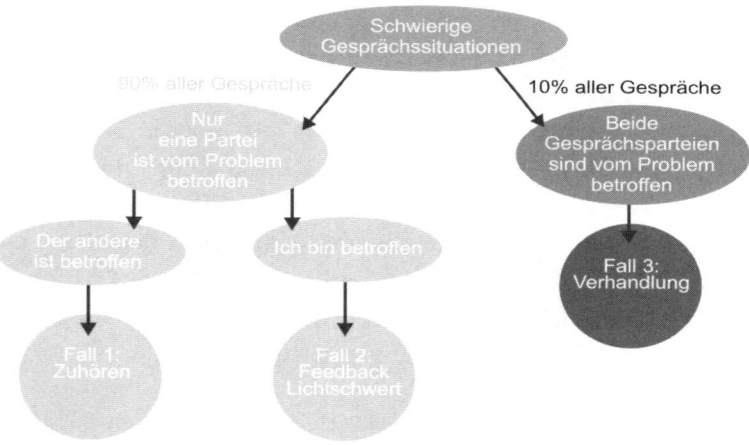

Grafik 18: Beide Gesprächspartner haben ein Problem. Gesprächstechnik Verhandlung

Jetzt sind beide Gesprächspartner vom Problem betroffen, das heißt, sie haben in ein- und derselben Angelegenheit unterschiedliche Meinungen, Wünsche oder Vorstellungen. In diesem Fall wechseln Sie zwischen den Techniken des aktiven Zuhörens und des Feedback, bis Sie zu einem für beide Seiten best-möglichen Ergebnis gelangt sind. Dieses wechselweise Anwenden der beiden Gesprächstechniken nennen wir Verhandlung. Wenn also auf Ihr Anliegen ein ernstzunehmender Einwand folgt, schalten Sie auf Zuhören um. Hören Sie aktiv zu und zeigen Sie Verständnis für die Wünsche Ihres Gesprächspartners. Danach sind wieder Sie selbst mit Ihrem Anliegen dran usw. Bleiben Sie friedlich, klar, wertschätzend und entschieden. Und achten Sie darauf, dass auch Ihr Gesprächspartner wirkliches Bemühen um eine Lösung zeigt und sich Ihnen gegenüber wertschätzend und kooperativ verhält.

Im Beispiel mit dem unpünktlichen Kollegen wird es wohl kaum vernünftige Gründe geben, an der Unpünktlichkeit fest-zuhalten. Dennoch ist Unpünktlichkeit eine Gewohnheit, die der, der sie hat, nicht gern und leicht aufgibt. Wenn Sie Ihre Botschaft so professionell übermittelt haben, wie hier dargestellt, stehen die Chancen aber hoch, dass Ihr Kollege verspricht, von nun an zu Terminen mit Ihnen pünktlich zu erscheinen. Er muss sein Verhalten ja nicht generell ändern. Es steht ihm frei, zu allen anderen Terminen mit allen anderen Personen weiterhin zu spät kommen. Ihr Feedback hat sich ja nur auf gemeinsame Termine mit Ihnen bezogen. Wenn Ihr Kollege also ab sofort Besserung verspricht und sich auch daran hält, haben Sie Ihr Ziel relativ mühelos und in angenehmer Gesprächsstimmung erreicht.

Im Fall des zeitunglesenden Ehepartners könnten schon eher Widerstände auftauchen. Es kann sein, dass Ihr Partner jede Menge "triftige" Gründe findet, weshalb er die Zeitung unbe-dingt und ausgerechnet beim Frühstück lesen muss. Versuchen Sie es dann mit aktivem Zuhören und Paraphrasieren. Interes-sieren Sie sich für das, was Sie nun hören werden. Es kann sich ein interessantes Gespräch daraus ergeben, in dem Sie Neues über Ihren Partner erfahren. In dem Fall wird sich das Gespräch auch positiv auf Ihre Trägerfrequenz auswirken. Vielleicht erfahren Sie aber auch nichts Neues, sondern hören nur Ausreden. Wie auch immer - bleiben Sie dran. Und: Vergessen Sie vor lauter Zuhören nicht auf Ihr eigenes Anliegen. Haben Sie Verständnis, bleiben Sie aber bei Ihren Wünschen. Wenn Ihr Gesprächspartner Einwände äußert, sagen Sie z.B.: *"Das verstehe ich, aber versteh' mich bitte auch:..."* und nun formulieren Sie Ihr Anliegen nochmals.

Falls Ihr Gesprächspartner auf stur schaltet und die Sache auf eine Konfrontation hinausläuft, hilft es, wenn Sie Ihr Anliegen jedes Mal möglichst exakt genauso formulieren, wie Sie es bereits gesagt haben. Bleiben Sie bei der einmal gewählten Argumentation. Wenn Sie jedes Mal neue Argumente wählen, werden darauf immer neue Gegenargumente zurückkommen. Diese Technik, bei der einmal gewählten Argumentation zu bleiben, die Sie nur in Härtefällen benötigen werden, nennt sich "gesprungene Platte". Kinder beherrschen das perfekt: *"Mama, ich will ein Eis!"* / *"Wir essen gleich, Du kannst später eines haben."* / *"Ich will aber jetzt ein Eis!!"* / *"Nach dem Essen kriegst du eines."* / *"Ich will aber jetzt ein Eis!!!"* usw.

Achtung: Wenn Sie Ihrem Gesprächspartner hierarchisch vorgesetzt sind, gilt eine Ausnahme von der Regel, keinen Lösungsvorschlag zu machen. In dem Fall ist in einem Feedbackgespräch die klare Aufforderung zu einer Verhaltensänderung richtig und passend. Sind Sie nicht Kollege, sondern Chef des unpünktlichen Kollegen aus unserem Beispiel, könnte Ihr Feedback z.B. so lauten:

Wenn wir gemeinsame Termine haben, kommt es vor, dass Sie zum Termin zu spät kommen. Sowohl ich selbst als auch alle anderen müssen dann auf Sie warten. Das ist nicht professionell und passt auch gar nicht zu Ihrem sonstigen Verhalten. Bitte stellen Sie sicher, dass Sie ab sofort immer pünktlich - am besten schon 5 Minuten vor dem vereinbarten Termin - da sind.

6. Bringen Sie das Gespräch zu einem positiven Ende

Wie auch immer das Gespräch ausgegangen ist, ob Sie die gewünschte Lösung gefunden haben, oder ob es noch zu keiner Lösung gekommen ist, stellen Sie am Ende des Gesprächs auf jeden Fall wieder möglichst positive Stimmung her. Investieren Sie neuerlich in die Trägerfrequenz, um Ihrem Gesprächspartner zu vermitteln, dass Sie auch weiterhin eine gute Beziehung mit ihm/ihr pflegen möchten.

Danke für das Gespräch. Ich bin froh, dass wir darüber gesprochen haben! Dass wir so eine gute Lösung finden werden, hätte ich mir vorher gar nicht gedacht.
Oder: Wir werden bestimmt eine gute Lösung finden.
Im Ausnahmefall Chef-Mitarbeiter, nachdem der Mitarbeiter sich entschuldigt und seine Pünktlichkeit versprochen hat: Sehr gut. Das freut mich. Ich habe auch gar nichts anderes von Ihnen erwartet.

Übung Feedback: Üben Sie sich in der Feedbacktechnik, wenn Sie möchten, dass Ihr Gesprächspartner ein Verhalten ändert. Investieren Sie in die Trägerfrequenz, schildern Sie klar und vorwurfslos, was Sie stört und schildern Sie die inhaltlichen und emotionalen Folgen dieses Verhaltens für sich. Schlagen Sie keine Lösung vor und kündigen Sie keine Konsequenzen an.

Wenn es zu einer Lösung in Ihrem Sinne gekommen ist, ist das perfekt. Sollte es zu keiner Lösung gekommen sein, können Sie für sich entscheiden: Belasse ich es bei der friedlichen Stimmung und wiederhole ich mein Anliegen bei nächster Gelegenheit, um eine gute Lösung zu erzielen, oder sehe ich mit der Feedback-Methode keine Chance zu einer Lösung? Wenn Sie keine Chance zu einer Lösung in Ihrem Sinne sehen, kann es Zeit für das Lichtschwert sein.

4.5.2. Lichtschwert: Verhaltensänderung aufgrund des Ankündigens von Konsequenzen

Die Ausgangssituation für die Technik des Lichtschwertes ist dieselbe, wie für die Technik des Feedback. Sie möchten, dass jemand anderer ein bestimmtes Verhalten ändert. Das heißt, Sie haben ein Anliegen.

Im Gegensatz zur Technik des Feedback, dessen Ziel es ist, durch Erzeugen von Verständnis die höchstmögliche Bereitschaft des Gesprächspartners zum Finden einer Lösung zu bewirken, ist es Ziel des Lichtschwertes, die Änderung durch das klare Ankünden von Konsequenzen - sollte der Gesprächspartner zu keiner Änderung bereit sein - herbeizuführen.

Dies erzeugt deutlich mehr Druck auf den Gesprächspartner. Die Energiewirkung einer Lichtschwert-Botschaft ist daher deutlich höher, als jene einer Feedback-Botschaft. Immer noch entscheidet der Gesprächspartner, ob er etwas ändert oder nicht. Doch weiß er nun, mit welchen Konsequenzen er zu rechnen hat, wenn er nichts ändert. Dies ist der wesentliche Unterschied zum Feedback.

Das Lichtschwert kann als Steigerungsstufe zur Feedbacktechnik eingesetzt werden, wenn der Gesprächspartner auf die Feedbacktechnik nicht reagiert hat. Dies ist z.B. dann der Fall, wenn Sie das Verhalten eines Mitarbeiters, eines Familienmitglieds, eines Kollegen, eines Freundes, eines Kunden usw. nicht mehr dulden wollen, weil es die Grenzen dessen überschreitet, was Sie für richtig halten und was Sie akzeptieren. Oder es kann sein, dass Sie aufgrund Ihrer Funktion oder Position Konsequenzen treffen müssen, um für sich oder den Gesprächspartner oder andere eine bessere Situation zu schaffen, als diese bisher ist.

Es gibt aber auch Situationen, die gar kein Feedback erfordern, sondern die unmittelbare Lichtschwert-Situationen sind.

Es kann vorkommen, dass sich jemand in einer Art und Weise verhält, die es erfordert, zu agieren, ohne in Trägerfrequenzen zu investieren oder lange Erklärungen abzugeben. Es sind dies alle Situationen, in denen jemand Sie oder andere beschimpft, bedroht oder sich in einer Weise unangebracht verhält, die Sie nicht zu akzeptieren bereit sind und der Sie ein unmittelbares Ende setzen wollen.

Beispiele für Lichtschwertsituationen:

→ Mitarbeiter beschimpft andere Kollegen.
→ Kollege/Mitarbeiter/Partner/Kind erfüllt vereinbarte Aufgaben nicht, wodurch Sie oder andere Probleme bekommen.
→ Partner/Kind/Eltern/Freund/in verhält sich in der Beziehung zu Ihnen in einer Weise, die für Sie schmerzhaft oder herabwürdigend ist.
→ Kollege/Partner/Kind/Mitarbeiter verhält sich in einer Weise, die zu seinem eigenen Schaden werden kann.
→ Sie beobachten, wie jemand eine andere Person verbal oder körperlich attackiert.
→ Jemand attackiert Sie.
→ Jemand bringt sich oder andere durch sein Verhalten in Gefahr.

In all diesen Beispielen handelt es sich um Verhaltensweisen, die Ihnen selbst oder anderen Personen schaden oder Sie stören, oder die der Person selbst schaden, die sich in der beschriebenen Weise verhält. Diese Beispiele könnten genauso gut Beispiele für Feedback-Situationen sein. Der Unterschied liegt in Ihrer Einstellung diesem Verhalten gegenüber. Das Zentrale an einer Lichtschwert-Situation ist, dass das beschriebene Verhalten Sie dermaßen stört, dass Sie es keinesfalls mehr dulden werden und dies auch eindeutig und klar ausdrücken. Sie sind nicht bereit, darauf zu warten, ob und wie der andere sich für eine Änderung seines Verhaltens entscheidet. Es handelt sich um Verhaltensweisen, die Sie nicht akzeptabel finden. Sie wollen, dass jemand etwas ändert.

Damit Sie ein klares Bild erhalten, was Sie akzeptieren, was Sie tragbar und was Sie untragbar finden, ist es die wichtigste Voraussetzung, klare Werte und Ziele zu haben. Wer dies nicht hat, wird keine klare Sichtweise entwickeln. Er wird ein- und dieselbe Situation je nach Laune, Tagesverfassung, Anwesenheit oder Abwesenheit von Zusehern und aufgrund von verschiedenen anderen Faktoren immer wieder unterschiedlich beurteilen.

Wenn Sie hingegen wissen, was Sie wollen, wenn Sie wissen, was in Ihrem Leben wichtig ist, wenn Sie klare Ziele und Werte haben, dann werden Sie ein- und dieselbe Situation immer auf dieselbe Weise beurteilen. Sie wissen dann, was Sie akzeptieren und was Sie nicht akzeptieren.

Wir empfehlen daher die Anwendung des Lichtschwertes nur in Zusammenhang mit klaren und positiven Werten. Das Lichtschwert beschützt Sie und andere. Es bringt "Licht" in düstere oder schwierige Situationen. Das Wort "Licht" steht dabei für Klarheit, das Wort "Schwert" für die Konsequenzen. Wir empfehlen seinen Einsatz nur dann, wenn es einer guten Sache dient. Dies ist dann der Fall, wenn es Ihnen selbst und/oder anderen dadurch besser geht. Üblicherweise verbessert es - spätestens mittelfristig - auch die Lage des Gesprächspartners, den das Lichtschwert trifft. Beide gewinnen.

Grenzen zu setzen und Konsequenzen anzukündigen hilft immer auch dem, dem diese Grenzen gesetzt werden. Er/Sie erfährt dadurch, welches Verhalten nicht akzeptiert wird und mit welchen Konsequenzen zu rechnen ist, wenn er/sie sich weiter so verhält wie bisher. Das ist hilfreich. Nur so erhält er eine Chance, rechtzeitig etwas zu ändern, um die Konsequenzen zu verhindern. Die Anwendung des Lichtschwertes bringt Licht ins Dunkel.

Achtung: Verwechseln Sie das Lichtschwert nicht mit dem böswilligen, unfairen, rachsüchtigen oder kämpferischen verbalen Dahinschlachten anderer, wie Sie es immer wieder in Gesprächen und in den Medien beobachten können. Das wesentliche Kennzeichen des Lichtschwertes ist, dass es Gutes bewirkt. Seine Anwendung mag im ersten Moment für den Betroffenen sehr hart erscheinen, sie hat aber spätestens mittelfristig eine positive Wirkung. Sie bietet die Möglichkeit, zu lernen, sich zu entwickeln und die Dinge besser zu machen. Sie bietet die Möglichkeit, zu mehr Glück und Lebenserfolg zu gelangen. Das Lichtschwert darf niemals eine Bedrohung, Bestrafung oder einen Racheakt darstellen. Es ist eine offene und klare Aussage über unpassende Verhaltensweisen und deren Konsequenzen. Es ist daher hoch wirksam.

Auf der Fordern-Fördern-Matrix ist es auf der Fordern-Achse angesiedelt. Es fordert etwas vom anderen. Wir haben im Kapitel über Fordern und Fördern bereits ausführlich darüber geschrieben. Wenn Sie jemanden stoppen, der gerade jemand anderem einen Schaden zufügt, ihn verbal oder körperlich attackiert, dann fordern Sie etwas. Wenn Sie wollen, dass Ihr Kollege ab sofort pünktlich zu gemeinsamen Geschäftsterminen erscheint, dann fordern Sie auch etwas. Wenn Sie Konsequenzen für ein bestimmtes Verhalten ankündigen, dann fordern Sie ebenfalls etwas. Sie fordern, dass Ihr Gesprächspartner ein Verhalten ändert und kündigen fairerweise die Konsequenzen an, die Sie treffen werden, oder die eintreffen werden, wenn die Verhaltensänderung nicht erfolgt.

Der Unterschied zur Feedback-Situation liegt in Ihrer Entschlossenheit, Konsequenzen zu treffen. Während Sie beim Feedback zwar offen ansprechen, was und warum Sie etwas stört, jedoch die Entscheidung, ob es zu einer Änderung kommt, beim Gesprächspartner lassen, haben Sie hier entschieden, dass es zu einer Änderung kommen muss. Sie akzeptieren das bestehende Verhalten nicht und machen dies deutlich. Falls der andere nichts ändert, werden Sie etwas ändern. Sie sind also entschlossener, zielorientierter und investieren mehr Energie in Ihre Botschaft. Dadurch entsteht mehr Druck auf den Gesprächspartner. Die Energiewirkung der Botschaft ist viel höher als die beim Feedback.

Betrachten wir nochmals das Beispiel vom zeitunglesenden Ehepartner (Seite 214). Wenn Sie Ihr Anliegen zum ersten Mal äußern, ist das eine typische Feedback-Situation. Sie sagen, was Sie stört und das ist gut so. Nichts zu sagen wäre schlecht für Sie selbst, weil Sie sich tagaus tagein über das Zeitunglesen ärgern würden und es wäre Ihrem Partner gegenüber unfair, weil er keine Chance hätte, etwas zu ändern. Sollte nach der ersten Botschaft noch keine Änderung eintreten, können Sie, falls Sie die Geduld dazu haben und die Hoffnung auf eine "freiwillige Änderung", die Technik des Feedback auch ein zweites oder drittes Mal anwenden. Irgendwann einmal wird es Ihnen aber vermutlich reichen.

Wenn Ihr Partner sein Verhalten weiterhin nicht ändert und wenn die Sache wirklich wichtig für Sie ist, werden Sie eines Tages auf das Lichtschwert umschwenken. Sie müssen sich dazu überlegen, was Sie wirklich wollen: Was sind Ihre Ziele in Bezug auf die Beziehung, in Bezug auf das Frühstück und auf das Zeitunglesen? Gibt es Kompromisse, zu denen Sie bereit sind und bei denen Sie sich noch wohl fühlen? Welche sind das? Wo ist die Grenze dessen, was Sie akzeptieren können und ab wann fühlen Sie sich persönlich nicht ernstgenommen, wertgeschätzt etc? Und: welche Konsequenzen werden Sie treffen, wenn Ihr Partner stur bleibt? Das ist eine ganz entscheidende Frage. Welche Möglichkeiten zu Konsequenzen fallen Ihnen ein und welche finden Sie dem Anlass entsprechend auch wirklich angebracht, also weder zu schwach, noch überzogen? Erst wenn Sie sich darüber im Klaren sind, können Sie das Lichtschwert wirkungsvoll einsetzen.

Für das obige Zeitungsbeispiel könnte eine Lichtschwertbotschaft folgendermaßen aussehen:

Ich habe dir bereits mehrmals gesagt, warum es mich so stört, dass du während des Frühstücks immer die Zeitung liest. Wenn du nicht damit aufhörst, werde ich in Zukunft erst frühstücken, wenn du das Haus verlassen hast. Ich werde das Frühstück nicht mehr für dich zubereiten, um dir dann beim Zeitunglesen zuzusehen. Lieber schlafe ich statt dessen eine halbe Stunde länger.

Oder:

Ich habe dir bereits mehrmals gesagt, warum es mich so stört, dass du während des Frühstücks immer die Zeitung liest. Wenn du nicht bereit bist, mir diesen Wunsch zu erfüllen, der mir soviel bedeutet, muss ich ernsthaft darüber nachdenken, ob ich dir überhaupt noch wichtig bin und ob unsere Beziehung eine Zukunft hat.

Diese Aussagen kommen Ihnen hart vor? Oder übertrieben? Das wären sie nur dann, wenn sie nicht mit der erforderlichen inneren Haltung getroffen wären. Bei der zweiten Variante, die eindeutig die stärkere in ihrer Konsequenz ist, ist anzunehmen, dass in der Beziehung andere, grundlegendere Dinge schief gelaufen sind und dass es bereits Grundsatzdiskussionen über eine Reihe von wichtigeren Themen gegeben hat. Das Thema Zeitunglesen ist dort offensichtlich nur der Tropfen, der das Fass zum Überlaufen gebracht hat.

Wenn die Sache dem Sprecher wirklich wichtig ist, sind dies Beispiele für unterschiedliche Konsequenzen, zu denen der Sprecher sich bereits entschieden hat. Mit Energie und Entschlossenheit ausgesprochen sind sie Lichtschwert-Botschaften, die den Gesprächspartner zu irgendeiner Reaktion veranlassen. Immer noch bleibt es ihm überlassen, ob er sein Verhalten ändert, oder nicht. Doch nun ist klar, dass der Gesprächspartner etwas ändern muss, wenn er nicht möchte, dass die angekündigten Konsequenzen eintreten.

Das Lichtschwert ist dadurch eindeutiger, direkter, nachdrücklicher und kann nicht so leicht ignoriert werden wie das Feedback. Der Gesprächspartner muss reagieren. Die Entscheidung, ob er etwas ändert oder ob er die angekündigten Konsequenzen in Kauf nimmt, liegt nun bei ihm.

Besonders wichtig ist dabei die Entschlossenheit des Senders. Würde er auf diese intensive Weise Dinge ankündigen, die er später nicht einhält, würde er seine Glaubwürdigkeit verlieren. Zukünftige Lichtschwertaussagen demselben Gesprächspartner gegenüber würden keine Wirkung mehr erzielen. Das Wort "Licht" im Begriff Lichtschwert steht für die Klarheit, die Sie selbst betreffend Ihr Anliegen haben. Das Wort "Schwert" steht für die Konsequenz, die folgen wird, wenn keine Änderung eintritt.

Im dargestellten Beispiel mit der Zeitung sollte das Lichtschwert auf die Feedback-Technik folgen. Sie sollten zuerst Ihr Anliegen klar gesagt haben, um Ihrem Partner die Chance zu geben, von sich aus etwas zu ändern. Wenn Sie zuvor nicht klipp und klar gesagt haben, was Sie stört und somit Ihrem Partner keine Chance gegeben haben, dies zu ändern, wäre eine derartige Lichtschwert-Aussage ein völlig unpassender Schlag ins Gesicht.

Dem gegenüber gibt es Situationen, in denen das Lichtschwert unmittelbar, ohne vorheriges Feedbackgespräch, zum Einsatz kommen kann. Dies sind Akutsituationen, in denen verbale Attacken fallen, oder Situationen, in denen es Ihnen einfach reicht, sich ausnützen, anjammern oder sonstwie schlecht behandeln zu lassen. In solchen Fällen kommt das Lichtschwert in seiner intensivsten Form zur Anwendung (siehe Lichtschwert Stufe 3, Seite 250).

Das Lichtschwert in seinen verschiedenen Intensitätsstufen ist ebenso wie das Feedback eine Forder-Technik. Feedback und Lichtschwert zeigen Ihren Gesprächspartnern, dass Sie diesen eine Verhaltensänderung zutrauen und von ihnen einen Beitrag erwarten. Sie sind damit ein Kompliment an ihre Kompetenz und Kraft. Sie wirken zugleich auch verbessernd auf Beziehungen, da sie diese klären.

Die Förder-Techniken, wie Kraft geben, Zuhören und Trägerfrequenzen verbessern, fördern den anderen und verlangen etwas von Ihnen selbst. Sie verlangen Verständnis, Geduld und Energie, um dem anderen Kraft zu geben, um zuzuhören und die Trägerfrequenzen aktiv und intensiv zu verbessern. Sie schaffen dadurch eine optimale Voraussetzung für gute Beziehungen und weitgehende Konfliktfreiheit.

Beide Strategien gemeinsam, das Fördern und das Fordern, führen nicht nur zu persönlichen Erfolgen, also zu Freundschaft, guten Beziehungen, Liebe und Vertrauen, sondern auch zu objektiven Erfolgen, wie Wohlstand, beruflichen Erfolg und beeindruckenden Lebensumständen. Unsere Empfehlung lautet daher, zu fördern und zu fordern und beide Fähigkeiten möglichst ausgewogen zu entwickeln.

Beginnen wir nun mit der einfachsten Lichtschwert-Technik: Setzen Sie Grenzen.

LICHTSCHWERT STUFE 1:
Grenzen setzen durch ein klares "Nein"

Der einfachste Anwendungsfall des Lichtschwertes ist der, dass Sie Dinge, die Sie nicht wirklich wollen, ablehnen und statt dessen Dinge tun, die Ihnen wirklich wichtig sind. Damit dies möglich ist, müssen Sie wissen, was für Sie wichtig ist. Klare Ziele sind hierzu die Grundvoraussetzung.

Vielleicht tun Sie manchmal, vielleicht sogar häufig, Dinge, die Sie eigentlich gar nicht wollen. Sie tun sie aus vermeintlicher Höflichkeit, oder aus Konfliktscheuheit. Hören Sie damit ruhig auf und beginnen Sie Grenzen zu setzen. Sie schaden sonst nicht nur sich selbst - Sie tun auch Ihren Mitmenschen nichts Gutes. Halbherzigkeiten haben wenig Energie und wenig Effekt. Und wenn Sie nachher vielleicht sogar Dankbarkeit für Ihre Dienste oder für Ihr Ertragen von Dingen, die Sie stören, einfordern, ist es umso schlimmer.

Zusagen, die Sie ohne Überzeugung machen, nur um einer Konfrontation oder Diskussion auszuweichen, werden Ihnen ein Übermaß an Energie rauben. Oder Sie werden diese Zusagen gar nicht halten und es wird Ihnen mehr Energie kosten, sie wieder rückgängig zu machen, als es Ihnen gekostet hätte, von vornherein "Nein" zu sagen. Nehmen Sie keine Einladungen an, zu denen Sie keine Lust haben. Lassen Sie sich nichts vorjammern, wenn Ihnen nicht danach ist. Treffen Sie sich nicht mit Leuten, die Sie eigentlich nicht sehen wollen. Lassen Sie sich keine Aufgaben aufbrummen, die eigentlich andere erledigen sollten.

Hören Sie mehr auf sich selbst und tun Sie das, wonach Ihnen ist. Wenn Sie gerne helfen und für andere da sind, ist das wunderbar. Wenn Ihnen aber einmal nicht danach ist, lassen Sie es.

Es kann sein, dass Sie damit zu Beginn Verwunderung oder sogar Entrüstung ernten. Machen Sie sich nichts draus. Sie können es ohnehin nicht jedem Recht machen. Sie müssen Ihre Absagen ja nicht unhöflich oder unwillig formulieren. Sie sollten aber klar sein.

Nein, das möchte ich jetzt nicht machen.
Nein, dazu habe ich keine Zeit.

Die Konsequenz Ihrer Aussage besteht im Formulieren und im darauf folgenden Durchziehen dessen, was Sie nicht wollen.

Wenn Sie möchten, können Sie Ihr "Nein" auch begründen oder eine Alternative anbieten. Sie können auch den anderen um eine Vor- oder Gegenleistung bitten. Wenn Sie sich von den Wünschen anderer überrumpelt fühlen, kann es auch helfen, wenn Sie Ihre Antwort aufschieben.

Nein, das möchte ich nicht, weil...
Nein, das möchte ich nicht, aber statt dessen könnte ich...
Wenn Sie mir Ihre Anfrage in den wesentlichen Punkten schriftlich zusammenfassen und per email schicken, kann ich Ihnen dann auch detailliert sagen, ob und inwieweit ich Ihnen helfen kann.
Ich möchte das im Moment nicht entscheiden. Bis wann benötigst du meine Antwort?

Sie müssen das aber nicht tun. Sie haben ein Recht auf Ihre Wünsche und Gefühle. Und wenn Sie etwas nicht wollen, dann wollen Sie nicht. Aus. Basta.

Übung Lichtschwert Stufe 1: Setzen Sie klare Grenzen, indem Sie öfter das tun, was Ihnen ein Anliegen ist und das ablehnen, was Sie nicht wollen.

LICHTSCHWERT STUFE 2:
Ankündigen von Konsequenzen in entspannter Atmosphäre

Die Ausgangslage für die Stufe 2 des Lichtschwertes ist ähnlich wie jene für das Feedback. Sie möchten, dass jemand ein Verhalten ändert. Mit dem Unterschied, dass Sie entschlossen sind, Konsequenzen zu treffen, falls der andere sein Verhalten nicht ändert. Egal, ob es sich um Ihre Eltern, Kinder, Partner, Mitarbeiter, Kunden oder sogar Chefs handelt. Sie sind entschieden, ein bestimmtes Verhalten nicht mehr zu dulden.

Es kann ein Verhalten Ihnen gegenüber sein, das Sie nicht mehr dulden, weil es Sie persönlich stört. Die beiden Beispiele im Kapitel über das Feedback waren solche Fälle.

→ Sowohl der Kollege, der zu gemeinsamen Geschäftsterminen zu spät kommt, als auch der Ehepartner, der beim gemeinsamen Frühstück die Zeitung liest, statt mit Ihnen zu plaudern, stört mit diesem Verhalten Sie ganz persönlich.

Es kann ein Verhalten anderen gegenüber sein, das Sie nicht dulden, weil es Sie persönlich stört, wie diese anderen behandelt werden. Sie finden es nicht richtig.

→ Eines Ihrer Kinder benimmt sich Ihrem Partner gegenüber respektlos, oder behandelt ein anderes Kind in nachteiliger Weise, oder benimmt sich überhaupt so daneben, dass Sie als Eltern dies nicht dulden.
→ Ein Kollege oder Freund spricht hinter vorgehaltener Hand schlecht über einen anderen Kollegen oder Freund.
→ Ein Lehrer behandelt eines Ihrer Kinder offensichtlich ungerecht.

→ Ein Schüler behandelt andere Schüler in unangebrachter Weise.

Voraussetzung für den Einsatz des Lichtschwertes ist in einem solchen Fall, dass Sie zur betreffenden Person in einem Verhältnis stehen, das es Ihnen ermöglicht, Konsequenzen zu treffen. Sind Sie Eltern, Lehrer oder Chef, können Sie disziplinäre Maßnahmen treffen. Freunden können Sie im Extremfall die Freundschaft kündigen, Partnern die Partnerschaft, Chefs können Sie Ihre Mitarbeit kündigen, Schulen das Einleiten eines Verfahrens ankündigen.

Es kann aber auch ein Verhalten sein, mit dem sich jemand, der Ihnen nahe steht, selber schadet. Sie fühlen sich als Freund oder Angehöriger verpflichtet, dem nicht zuzusehen, sondern einzugreifen.

→ Ihr Kind lernt zuwenig und verbaut sich damit systematisch seine Zukunft.
→ Ihr Partner/ein Freund engagiert sich nicht ausreichend in seinem Beruf und gefährdet dadurch seine Zukunft.
→ Ein Freund/Kind/Partner lässt seine Fähigkeiten verkümmern und lebt weit unter seinen Möglichkeiten.
→ Ein Familienangehöriger oder Freund schadet seiner Gesundheit systematisch und in besorgniserregendem Ausmaß.

Verwenden Sie, wann immer es Ihnen möglich ist, im Lichtschwert Konsequenzen, die Sie selber ziehen können. Wenn Sie nur Konsequenzen ankündigen, die vielleicht oder wahrscheinlich eintreten werden, hat Ihre Botschaft nie dieselbe Kraft.

Zu Ihrem Kind zu sagen "Solange du nicht in allen Fächern mindestens mit ‚Befriedigend' abschließt, hast du ein generelles Ausgehverbot nach 19 Uhr" wirkt ungleich stärker, als die mögliche zukünftige Konsequenz des Schulversagens anzukündigen "Wenn du nicht deutlich mehr lernst, wirst du die Schule nicht schaffen und das wird auf dein ganzes zukünftiges Leben schlimme Auswirkungen haben".

Die erste Aussage wird für den jugendlichen Empfänger/die Empfängerin der Botschaft vermutlich unmittelbaren Handlungsbedarf wecken - die zweite nicht. Was in der fernen Zukunft möglicherweise eintreten wird ist weit weg und berührt emotional weniger, als die sofort wirksame Konsequenz des Ausgehverbotes. Es ist daher empfehlenswert, wann immer es möglich ist, Konsequenzen anzukündigen, die Sie selber in Gang setzen werden. Sehen Sie nicht zu, wie andere ins Verderben laufen. Ein „Freund" ist jemand, der sich im Extremfall sogar von uns abwenden würde, bevor er tatenlos zusieht, wie wir uns unser Leben ruinieren. (siehe auch Seite 297)

Bitte beachten Sie, dass Sie Ihr Kind mit einer solchen Aussage weder bestrafen noch bedrohen! Sie schützen es vor den Folgen unvernünftigen Verhaltens. Es ist Bestandteil Ihrer Führungsaufgabe als Eltern, nicht tatenlos zuzusehen, wie sich Ihr Nachwuchs systematisch sein Leben erschwert. Sie können die obige Aussage ohne Stress und in friedlicher, guter Gesprächsstimmung treffen. Dies ist kein Übergriff auf Ihr Kind. Es ist eine klare Information.

Eine gute und stabile Trägerfrequenz ist gerade im obigen Fall einer Botschaft, die für Ihr Kind schwierig ist, sehr wichtig. Sie hilft dem Gesprächspartner zu verstehen, dass nicht die Beziehung in Frage gestellt wird, sondern dass Sie, gerade weil Sie Ihr Kind lieben, ein ganz explizit genanntes Verhalten nicht akzeptieren.

Das Lichtschwert fordert vor allem, dass Sie selbst ganz klar wissen, was Sie wollen und was nicht. Denn es kann Mut erfordern, sich wirklich für Konsequenzen zu entscheiden, falls der andere zu keiner Änderung bereit ist. Sie müssen sich zuerst einmal entscheiden, im Ernstfall Ihren Job zu kündigen, einen Mitarbeiter zu entlassen, einen Freund nicht mehr sehen zu wollen, oder im Extremfall Ihren Partner zu verlassen. Vielleicht besteht die Entscheidung auch "nur" darin, Ihren Kindern Dinge zu verbieten, die diesen sehr wichtig sind. Solche Entscheidungen sind nicht immer leicht zu treffen. Sie müssen sich auf Reaktionen wie Zorn, Ablehnung, Aggression oder Depression gefasst machen. Und Sie müssen sich auf eine Flut von Ausreden und Versprechungen gefasst machen - im Wissen, dass Sie trotz all dem keinen Millimeter von Ihrer Entscheidung abweichen dürfen. Sonst wäre die Wirkung gleich Null. Sobald Sie nachgeben, haben Sie nur geredet, haben Sie nur "leere Drohungen" ausgesprochen, die sich beim geringsten Widerstand in Nichts auflösen. Und mit irgendeiner Form von Widerstand müssen Sie rechnen, denn das Lichtschwert erzeugt Druck - und Druck erzeugt immer Gegendruck. Je nachdem, wie Ihr Gesprächspartner zu reagieren gewohnt ist, wird er sich nach außen hin wehren, also schimpfen, protestieren oder aggressiv werden, oder er wird sich selbst innerlich mit Vorwürfen, Verzweiflung und Schmerz plagen und sich seinem Selbstmitleid hingeben.

Insofern fordert das Lichtschwert nicht nur vom Empfänger einiges. Es fordert auch den Sender selbst. Es fordert Klarheit, Mut und die 100%ige Entschiedenheit, zu seinen Wünschen, Werten und Zielen zu stehen.

Betrachten wir nun die Technik des Lichtschwertes in entspannter Situation anhand eines konkreten Beispieles. Mit entspannter Situation meine ich, dass das Gespräch nicht aus einem akuten Ärger heraus geführt wird, sondern in entspannter Gesprächsstimmung begonnen wird. Die Technik ist nahezu dieselbe wie die des Feedback - mit Ausnahme des letzten Punktes. Statt wie beim Feedback den Ball an den Gesprächspartner zu geben, indem Sie ihm die Entscheidung überlassen, ob und was er ändert, bleibt hier der Ball bei Ihnen, indem Sie ankündigen, welche Konsequenzen Sie treffen werden, oder welche Konsequenzen eintreten werden, wenn Ihr Gesprächspartner zu keiner Änderung bereit ist.

Das ist die Technik des Lichtschwertes in entspannter Atmosphäre:

1. Entscheiden Sie sich, dass Sie ein bestimmtes Verhalten nicht mehr dulden.
2. Vermeiden Sie es, in Akutsituationen anzusprechen, was Sie stört.
3. Beginnen Sie mit PALES© .
4. Sagen Sie, was Sie stört, warum es Sie stört und wie Sie sich dabei fühlen.
5. Kündigen Sie die Konsequenzen an, die Sie treffen werden, oder die eintreten werden, falls keine Änderung eintritt.
6. Bringen Sie das Gespräch zu einem positiven Ende.

Punkt 2, 3 und 6 sind nicht zwingend, sie sind jedoch empfehlenswert, wenn Sie zusätzlich um eine gute Trägerfrequenz bemüht sind. Betrachten Sie dazu ein neues Beispiel:

Sie haben für Ihren Haushalt Aufgabenvereinbarungen mit Ihren Kindern getroffen. Eines Ihrer Kinder ist für das Aufräumen der Küche zuständig. Es kommt dieser Aufgabe nicht nach.

1. Entscheiden Sie sich, dass Sie ein bestimmtes Verhalten nicht mehr dulden

Dies ist die Voraussetzung für das Lichtschwert. Sie müssen entschieden haben, ob Sie ein gewisses Verhalten dulden oder nicht. Und welche Konsequenzen Sie treffen werden, wenn Ihr Gesprächspartner sein Verhalten nicht ändert.

Wollen Sie Ihr Kind täglich an seine Aufgabe erinnern, schimpfen, bitten, sich beklagen, die Aufgabe selber erledigen oder sie jemand anderem aus der Familie auftragen? Oder bleiben Sie bei der getroffenen Entscheidung, dass dieses Kind diesen Beitrag zu leisten hat? Wenn ja, was werden Sie tun, wenn Ihr Kind sich nicht daran hält?

2. Vermeiden Sie es, in Akutsituationen anzusprechen, was Sie stört

Damit ist gemeint, dass Sie nicht aus einem plötzlichen Zorn oder aus einer momentanen Enttäuschung heraus unüberlegt Dinge ankündigen oder androhen sollen, zu denen Sie in Folge nicht wirklich stehen. Da Sie ja vor Einsatz des Lichtschwertes entscheiden müssen, welche Konsequenzen Sie für welches Verhalten ankündigen, sollten Sie das Lichtschwert der Stufe 2 auch nicht aus einem akuten Ärger heraus anwenden. Die komplette Botschaft sollte vorher klar überlegt sein. Gerade wenn Ihnen Ihr Gesprächspartner und die Sache persönlich sehr wichtig sind, ist es empfehlenswert, das Gespräch in möglichst friedlicher, entspannter Stimmung zu führen.

In unserem Beispiel führen Sie das Gespräch mit Ihrem Kind, sobald Sie sich zu einer Konsequenz entschlossen haben. Das Gespräch kann beim nächsten Versäumen der Aufgabe geführt werden, oder unabhängig davon. Sie sollten nur nicht gerade zornig sein - das würde den Gesprächsbeginn mit PALES© erschweren.

3. Beginnen Sie mit PALES©

Stellen Sie durch PALES© nochmals eine möglichst gute Träger-frequenz zum Gesprächspartner her. Gerade wenn wichtige Entscheidungen anstehen, ist es für den Gesprächspartner essentiell zu wissen, wie Sie persönlich zu ihm stehen. Stellen Sie diese gute Beziehung noch einmal klar, bevor Sie etwas sagen, was für den Gesprächspartner unerfreulich ist. Und bedenken Sie: Es ist keinesfalls notwendig, schwierige Gesprächsinhalte in unangenehmer Gesprächsstimmung zu besprechen! Je mehr Sie zum Kommunikationsprofi werden, desto mehr werden Sie lernen, dass Sie ganz entspannt auch über sehr schwierige Themen sprechen können. Sie müssen nicht streiten, um Ihre Anliegen durchzubringen. Es geht auch friedlich und dies wiederum nimmt dem Gespräch den Großteil an Belastung, dem es unter Streit und Aggression ausgesetzt wäre.

In unserem Beispiel mit dem Kind könnte das Gespräch folgendermaßen beginnen:

Du weißt, ich liebe dich sehr und ich tue alles, um dich zu unterstüt-zen. Ich bin stolz auf dich, weil ich sehe, dass du verantwortungsvoll handelst und die meisten deiner Aufgaben absolut selbständig und perfekt erledigst. Ich bin glücklich, dass du zu unserer Familie gehörst, ich würde dich niemals missen wollen.

4. Sagen Sie, was Sie stört, warum es Sie stört und wie Sie sich dabei fühlen

Hierzu gilt genau das selbe, was ich schon beim Feedback beschrieben habe. Wenn die Information, was Sie stört und warum das so ist, möglichst klar vermittelt wird, macht es dem

Gesprächspartner auch hier leichter, zu verstehen, weshalb Sie Ihre Entscheidung getroffen haben.

Zu Ihrem Kind könnten Sie nun folgendes sagen:

Du weißt, wir haben eine bestimmte Aufgabenverteilung für die einfachen Haushaltsaufgaben getroffen. Deine Aufgabe besteht im Zusammenräumen der Küche nach dem gemeinsamen Mittagessen. Du hältst dich in letzter Zeit öfter nicht daran. Das bedeutet, dass jemand anderer - deine Geschwister oder dein Vater oder ich - diese Aufgabe erledigen muss. Ich finde das unfair, weil dadurch andere belastet werden, die andere Aufgaben haben . Das macht mich von Mal zu Mal ärgerlicher. Die letzten Male war ich schon richtig zornig.

5. Kündigen Sie die Konsequenzen an, die Sie treffen werden, oder die eintreten werden, falls keine Änderung erfolgt

Ebenso klar muss die Konsequenz geschildert sein, für die Sie sich zuvor entschieden haben.

Um dieses Problem zu lösen, habe ich eine Konsequenz beschlossen, die ab heute für dich gilt: Für jeden Tag, an dem du deine Aufgabe des Küchenzusammenräumens auch nicht erfüllst, bekommst du 3 Tage Internetverbot.

Wenn Sie fordern, müssen Sie in Kauf nehmen, dass Ihr Gesprächspartner Sie momentan wahrscheinlich nicht besonders lieben wird. Er kann Sie gemein, rücksichtslos, unsympathisch, lieblos finden. Lassen Sie sich davon nicht beeindrucken. Ihr Gesprächspartner hat die freie Entscheidung, sein Verhalten beizubehalten und die Konsequenzen in Kauf zu nehmen, oder sein Verhalten zu ändern und keine Konsequenzen zu tragen. Warum sollten Sie die Konsequenzen aus dem unfairen Verhalten anderer tragen?

Sie wissen, was Sie wollen und Sie wissen, was Sie keinesfalls mehr dulden. Sie sind fair, weil Sie sagen, was Sie stört und welche Konsequenzen Sie treffen werden. Sie geben dem anderen die Chance, sich zu ändern, wenn er dies will. Sie zeigen ihm, dass Sie ihm etwas zutrauen. Er/sie kann an dieser Herausforderung wachsen.

Würden Sie dies nicht tun und sich statt dessen weiterhin ärgern, kämen Ihr Ärger und Ihre Ressentiments dieser Person gegenüber mit Sicherheit an einer anderen Stelle zu Tage. Mit Sicherheit würden Sie sich in einer anderen Angelegenheit ungerecht und übertrieben verhalten, um Ihren Ärger über diese Sache auszugleichen. Das ist unfair und schafft Unverständnis, Ablehnung und Missverständnisse. Würden Sie die vereinbarte Aufgabe jedes Mal einfordern, würde Sie das Kraft und Nerven kosten. Würden Sie statt dessen jedes Mal schimpfen und sich beklagen, ebenso - und außerdem würden Sie damit auch allen anderen auf die Nerven gehen.

Entscheiden Sie sich also und fordern Sie klar ein, was Ihnen wichtig ist. Es ist mit Sicherheit der beste Weg - sowohl für Sie, als auch für die Menschen, mit denen Sie zu tun haben.

6. Bringen Sie das Gespräch zu einem positiven Ende

Dies ist eine Regel, die wir ganz grundsätzlich empfehlen. Sie sollten möglichst jedes Gespräch zu einem positiven Ende bringen. Besonders beim Lichtschwert, wo Sie ja vom anderen etwas verlangen und dadurch Druck ausüben, ist das wichtig. Auch wenn Ihr Gesprächspartner zornig sein sollte, bleiben Sie ruhig. Es ist verständlich - ja geradezu zu erwarten, dass sich jemand wehrt, der gerade ein Lichtschwert zu spüren bekommen hat. Er verspürt Druck und die Veranlassung, etwas zu ändern und das tun die wenigsten Menschen gerne. Sie verharren lieber in bekannten, bequemen Verhaltensweisen, selbst wenn diese noch so erfolglos sein mögen. Reagiert Ihr Gegenüber aufgebracht oder sonst wie emotional, können Sie aktiv zuhören und das verstehen. Weichen Sie aber keinen Millimeter von Ihrer Botschaft ab.

In Folge beobachten Sie dann genau, wie sich Ihr Gesprächspartner verhält. Welche Entscheidung trifft er/sie? Wie verhält er/sie sich?

Wenn sich der Gesprächspartner nicht exakt in der von Ihnen geforderten Weise verhält, treffen Sie exakt die Konsequenz, die Sie angekündigt haben. Seien Sie dabei wirklich genau. Akzeptieren Sie auch nicht die kleinste Abweichung oder Ausrede. Ihr Wort wirkt nur dann, wenn es die besprochenen Taten nach sich zieht. Sie tun damit sich und dem von Ihnen Geforderten etwas Gutes.

Wenn Sie die Beurteilungskriterien oder die Konsequenz abschwächen, schmälern Sie die Wirkung Ihrer Worte und damit Ihre Glaubhaftigkeit. Wenn Sie sich gar nicht an Ihre Ankündigung halten, geht die Wirkung völlig verloren und zukünftige

Lichtschwert-Botschaften werden keinen Effekt mehr erzielen. Halten Sie sich hingegen exakt an Ihre Ankündigung, werden Sie sich eine Menge Respekt verschaffen und Ihr Gesprächspartner wird das nächste Mal auf das Austesten von möglichen Überschreitungen und Ausreden eher verzichten. Dies erspart Ihnen Nerven und dem anderen Schmerzen. Beide gewinnen.

Übung Lichtschwert Stufe 2: Üben Sie das Lichtschwert in entspannten Situationen, wenn Sie möchten, dass Ihr Gesprächspartner ein Verhalten ändert. Investieren Sie in die Trägerfrequenz, schildern Sie, was Sie stört und warum Sie das stört. Kündigen Sie eindeutige Konsequenzen an, falls Ihr Gesprächspartner zu keiner Verhaltensänderung bereit ist und ziehen Sie diese durch.

LICHTSCHWERT STUFE 3:
Grenzen setzen und Ankündigen von Konsequenzen in angespannter Atmosphäre

Dies ist die intensivste Form der Anwendung des Lichtschwertes. Es handelt sich um Situationen, die Sie in einer Weise unangenehm finden, dass Sie dies nicht dulden und schon in der Akutsituation einschreiten. Betrachten wir dazu ein Beispiel, das ein Lichtschwert Stufe 3 erfordert:

Bürositzung. Ein Mitarbeiter verhält sich vor versammeltem Team unfair einem anderen Mitarbeiter gegenüber. Er stellt dessen Arbeit als unzureichend hin, macht ihn lächerlich und stellt sich selbst und seine Leistungen in den Vordergrund. Der Chef dieses Teams ist mit dabei.

Dies ist ein typischer Fall, in dem jemand aufgrund seiner Position und Funktion einschreiten muss. In diesem Fall ist das der Chef. Ein guter Chef kann nicht erlauben, dass ein Mitarbeiter sich unfair verhält und anderen Teammitgliedern oder der Arbeit schadet. Er muss daher in der akuten Situation eingreifen um diese sofort zu unterbinden, damit nicht noch mehr Schaden angerichtet wird und für die Zukunft klar ist, welche Verhaltensweisen nicht erwünscht oder nicht erlaubt sind.

In solchen Fällen, in denen Sie aktiv eingreifen müssen, gelten die Regeln des aktiven Zuhören nicht: Sie brauchen nicht zu warten. Sie brauchen dem Redner nicht in die Augen zu sehen. Sie können wegblicken. Sie können sich abwenden. Sie können sich zurücklehnen. Sie können aufstehen und durch den Raum gehen, während Sie innerlich entscheiden, dass dies eine akute Lichtschwertsituation ist und was Sie sagen werden. Je rascher Sie dabei sind, desto besser.

Sollte es keine Redepause geben, unterbrechen Sie den Redner. Seien Sie dabei möglichst schnell. Je länger ein Energievampir agieren kann, desto mehr Energie zieht er ab. Schildern Sie das Verhalten, das Sie stört und sagen Sie, welches Verhalten Sie statt dessen wünschen. Dies kann eine klare Anweisung sein. Falls Sie sich auf die Schnelle zu einer Konsequenz entschieden haben, sagen Sie diese. Andernfalls reicht im Moment die Verhaltensanweisung.

Sie können auch erklären, warum das Verhalten stört. Es hilft auch hier dem Betroffenen, zu verstehen, was er falsch gemacht hat. Sie müssen dies aber nicht tun. Es hängt von der Intensität der Situation ab, ob Sie den anderen einfach nur stoppen, oder ob Sie auch Erklärungen dazu abgeben wollen. Erklärungen abzugeben ist nett. Wenn Sie in der momentanen Situation keine Lust zum Nettsein verspüren, lassen Sie es. Der andere ist auch nicht nett, sondern unhöflich, verletzend etc.

Dies ist die Technik des Lichtschwertes in angespannter Atmosphäre:

1. Entscheiden Sie sich, dass Sie ein bestimmtes Verhalten nicht mehr dulden.
2. Sagen Sie, was Sie stört. (Wenn Sie wollen, können Sie außerdem schildern, warum es Sie stört und wie es Ihnen damit geht.)
3. Kündigen Sie die Konsequenzen an, die Sie treffen werden, oder die eintreten werden, falls keine Änderung eintritt - oder treffen Sie diese sofort.

Lesen Sie hier zwei verschiedene Varianten des Lichtschwertes, in denen der Chef den Mitarbeiter in unterschiedlicher Intensität in seine Grenzen verweist. Die erste Variante erklärt mehr und gibt daher Hinweise, was der Mitarbeiter besser machen kann, wenn er dies will.

Herr/Frau XY: Wir haben in diesem Unternehmen sehr klare Regeln, was erwünscht ist und was nicht. Dieser Ton, in dem Sie hier sprechen und die Art und Weise, wie Sie über andere sprechen ist bei uns nicht erwünscht. Wenn Sie etwas sagen möchten, so tun Sie das konstruktiv und respektvoll. Beschimpfungen und Vorwürfe in diesem Tonfall und noch dazu ohne konstruktive Verbesserungsvorschläge brauchen Sie nie mehr wieder zu äußern. Wenn Sie bei uns etwas werden wollen, dann ändern Sie das. Und zwar: Jetzt.

Die zweite Variante ist knapper, emotionaler und stärker. Sie enthält weniger Erklärung und ist daher weniger nett. Dafür erzeugt sie höheren Druck.

Herr/Frau XY: Wir haben in diesem Unternehmen sehr klare Regeln, was erwünscht ist und was nicht. Dieser Ton, in dem Sie hier sprechen und die Art und Weise, wie Sie über andere sprechen ist bei uns nicht erwünscht. Sie sind unhöflich und ich bin sehr zornig über Ihr Verhalten. Ich möchte, dass Sie diese Sitzung sofort verlassen und sich um 15 Uhr bei mir im Büro einfinden.

Welche der Varianten Sie wählen, hängt von der Situation und deren Vorgeschichte ab, sowie von Ihrer persönlichen Sichtweise, was Sie für richtig halten und was nicht. Wie immer gilt die Regel: Je klarer Ihre Ziele und Werte sind, desto entschiedener werden Sie agieren können. Und es gibt jede Menge von Verhaltensweisen von Einzelpersonen, mit denen anderen oder sogar der ganzen Gruppe geschadet wird. „Energievampirverhalten" kann sich mannigfaltig äußern. Dauerjammern, meckern, andere schlecht machen und eine hohe Problemorientierung sind mittelfristig mindestens ebenso unerträglich wie offen oder versteckt bösartiges oder herabwürdigendes Verhalten von Einzelpersonen.

Das gilt naturgemäß nicht nur im Berufsleben, sondern in gleicher Weise, wenn nicht noch mehr, im Privatleben. Es gibt Kinder, die über ein schwächeres Kind herfallen, sich über es lustig machen oder verletzen. Es können aber genauso gut Erwachsene sein, die anderen Schaden zufügen. Körperliche Verletzungen wären dabei ein Extremfall. Verbale, besonders emotionale Verletzungen, psychischer Druck, Beleidigungen und Untergriffe sind gängige Varianten, andern zu schaden.

Für Ihre Entscheidung, zum Lichtschwert Stufe 3 zu greifen reicht die Tatsache, dass Sie ein derartiges Verhalten nicht mitansehen wollen, sondern aktiv für Fairness, Gerechigkeit, wertschätzendes Verhalten und Schutz von Personen, die sich in bestimmten Situationen nicht wehren können, einsetzen.

Auch in einem der oben genannten Fälle warten Sie nicht auf eine entspannte Situation, sondern agieren Sie sofort. Sie brauchen nicht positiv anzufangen. Sie brauchen auch nicht zu erklären, was Sie stört und warum. Sie verlangen, dass der- oder diejenige sofort mit diesem Verhalten aufhören soll. Sie brauchen sich auch nicht um Höflichkeit zu bemühen, wenn der andere sich unhöflich verhält. Gerade solche Personen halten höfliche, friedfertige Menschen irrtümlich für Dummköpfe und Feig-

linge und reagieren nur auf einen entsprechend harschen Tonfall. Sprechen Sie daher sehr energiestark und entschlossen.

Hören Sie sofort damit auf!
Lasst dieses Kind sofort in Ruhe!
Wenn Sie nicht sofort damit aufhören, hole ich die Polizei.
Gib mir die Telefonnummer deiner Eltern. Ich werde sie jetzt gleich
anrufen und ihnen sagen, was du hier machst.

Wenn Sie sich in einer Situation überfordert fühlen, holen Sie
Hilfe in Form von anderen Menschen, Polizei, Notarzt - wer
immer Hilfe geben kann. Aber sehen Sie nicht zu, wie anderen
Unrecht getan wird und lassen Sie sich auch selbst kein Unrecht zufügen. Werden Sie vorübergehend zum Lichtkrieger, der
für eine gute Sache kämpft. Dies ist der extremste Anwendungsfall für das Lichtschwert.

Wir sind der Überzeugung, dass es wichtig ist, etwas beizutragen. Wer in der hier gezeigten Weise agiert, schützt andere.
Wenn der Chef sein Team nicht vor Energievampiren schützt -
wer soll es sonst tun? Darf ein Chef tatenlos zusehen, wie sein
Team von einem Vampir zerstört wird? Nein, er muss einschreiten! Dasselbe gilt in der Familie, in der Schule und in allen anderen Gemeinschaften. Wenn kein Chef zur Stelle ist, muss jemand
anderer einschreiten. Es kann nicht sein, dass ein einziger Mensch
allen anderen Schaden zufügt, oder ihnen - im günstigsten Fall
- ungebremst auf die Nerven geht.

Der Grund, warum viel zu wenige Menschen sich wehren,
liegt in der weitverbreiteten Haubentaucher-Mentalität. Dies
ist ein verbreitetes Szenario: Eine Person benimmt sich daneben und alle anderen ziehen den Kopf ein, verdrehen die Augen
oder verschwinden unauffällig im Untergrund. Sie „tauchen
ab", statt den Störefried in seine Schranken zu verweisen. Alle
fühlen sich gestört, doch keiner traut sich, etwas zu sagen. Es

gibt wenige Menschen, die in solchen Situationen vorübergehend zum Lichtkrieger werden und das kommunikative Lichtschwert schwingen. Ich hoffe zutiefst, es werden durch dieses
Buch mehr. Es ist eine Frage von klaren Wertvorstellungen, Mut
und Entschiedenheit. Lassen Sie sich nicht mehr alles gefallen!
Werden Sie sich darüber klar, was in Ihrem Leben wichtig ist.
Lassen Sie sich das nicht kaputtmachen. Und sehen Sie auch
nicht zu, wie anderen Menschen Schaden zugefügt wird. Das
kommunikative Werkzeug haben Sie nun dazu. Allein die Tatsache, es zu kennen und schrittweise einzusetzen, wird bewirken, dass Sie es seltener brauchen werden. Energievampire haben ein gutes Gespür dafür, wem gegenüber sie sich was erlauben können. Über Haubentaucher fallen sie mit Vorliebe her, da
diese nicht imstande sind, sich entsprechend zu wehren. Wenn
sie aber spüren, dass jemand klar und stark ist und sich im
Notfall auch wehren kann, haben sie Angst oder zumindest
Respekt und hüten sich davor, mit dem Lichtschwert konfrontiert zu werden.

Wer noch nicht gelernt hat, sich zu wehren, ist der Belästi-
gung durch andere viel stärker ausgesetzt. Allein die Tatsache,
kommunikativ "bewaffnet" zu sein, macht unendlich viel stärker. Sie verleiht eine andere Ausstrahlung. Die Anlässe, das
Lichtschwert auszupacken und einzusetzen, nehmen damit
drastisch ab.

Übung Lichtschwert Stufe 3: Setzen Sie das Lichtschwert in angespannten Situationen ein, in denen jemand Sie oder andere stört, belästigt oder Schaden
anrichtet. Intervenieren Sie in Akutsituationen und setzen Sie klare Grenzen. Sagen Sie, was Sie stört, erteilen Sie Anweisungen, was zu tun ist und kündigen Sie
Konsequenzen an oder treffen Sie diese sofort.

Damit sind wir am Ende des Kapitels über die Energiewirkung von Kommunikation angelangt. Sie haben nun alle Kommunikationstechniken kennengelernt, die wir empfehlen, um in ausgeglichenem Ausmaß zu fördern und zu fordern. Eine Zusammenfassung der Übungen zu allen Techniken finden Sie am Ende dieses Buches.

III. SO WERDEN SIE ZUM FREUND

Der letzte Abschnitt dieses Buches ist der Frage gewidmet, wie Sie sich in Ihrem Verhalten der Idealfigur aus der Fordern-Fördern-Matrix und unserer Kommunikationstypologie, dem "Freund" nähern können.

In diesem Abschnitt werden verschiedene Aspekte unseres Verhaltens von unterschiedlichen Gesichtspunkten aus beleuchtet. Auf diese Weise können Sie Ihr momentanes Kommunikationsverhalten einschätzen. Was sind Ihre Stärken und wo haben Sie Verbesserungspotenzial?

Zu jeder der typischen Verhaltensweisen und zu allen Kommunikationstypen finden Sie Empfehlungen, die dazu dienen, zum Freund zu werden. Und Sie finden Empfehlungen für den Umgang mit den anderen Kommunikationstypen - dem Haubentaucher, dem Haubenvampir und dem Energievampir. Es folgen keine neuen Techniken mehr. Ab sofort gehen wir in die Umsetzung. Viel Spaß dabei!

5. Stimmungen und Gefühle sind ansteckend

Unsere Stimmungen und Gefühle sind für andere spürbar - und sie beeinflussen deren Befinden! Diese erstaunliche Erkenntnis wurde in einer Serie von Experimenten* gewonnen.

Das bedeutet nicht, dass wir die Gefühle anderer Menschen bewusst lesen könnten. Es bedeutet, dass diese auf uns wirken und unsere eigenen Gefühle beeinflussen. Und das in kürzester Zeit und ohne Worte. Gefühle wirken also über die Gefühlsebene - unabhängig von der verbalen Kommunikation.

Dieser so banal klingende Satz ist in Wirklichkeit eine Tatsache, die wir immer wieder außer Acht lassen. Wir maskieren unsere Gefühle mit Vorliebe durch Worte. Wir sind zornig auf unseren Partner, unsere Kinder, auf Kollegen und bemühen uns trotzdem, freundlich, höflich und zuvorkommend zu sein. Wir wollen jemand Mut zusprechen und haben selber Angst. Viel-

* Friedmann, Riggio, Effect of individual differences in nonverbal expressivness on transmission of emotion in Journal of Nonverbal Behavior 6(2), 1981

Friedmann et mult alt, Understanding and assessing nonverbal expressivness: the affective communications test in Journal of Personality and Social Psychology Vol. 39, Nr 2, 1980

fach halten wir besonders unsere negativen Gefühle geheim. Auch vor uns selbst, indem wir auch uns selbst gegenüber so tun, als gäbe es sie nicht. Der Satz "Gefühle wirken über die Gefühlsebene" bedeutet jedoch, dass wir das, was wir eigentlich verstecken wollen, trotzdem vermitteln.

Wir haben uns in diesem Buch schon mehrmals mit der Tatsache beschäftigt, dass Stimmungen und Gefühle unsere Kommunikation immer beeinflussen. Und wie Sie über das Ansprechen der Gefühlsebene oder der Trägerfrequenzebene diese Gefühle in erleichternder Weise ans Licht bringen können.

Dieses Kapitel beschäftigt sich mit der Frage, in welcher Weise unsere Gefühle auf andere wirken und inwieweit wir dies beeinflussen oder verhindern können. Das oben genannte Experiment zeigt erstaunliche Ergebnisse: Es gibt Menschen, deren Stimmung die Stimmung anderer Menschen beeinflusst. Und die selbst nicht leicht beeinflussbar sind. Solche Menschen werden als **expressiv** bezeichnet.

Es sind dies üblicherweise sehr aktive Menschen. Es sind Menschen, die gerne reden und mit anderen Kontakt haben, die auf Partys meist im Mittelpunkt stehen, die zu Musik gerne mitschwingen etc. Für das genannte Experiment war es daher wesentlich, dass alle Versuchspersonen absolutes Redeverbot hatten. Andernfalls hätten die Expressiven sofort ein Gespräch begonnen und sich in gewohnter Weise aktiv verhalten. Damit wäre die Gefühlsansteckung logisch erklärbar gewesen. Das Erstaunliche ist, dass Menschen mit einem derart hohen kommunikativen Energieniveau - sogar wenn Sie nicht sprechen - diese Energie und damit ihre Stimmung versprühen.

Auf der anderen Seite gibt es Menschen, die sich sehr leicht von der Stimmung expressiver Menschen anstecken lassen, egal ob deren Stimmung positiv oder negativ ist. Und die selbst nur sehr schwach auf andere wirken. Solche Menschen werden als **nicht expressiv** bezeichnet. Es sind dies Menschen, die sich kommunikativ lieber im Hintergrund halten. Sie haben ein niedriges kommunikatives Energieniveau. Wenn irgendwie möglich vermeiden sie Partys oder ziehen sich auf solchen in unauffällige Ecken zurück. Auf andere wirken sie schüchtern, still und unauffällig. Sie können in Bereichen, die sie interessieren, durchaus aktiv sein, Bergwandern, Sport treiben, oder sich mit unglaublicher Begeisterung auf bestimmte Fachgebiete stürzen. Sie sind jedoch froh und dankbar, wenn sie sich mit niemandem unterhalten müssen. Im Kapitel über die Kommunikationstypen werden Sie den Haubentaucher und den Haubenvampir als nicht expressiv wiedererkennen.

Die Wirkungsweise expressiver Menschen auf deren Umfeld ist extrem hoch - jene nicht expressiver Menschen extrem niedrig bis nicht existent. Was bedeutet das?

Zum einen ist allein schon das Faktum der Gefühlswirkung auf andere interessant. Wenn wir beispielsweise jemandem Mut machen wollen und selbst keinen Mut haben, sondern zweifeln, wird unser Vorhaben keinen besonderen Erfolg haben. Dies liegt daran, dass wir dann nonverbal auf Gefühlsebene etwas anderes vermitteln, als wir durch unsere Worte auf Informationsebene sagen. Das schwächt die Wirkung unserer Worte. Wir müssen zuerst an uns selber arbeiten, um Mut zu haben, bevor wir diesen dann an andere glaubhaft vermitteln können.

Zum anderen spielt bei der Gefühlswirkung auf andere das Ausmaß unserer Expressivität eine Rolle. Je expressiver wir sind, desto stärker wird z.B. ein Gefühl des Zweifels die mutmachenden Worte abschwächen oder sogar vollständig zunichte machen. Mit abnehmender Expressivität nimmt auch der Einfluss unserer Gefühle auf die Gefühle anderer ab.

Die Übertragung der Stimmung eines expressiven Menschen auf einen nicht expressiven geschieht ganz automatisch, unbewusst und meist ungewollt. Sie geschieht unabhängig davon, ob der expressive Mensch positiv oder negativ gestimmt ist und unabhängig davon, wie die Stimmung des nicht expressiven ursprünglich war.

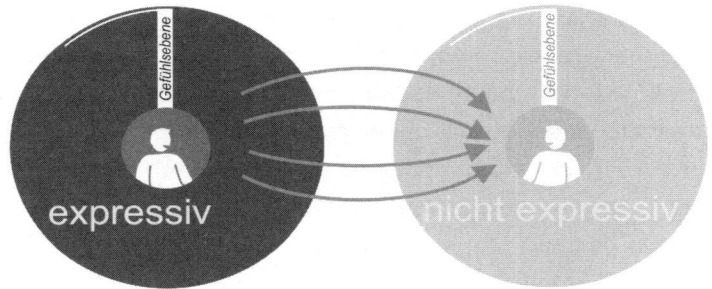

Grafik 19: Gefühle von Expressiven wirken auf die Gefühle von Nicht Expressiven - auch ohne Worte.

Positiv auf die Stimmungslage anderer wirken ausschließlich positiv expressive Menschen. Sie können begeistern und motivieren - und ihr Umfeld fühlt sich in ihrer Nähe wohl. Es sind Menschen mit sehr hohem Erfolgspotenzial.

Negativ gestimmte expressive Menschen stürzen jegliche Stimmung ins Minus.

Nicht expressive Menschen wirken neutral oder negativ auf die Stimmung anderer. Einerseits haben sie selbst nur eine sehr schwache Wirkung und andererseits schwanken sie mit den Emotionen der Expressiven mit, wie Fähnchen im Wind. Dazu kommt die weit verbreitete schlechte Gewohnheit, kommunikativ nichts Positives beizutragen. Dies wirkt sich auf die Stimmung von anderen immer negativ aus. Daher ist die Wirkung des nicht Expressiven neutral oder negativ.

Wann immer wir Mitglied einer Gruppe sind und schweigen, statt aktiv etwas beizutragen, ziehen wir dieser Gruppe Energie ab. Es verunsichert die Gesprächspartner, weil es völlig offen lässt, wie wir über die Gruppe, die Teilnehmer und die Sache denken. Diese Verunsicherung wirkt energiesenkend. Tragen wir etwas Negatives bei, ziehen Sie ebenfalls Energie ab. Nur das Beitragen von positiven, das heißt von wertschätzenden, lösungsorientierten und kraftgebenden Bemerkungen wirkt energiesteigernd.

Außer der Kombination expressiv/positiv sind daher alle anderen Konstellationen im besten Fall neutral und in der Regel negativ. Die Frage ist nun, welche Bedeutung haben diese Erkenntnisse für uns? Inwieweit können wir davon profitieren?

Was Sie in diesem Zusammenhang überlegen können, ist die Frage, welcher Typ Sie sind. Welche Konsequenzen hat dies für Sie? Wie können Sie sich vor negativen Stimmungen schützen? Und: Kann ein nicht expressiver Mensch expressiv werden?

5.1. Der expressive Typ

Sie schätzen sich als expressiven Typ ein? Dann ist es wichtig, dass Sie sich dessen bewusst sind, dass Sie andere immer beeinflussen - egal, ob Sie dies wollen oder nicht.

Sie tragen damit automatisch eine gewisse Verantwortung. Diese ist umso größer, je mehr Menschen sich in Ihrem Wirkungskreis befinden: Wenn Sie z.B. Kinder haben, Führungskraft sind, im sozialen Bereich tätig sind, Lehrer, Arzt, Politiker usw. sind, wirken Sie durch Ihre Stimmung auf die Emotionen - und damit indirekt auch auf den Erfolg einer mehr oder weniger großen Gruppe anderer Menschen. Es macht also durchaus Sinn, diese Wirkungsweise in Bahnen zu lenken, die sowohl für Sie selbst, als auch für Ihr Umfeld positiv und hilfreich sind. Dies ist durch den Einsatz aller in diesem Buch beschriebenen Kommunikationstechniken des Forderns und des Förderns möglich.

Die zwei wichtigsten Fragen sind also: 1. Unterstützen Sie Ihre Wirkung auch durch kommunikative Tools? Durch deren Einsatz können Sie Ihre hohe Energie in gezielte Bahnen lenken und extrem viel bewirken. Energie, die sich ziellos versprüht, erzielt auch ziellose Effekte. Und: 2. Sind Sie positiv oder negativ eingestellt? Diese Grundhaltung beeinflusst auch andere intensiv.

Konsequenzen für den negativ gestimmten Expressiven

Sollten Sie tendenziell eher pessimistisch, launenhaft oder negativ eingestellt sein, so kann das - abgesehen von Ihrem persönlichen Wohlbefinden - auf Ihre Umwelt verheerende Folgen haben. Sie ziehen die anderen mit Ihrer schlechten Stimmung mit.

Ich nehme an, Sie lesen dieses Buch, weil Sie sich besser fühlen und bessere Wirkung erzielen wollen. Wenn Sie sich als negativ/expressiv einschätzen und sich verbessern wollen, müssen zuerst an sich arbeiten.

Tun Sie sich etwas Gutes. Nehmen Sie sich Zeit für sich selbst und besinnen Sie sich auf die Dinge, die Ihnen wichtig sind und die Ihnen Spaß machen.

→ Finden Sie Ihre ganz persönlichen **Ziele**, die Sie mit Begeisterung erfüllen und Ihre vorhandene Energie automatisch auf die positive, schöne und kraftvolle Seite des Lebens umpolen werden. Anregungen dazu finden Sie an mehreren Stellen in diesem Buch.

→ Kommunikationstechnisch sollten Sie sich vor allem in **kraftgebenden Beiträgen** und in den **PALES**© -Techniken zur Steigerung der **Trägerfrequenz** üben. Diese tun nicht nur den Empfängern Ihrer Worte gut, sie werden Ihnen selbst zu einer positiveren Weltsicht verhelfen und bewirken, dass Sie sich besser fühlen.

Da Sie ohnehin expressiv auf andere wirken, werden Sie damit rasch und intensiv mit Erfolgen und positiven Erlebnissen belohnt werden.

Konsequenzen für den positiv gestimmten Expressiven

Wenn Sie tendenziell "gut drauf" sind, hoch energetisch, optimistisch eingestellt - ein "positiver" Mensch - dann können Sie für andere Menschen einen wesentlichen Motivationsfaktor darstellen. Wahrscheinlich ist Ihre Wirkung folgende: Sie sind sehr beliebt, Ihre Anwesenheit ist höchst gefragt und vermutlich sind Sie sehr erfolgreich. Man wird Ihnen charismatische Ausstrahlung nachsagen. Sie wirken wie ein Magnet auf andere. Andere Menschen suchen Ihre Nähe, um von der positiven Kraft, der guten Laune und vom Optimismus, den Sie ausstrahlen, zu profitieren.

→ Umso wichtiger ist es, dass Sie klare **Ziele** und hohe **Werte** haben.

Ein Magnet, der zwar andere stark anzieht, jedoch ständig seinen Standort wechselt, wird trotz seiner guten Voraussetzungen nicht erfolgreich sein. In gleicher Weise werden Sie, wenn Sie ständig Ihre Meinung wechseln, keine klar ausgerichteten und zielorientierten Kräfte Ihres Teams oder Ihrer Familie aktivieren können. Es muss klar sein, was Ihnen wichtig ist, damit Sie von Ihren Kräften profitieren können.

→ Um Ihre Kräfte zielgerichtet einzusetzen, sollten Sie außerdem kommunikativ möglichst professionell agieren. Alle in diesem Buch vorgestellten Techniken des **Forderns** und des **Förderns** dienen dem maximalen Erfolg der Person, die sie anwendet, sowie ihrer Umgebung.

Durch Anwendung der Förder-Techniken zur Steigerung der Trägerfrequenz und Energie ist es für Sie beispielsweise ein Leichtes, anderen Menschen Kraft zu geben. Etwa im selben Ausmaß sollten Sie fordern, um das Wachstum und die Fähigkeiten der Menschen Ihres Umfeldes zu unterstützen. Sie haben die besten Voraussetzungen, andere perfekt zu motivieren und zu führen und ein hoch erfolgreiches Leben zu führen, in dem Sie Großes leisten und beitragen können.

Die einzige "Gefahr" für Sie selbst besteht darin, dass Sie sehr wenig von anderen bekommen, weil diese sich an die ständige positive Gefühlsdusche gewöhnen und sie als fixe Gegebenheit hinnehmen. Wenn Sie - zusätzlich zu Ihrer Expressivität - kommunikationstechnisch ständig Energie geben und von den anderen nichts zurückbekommen, können Sie mit der Zeit emotional "ausbrennen". Machen Sie daher die Menschen Ihrer Umgebung darauf aufmerksam, dass Energie aufzubauen ein "Job" ist, den jeder lernen kann und erklären Sie, wie das geht.

➜Nutzen Sie die Forder-Techniken auch für sich persönlich, indem Sie **einfordern**, dass auch andere positive Beiträge leisten und Kraft geben, so dass eine breitere Basis von Energie-Gebern entsteht.

Für den Fall, dass es Ihnen einmal nicht gut geht, tun Sie sich etwas Gutes. Tun Sie das für sich selbst und für Ihr Umfeld: Ihre stark positive Wirkung kann rasch in eine stark negative Wirkung umschwenken, was sowohl für Sie selbst, als auch für alle anderen sehr unangenehm sein kann.

Tun Sie etwas für sich und lassen Sie es sich gut gehen, soweit das möglich ist. Fordern Sie von Ihrem Umfeld ganz intensiv Energie und Unterstützung an. Setzen Sie Grenzen oder schwingen Sie das Lichtschwert, wenn dies notwendig ist, um Ihre Anliegen durchzusetzen. Setzen Sie aber auch dann, wenn es Ihnen einmal nicht so gut gehen sollte, die beschriebenen Techniken zur Steigerung der positiven Energie und Trägerfrequenz ein. Es wird Ihnen selbst wieder Kraft geben.

5.2. Der nicht expressive Typ

Sie schätzen sich als nicht expressiv ein? Dann ist es gut, dass Sie sich dessen bewusst sind, dass Sie von anderen stark beeinflusst werden - egal, ob Sie dies wollen und ob es Ihnen bewusst ist, oder nicht. Ihre Laune wird von der Stimmung Ihres Umfeldes oder bestimmter anderer, expressiver Menschen beeinflusst - unabhängig davon, wie es um die "Fakten" Ihres Lebens gerade stehen mag. Vielleicht lassen Sie sich nicht nur bezüglich Ihrer Laune, sondern auch im Hinblick auf Ihre Werte und Anschauungen leicht beeinflussen. Und wahrscheinlich geben Sie anderen Menschen aktiv wenig bis keine Kraft - selbst wenn Sie selbst der netteste, positivste, liebenswerteste Mensch sind.

Sie würden das gerne ändern? Sie wären gerne stärker, selbstbestimmt und weniger beeinflussbar? Vielleicht sogar expressiv - zumindest ein bisschen? Das ist tatsächlich möglich. Einmal bewusst gemacht, können Sie die Sache Schritt für Schritt ändern. Lesen Sie hier ein paar einfache Empfehlungen dazu:

→ Das Wichtigste für Sie ist, **mehr zu reden** und dabei ganz besonders in **Trägerfrequenzen** zu investieren.

Ein stabiles Umfeld von Freunden, denen Sie vertrauen, wird Ihnen die Sicherheit geben, mehr aus sich herauszugehen. Setzen Sie die Kommunikationstechniken zur Steigerung von Energie und Trägerfrequenz ganz intensiv ein. Tragen Sie Positives bei. Bedanken Sie sich. Sagen Sie etwas Nettes. Sprechen Sie etwas lauter. Lächeln Sie, wenn Sie nette Dinge sagen. Es wird Ihrer Umwelt - aber besonders Ihnen selbst - extrem gut tun und Sie Schritt für Schritt etwas mehr aus Ihrem kommunikativen Schneckenhaus herauskommen lassen.

→ Lassen Sie sich "bewusster" von der guten Laune und **Kraft** positiv expressiver Menschen **anstecken.**

Nehmen Sie die Energie als Geschenk und geben Sie diese in Form von guter Laune und positiven Beiträgen an andere weiter.

→Lassen Sie sich "bewusster" von **negativen Stimmungen** anderer **nicht anstecken!**

Agieren Sie kommunikativ dagegen, sobald Sie merken, dass sich schlechte Stimmung breit macht oder wenn es jemandem schlecht geht: Sagen Sie etwas Nettes, Positives! Geben Sie Kraft! Setzen Sie PALES ein! Sprechen Sie die negativen Gefühle oder eine gestörte Trägerfrequenz an. Sie finden alle dazu notwendigen Techniken in diesem Buch ausführlich beschrieben. Die Techniken sind einfach, sie funktionieren und sie geben immer auch Ihnen selbst Energie. Die "Ansteckungsgefahr" sinkt dadurch automatisch und Sie werden selbst expressiver werden.

→**Meiden** Sie **Energievampire** oder wehren Sie sich.

Falls Sie es mit Energievampiren zu tun haben, also mit Menschen, die sich auch durch Ihre positiven Beiträge und alle Ihre diesbezüglichen Anstrengungen nicht bekehren lassen, dann meiden Sie diese Menschen in Zukunft oder wehren Sie sich. Energievampire sind Killer. Sie saugen Ihnen Lebensfreude und Begeisterung aus Körper und Seele. Wenn Sie Ihre Vampire nicht vollständig meiden können oder wollen, schränken Sie die Anzahl der Begegnung ein. Nehmen Sie sich für Energievampire keine Zeit mehr, sondern investieren Sie diese in Ihre Freunde. Das Lichtschwert ist in diesem Fall die perfekte Technik. Es wird Ihr Leben von jeder Menge Ballast befreien.

➜Überlegen Sie für sich, was Sie in Ihrem Leben erreichen wollen. Was sind Ihre **Ziele**? Welche **Werte** sind Ihnen wichtig?

Mit klaren Zielen und Werten sind Sie automatisch viel energiestärker und deutlich weniger von anderen Menschen oder Faktoren beeinflussbar. Wenn Sie wissen, was Sie wollen und besonders wenn Sie begeisternde Ziele haben, werden Sie ungeahnte Energien entwickeln. Automatisch wird dies Ihre Beeinflussbarkeit drastisch vermindern. Anregungen zur Zielfindung sind im Buch "start living! Das 6 Wochen Training" ausführlich beschrieben.

6. Wie der innere Dialog das eigene Leben bestimmt

Ohje, schon wieder ist mir das passiert… Typisch, wie immer… Wie soll ich DAS denn bloß schaffen… Schon wieder hab ich es nicht geschafft… Das wird sowieso nichts… Ausgerechnet mir passiert das wieder… Ich hab eben immer Pech… Ich bin sowieso nichts wert… Klar, dass mir immer alles schiefläuft… Ich könnte mich selbst ohrfeigen für diesen Blödsinn… Das kommt davon… Das schaffe ich nie…

Kennen Sie diese Stimme? Nein, das sind nicht Ihre schlimmsten Feinde, die so mit Ihnen sprechen - das sind Sie selbst! Es ist Ihre innere Stimme, die die Gewohnheit hat, ständig etwas an Ihnen auszusetzen.

Wir alle sprechen ununterbrochen mit uns selber. Dieser innere Dialog ist uns meist kaum bewusst. Und - und das ist das Beachtenswerte daran: Er ist bei den meisten Menschen überwiegend negativ orientiert. Wir sind zu uns selber viel zu wenig liebevoll, verständnisvoll und mutmachend. Wir investieren kaum in die Trägerfrequenz zu uns selbst, das heißt, wir haben zu uns selber keine gute Beziehung. Wir nörgeln an uns herum und entmutigen uns wieder und wieder.

Dies hat eine verheerende Wirkung auf unseren Selbstwert und unseren Erfolg. Stellen Sie sich vor, jemand anderer würde in dieser Art und Weise mit Ihnen sprechen, wie Sie es selbst so oft tun! Sie würden sich das wohl kaum gefallen lassen und solche negativen, vernichtenden Sätze als absolute Ungehörigkeit zurückweisen. Sie würden den zum Teufel jagen, der es wagt, so mit Ihnen zu sprechen! Das sollten Sie auch mit Ihrer inneren Stimme tun, solange sie so feindlich mit Ihnen spricht.

Wie können Sie es nun schaffen, zu einer liebevolleren und kraftgebenden Kommunikation mit sich selbst zu gelangen?

Zuerst einmal ist es wichtig, dass Sie sich dessen bewusst werden, dass Sie eine innere Stimme haben. Danach achten Sie darauf, was diese Stimme Ihnen sagt: Ist sie freundlich, hilfreich, optimistisch, motivierend, vertrauen-gebend? Verhält sie sich so, wie Sie es von den Menschen, die Sie lieben, erwarten würden? Denken Sie daran, wie Sie selbst zu Ihren geliebten Kindern sprechen würden, um ihnen Mut zu machen und sie zu beschützen. Verwenden Sie dieselben Worte auch sich selbst gegenüber?

Oder ist diese innere Stimme kritisch, negativ, nörgelnd, demotivierend und erniedrigend? Dies trifft auf die innere Stimme der meisten Menschen zu. Wir nennen sie die Stimme des ego. Sie ist klein, kleinlich und böse. Sie macht unsicher, zornig und ängstlich. Sie zerstört unseren Mut, unsere Begeisterung und unsere Zuversicht. Das müssen wir uns nicht gefallen lassen.

Es ist nur eine schlechte Gewohnheit, die wir uns im Laufe unseres bisherigen Lebens angewöhnt haben. Wir können sie ändern. Dies ist nicht einmal besonders schwer. Allein dadurch, dass wir bewusster auf diese Stimme achten, bekommen wir sie schon besser unter Kontrolle. Um die Kommunikation mit uns selber zu verbessern, gibt es zwei einfache Grundregeln:

1. Seien Sie netter zu sich selbst
2. Seien Sie netter zu anderen

6.1. Seien Sie netter zu sich selbst

Sie können ruhig zufrieden mit sich sein! Niemand ist perfekt, aber wir alle bemühen uns, ein Leben zu führen, das unseren Vorstellungen entspricht. Und es gibt niemand, dem das durchgehend gelingt.

Uns immer dann durch innere Beschimpfungen selbst zu geißeln, wenn unser Leben gerade nicht wunschgemäß verläuft, verändert gar nichts an der Situation. Die Situation, mit der wir nicht zufrieden sind, wird dadurch nicht besser und - sozusagen als Draufgabe - fühlen wir uns noch dazu so richtig schlecht. Das ist in etwa so, als ob wir zu uns selbst hämisch "Ätsch!!" sagen würden. Nicht sehr nett, oder?

Wir können immer mit uns zufrieden sein. Wir stehen in jedem Moment unseres Lebens an einem Punkt, zu dem wir aufgrund unserer bisherigen Entscheidungen und Verhaltensweisen gelangt sind. Diese waren - unter den damals bekannten Gesichtspunkten und Umständen - auf jeden Fall richtig, denn niemand trifft absichtlich nachteilige Entscheidungen. Wir haben unsere Entscheidungen immer unter den Gegebenheiten eines bestimmten Informationsstandes und eines bestimmten Gefühlszustandes getroffen. Und wir haben uns immer zu der Variante entschieden, die uns unter diesen Gegebenheiten als die beste erschienen ist. Dies ist bereits geschehen und nicht mehr rückgängig zu machen. Wenn wir es heute besser wissen und wenn wir jetzt damit nicht mehr zufrieden sind, können wir jetzt neue Entscheidungen treffen. Dies ist in jedem Moment möglich. Sich selbst zu beschimpfen ist hingegen kontraproduktiv.

Verschwenden Sie also keine wertvolle Zeit mit Ärger oder Unglücklichsein über vergangene Entscheidungen oder Vorkommnisse. Was war, ist schon vorbei. Investieren Sie statt dessen in Ihre momentane Situation und legen Sie die Weichen für eine glücklichere Zukunft. Setzen Sie sich klare Ziele und gehen Sie darauf zu. Trachten Sie danach, möglichst viel zu tun, was Ihnen Spaß macht! Unterstützen Sie sich dabei selbst durch eine positive und kraftgebende Kommunikation mit Ihrem Inneren.

Um Ihre innere Stimme auf einen positiven, liebevollen und energiegebenden Ton und Inhalt umzustimmen, ist folgendes erforderlich:

1. Achten Sie darauf, wie Sie mit sich selber sprechen.
2. Verwenden Sie auch **sich selbst gegenüber** mindestens 50% **PALES**© -Beiträge. Fügen Sie jedem negativen Satz, der Ihnen auffällt, sofort einen positiven hinzu, der das davor Gesagte umkehrt.

Negative Bemerkungen	Positive Bemerkungen
Ich kann das nicht.	**Selbstverständlich** kann ich das!
Ich habe immer Pech.	Das kann jedem mal passieren. Was für ein Glück, dass nicht mehr passiert ist!
Ich glaube, das wird nichts...	Das wird **mit Sicherheit** gelingen!
Das kann ich mir nicht leisten. Das ist nichts für mich....	**Natürlich** steht mir das zu!

3. Mit der Zeit werden Sie feststellen, dass die Sache flotter geht, wenn Sie die **negativen Kommentare** gleich von vornherein **weglassen** und statt dessen nur noch nett mit sich sprechen.

Wenn Ihnen also das nächste Mal irgend etwas nicht gelungen ist und Sie hören die innere Stimme in sich sprechen, die an Ihnen herummäkelt (*"das ist wieder typisch, das hab ich wieder total verhaut..."*), dann korrigieren Sie sich einfach und sagen z.B. *"Kein Problem, das kann jedem einmal passieren. Ich mache das gut und alles wird gut ausgehen."* Und am besten ist es, Sie gönnen sich selbst gleich etwas Schönes, gehen auf einen Kaffee, kaufen sich etwas, oder rufen jemand an, mit dem Sie gerne plaudern - sozusagen als Belohnung dafür, dass Sie dem ego eins ausgewischt haben und so richtig nett zu sich waren.

Und exakt das Gleiche sagen Sie zu jemand anderem, dem gerade etwas nicht so gelungen ist, wie er es sich vorgestellt hat. Liebevoll sein, statt schimpfen. Belohnen statt bestrafen.

Setzen Sie sich übrigens auch nicht mit tausend guten Vorsätzen unter Druck! Falls Ihr ego Sie beispielsweise schon mit einem umfassenden Umsetzungsprogramm zu den Empfehlungen dieses Buches stresst, dann haben Sie es jetzt ertappt!!

Sssapp! (Damit meine ich, dass Sie Ihrem ego gerade eins auf die Mütze gegeben haben.)

> Sie müssen **gar nichts** tun! Sie lesen nur ein Buch, das ist alles. Sie haben auch bisher ein erfolgreiches Leben gelebt. Jeder durchlebt Höhen und Tiefen. Das ist ganz normal. Seien Sie ruhig mit sich zufrieden! Wenn Sie etwas umsetzen wollen, dann tun Sie es. Wenn nicht, dann nicht. Was Ihnen gut tut, werden Sie ohnehin von sich aus wiederholen. Was nicht, werden Sie weglassen. Das ist alles. Nur mit der Ruhe. OK?

Sehen Sie, wie entspannend es ist, eine konstruktive innere Stimme zu haben? Genießen Sie, wie gut es tut und wie einfach es ist, sich selber Mut zu machen. Das können Sie jederzeit tun. Sie brauchen dann nicht auf positive Beiträge von anderen zu warten. Sie sind selbstbestimmt. Freuen Sie sich auf eine tolle, neue Beziehung mit sich selbst. Es wird Ihnen gut tun.

6.2. Seien Sie netter zu anderen

Wenn es mit dem Nett-sein zu sich selbst nicht so richtig klappt, oder wenn Sie sich fragen, woher die vernichtenden inneren Kommentare in Ihnen kommen, können Sie davon ausgehen, dass Ihre Einstellung allen Menschen gegenüber nicht wirklich nett ist.

Wir haben mehrmals beschrieben, wie Worte unsere Welt schaffen - egal ob sie nur gedacht oder ausgesprochen werden. Egal ob wir zu uns sprechen, oder zu anderen.

Wenn wir also durch unsere Worte eine Welt kreieren, in der es vorwiegend Unerfreuliches gibt, lenken wir damit automatisch unseren Blickwinkel und unsere Energie auf alles Unerfreuliche. Es ist logisch, dass wir dies dann auch erleben werden. Lenken wir hingegen unsere Energie auf alles Erfreuliche, werden wir erfreuliche Dinge wahrnehmen.

Wir alle haben uns angewöhnt, ein bestimmtes Weltbild zu erleben. Für jeden von uns ist dieses Weltbild seiner Ansicht nach die unumstößliche Wirklichkeit. Ganze Generationen, Völker und Religionsgruppen haben sich seit Menschengedenken gegenseitig niedergemetzelt, in der absoluten Überzeugung, ihre jeweilige Wirklichkeit sei die einzig Richtige und sei daher bis aufs Blut zu verteidigen. Dabei gibt es das nicht! Wir Menschen können überhaupt keine absolute "Wahrheit" erkennen! Wir haben uns nur angewöhnt, bestimmte Gedanken zu denken und die Welt in einer bestimmten Weise zu betrachten. So haben wir alle unsere persönlichen Weltbilder, wobei sich naturgemäß die Weltbilder von Menschen ein- und derselben Gemeinschaft ähneln. Es ist eine Wahrnehmungs-Gewohnheit. Diese Gewohnheit lässt sich ändern. Sie brauchen sich nur dazu zu entscheiden.

→ Wenn es also in Ihrer Welt zu viele Dinge gibt, die Sie unglücklich machen, üben Sie sich darin, **Dinge wahrzunehmen**, die Sie **glücklich** machen.

Die Übung des täglichen Zielefindens und Zieleschreibens ist
immens hilfreich dabei, für sich überhaupt erst einmal heraus-
zufinden, in welcher Welt Sie leben wollen. Welche Werte sind
Ihnen wichtig? Wie möchten Sie sich fühlen? Was würden Sie
gerne erleben? Was macht Ihnen Spaß?

Durch das Beschäftigen mit Ihren Wünschen lenken Sie Ihre
Energie auf genau diese Dinge und - Sie können sich jetzt schon
darauf freuen - Sie werden Sie erleben! Denken Sie an Liebe statt
an Einsamkeit, denken Sie an Gesundheit statt an Krankheit,
denken Sie an Spaß, statt an Ärger - und Ihre Welt wird sich
sukzessive in die gewünschte Richtung wandeln.

Was hat das nun mit unserer inneren Stimme zu tun? Unsere
innere Stimme folgt der Gewohnheit, immer dieselben Gedanken zu wiederholen. Solange Ihr innerer Wortschatz aus uner-
freulichen Dingen besteht, werden Sie Unerfreuliches denken -
und wahrnehmen. Je mehr Sie den Schwerpunkt Ihres Wortschatzes auf Positives verlegen, wird die Stimme zusehends
netter mit Ihnen sprechen.

Die dazugehörige Übung nach außen ist es, genauso positiv
über andere zu sprechen. Es wird ihnen nicht gelingen, zu sich
selbst nett zu sein, solange Sie andere dauernd bekritteln. Und
es wird Ihnen nicht gelingen, nur zu anderen nett zu sein, solange Sie an sich selbst herumnörgeln. Wenn Sie Ihre Aufmerksamkeit z.B. auf die Eigenschaft "Unverlässlichkeit" richten und
bei anderen Menschen Unverlässlichkeit bemängeln, existiert
das Faktum Unverlässlichkeit in Ihrer Welt. Sie werden diese

daher erleben und auch in der Kommunikation sich selbst gegenüber anwenden. Ersetzen Sie dieses Wort durch "Verlässlichkeit" und loben Sie Verlässlichkeit an anderen Menschen, dann erhält die Eigenschaft Verlässlichkeit in Ihrer Welt eine Existenz. Sie werden eine verlässlichere Welt erleben und diese Eigenschaft auch an sich selbst wahrnehmen. Dies gilt für jede beliebige Eigenschaft.

→ Seien Sie **aktiv nett zu anderen** und sprechen Sie positiv mit anderen. **Loben** Sie, machen Sie **Mut** und geben Sie **Kraft**. Lassen Sie negative Kommentare anderen gegenüber er satzlosweg.

Üben Sie sich im Schaffen eines positiven Wortschatzes und einer positiven Wortwahl, indem Sie sagen, was Sie an anderen Menschen schätzen. Damit Sie zu sich selber nett sein können, müssen Sie auch zu anderen nett sein können. Wir können unsere Welt immer nur mit einem Maß messen: Mit dem Maß unserer Wahrnehmung. Diese gilt dann für uns gleich wie für alle anderen. Dadurch ändert sich unsere Welt. Der Satz "Selbstverständlich kannst du das!", den Sie zu jemand anderem sagen, trifft dann genauso für Sie selber zu.

"Selbstverständlich kannst du das!" - "Selbstverständlich kann ich das!"
"Natürlich steht dir das zu!" - "Natürlich steht mir das zu!"

Ändern Sie daher die Gewohnheit, andere zu bekritteln und an ihnen herumzunörgeln. Seien Sie liebevoll, positiv, hilfreich und energiegebend anderen gegenüber. Erwähnen Sie alles Erfreuliche und sparen Sie sich negative Kommentare. Diese werden niemandem fehlen. Ihnen selbst wird diese Übung hingegen eine große Erleichterung bringen: Ihr Wortschatz und Ihr Leben werden um positive Aspekte bereichert und Ihre innere Stimme wird netter zu Ihnen sein.

7. Kommunikationstypen

Der Abschluss dieses Buches ist unserer Kommunikations-typologie gewidmet. Diese Typologie besteht aus 4 Kommuni-kationstypen mit unterschiedlichem Verhalten, die in diesem Schema in ihrer extremen Ausprägung dargestellt sind. Diese Kommunikationstypen unterscheiden sich in ihrer inneren Haltung und in ihrem kommunikativen Energieniveau. Sie stellen also 4 gegensätzliche Charaktere dar, die völlig unterschiedlich agieren. Selbstverständlich sind diese Typen extrem dargestellt - und in Wirklichkeit ist das Verhalten der meisten Menschen nicht so eindeutig zuordenbar, sondern variiert je nach Umfeld und Tagesverfassung. Darum geht es aber auch gar nicht. Die Typologie dient keineswegs dem Zweck, Menschen zu „kategorisieren" und Verhaltensweisen anzuprangern. Ganz im Gegenteil: Sie soll helfen, eigene Verhaltensweisen und Verhaltensweisen anderer Menschen in ihrer Wirkung bewusster wahrzunehmen und Wege aufzuzeigen, wie der Einzelne - egal aus welcher Typen-Ecke kommend - sein Verhalten in Richtung „Freund" entwickeln kann.

Die Typologie hat dabei schon viele Menschen unterstützt. Sie hat schon viel dazu beigetragen, dass sich der eine oder andere "Vampir" oder "Haubentaucher" mit Erstaunen oder Schrecken seines Typs bewusst geworden ist und sich daraufhin schrittweise zum "Freund" entwickelt hat. Oder dass sich Menschen bewusst geworden sind, mit welchen Kommunikationstypen sie leben und arbeiten und dass sie ihre Verhaltensweisen diesen gegenüber drastisch und erfolgreich geändert haben.

Nach welchen Kriterien erfolgt nun die Definition der Typen? Die beiden Kriterien sind die **Expressivität** und die **innere Einstellung** eines Menschen. Die Expressivität kann hoch oder niedrig sein - die innere Einstellung kann positiv oder negativ sein.

Hoch expressiv ist jemand, der sich aktiv mit anderen Menschen befasst. Es kann jemand sein, der andere lobt oder an ihnen herumkritisiert, der andere fördert oder fordert - Kennzeichen von hoher Expressivität ist die kommunikative Beschäftigung mit anderen. Wer kommunikativ aktiv ist, investiert in Trägerfrequenzen oder streitet leidenschaftlich gern - je nach innerer Haltung. Auf jeden Fall befasst er sich mit anderen. Hoch expressive Menschen stecken andere mit ihrer Stimmung und Laune an.

Wenig expressiv ist jemand, der am liebsten nicht mit anderen spricht, schon gar nichts Persönliches. Es können dies durchaus Menschen sein, die in ihrer Freizeit oder im Beruf sehr aktiv sind - nicht aber in der Kommunikation mit Menschen. Sie sind froh, wenn sie niemanden treffen, nirgends auftreten müssen, nie eine Rede halten, in keine Diskussionen verwickelt werden und statt dessen "ihre Ruhe" haben können. Wenig expressive Menschen lassen sich von anderen in ihrer Stimmung beeinflussen.

Eine positive Einstellung hat jemand, der grundsätzlich optimistisch eingestellt ist, der Chancen und Herausforderungen statt Problemen sieht, und sich auf die schönen Dinge im Leben konzentriert. Es ist jemand, der seine Aufmerksamkeit auf das Positive richtet und es daher auch erlebt. Er nimmt sein Leben und die Welt als grundsätzlich gut wahr und freut sich daran.

Eine negative Einstellung bedeutet hingegen, die Dinge eher schwarz zu sehen. Menschen mit einer negativen Grundhaltung rechnen immer mit dem Schlimmsten, vermuten hinter Freundlichkeiten Fallen oder böse Absichten und sehen überall Probleme. Sie konzentrieren sich auf das Negative und erleben es daher auch ständig.

Das Verhalten jedes Menschen kann nun nach diesen Kriterien eingeschätzt und entsprechend dem untenstehenden Schema einem der Typen zugeordnet werden.

		Kommunikatives Energieniveau	
		Niedrig (geringe Expressivität)	Hoch (starke Expressivität)
Einstellung	Positiv	Haubentaucher	Freund
	Negativ	Haubenvampir	Energievampir

Grafik 20: Übersicht über die Kommunikationstypen

Die meisten Menschen zeigen nicht durchgehend die selben Verhaltensweisen. Je nach Situation, Stressbelastung etc. können einem Freund auch manchmal eindeutige Vampirbemerkungen auskommen, während ein Vampir in besonderen Fällen auch einmal etwas Nettes sagen kann. Abgesehen von diesen "Ausrutschern" haben aber die meisten Menschen eine Grundtendenz in ihrem kommunikativen Verhalten, die eine Einordnung in dieses Schema ermöglicht.

7.1. Haubentaucher, Haubenvampir, Energievampir und Freund

7.1.1. Der Haubentaucher

Einstellung positiv, Expressivität niedrig

Der Haubentaucher hat seinen Namen, weil er, kaum möchte man ihn kommunikativ einbinden, oder wäre sein Betrag hilfreich, schwupps - abtaucht und "ward nie mehr gesehen"...

Der Haubentaucher hat zwar grundsätzlich eine positive innere Einstellung. Diese ist aber nicht zu erkennen und kommt daher auch nicht zur Wirkung, weil er kommunikativ am liebsten nichts beiträgt. Sobald er befürchten muss, dass er um seine persönliche Meinung gebeten werden könnte, oder sobald er einen anderen Anlass vermutet, zu dem er eigentlich einschreiten und etwas sagen sollte, "taucht er ab". Wenn es möglich ist, verlässt er unauffällig die Stelle des kommunikativen Schreckens, an der er etwas sagen müsste. Andernfalls macht er sich möglichst klein und unauffällig, blickt weg, tut, als ob er nichts gehört hätte und hält den Mund. Die wenigen Wortmeldungen, die er tatsächlich nicht vermeiden kann, sind üblicherweise rein sachbezogen. Manche Haubentaucher schwingen sich sogar hin und wieder zu ausführlichen Reden auf - allerdings nur zu ihren favorisierten Sachgebieten. Sie können dann über hoch komplexe Fachfragen oder über ihre Spezialhobbys richtig ins Reden kommen. Selten ernten sie damit jedoch große Begeisterung oder verbessern sie ihre Beziehungen, da sie sich ja eisern an Sachthemen halten und möglichst nichts Persönliches von sich geben.

Etwas Nettes, oder gar etwas personenbezogen Nettes zu sagen, ist einem Haubentaucher nämlich zutiefst peinlich. In Trägerfrequenzen zu investieren oder einfach nette Dinge zu anderen zu sagen, erscheint ihm eine absolute Unnotwendigkeit, weshalb er meist weit unter seinen Möglichkeiten dahinfristet. Weder beruflich noch privat lebt er ein Leben, das seinen fachlichen Möglichkeiten und seinen persönlichen Qualitäten auch nur annähernd entsprechen würde.

Haubentaucher können generell passive Menschen sein, die kaum Interessen haben und kaum Energie in irgendetwas investieren. Damit wird ohnehin niemand erfolgreich. Es können aber auch sehr bemühte, hochintelligente, arbeitsorientierte, fleißige, liebevolle Menschen sein, denen einfach das Kommunizieren dermaßen zuwider ist, dass sie niemals zu dem Erfolg und Glück gelangen können, zu dem sie in der Lage wären.

Denken Sie an Eltern, die nie oder viel zu selten sagen, wie sehr sie ihre Kinder lieben. Und an Kinder, die dies ihren Eltern nicht sagen. Und an Partner, die dies ihren Partnern nicht sagen. Die keine Blumen schenken, keine Überraschungen machen und die nicht darüber sprechen, was sie denken und fühlen. Beziehungen mit Haubentauchern sind zermürbend, weil der jeweilige Beziehungspartner so selten hört, dass er geliebt wird und auch sonst wenig über das Seelenleben und die Gedanken seines Partners erfährt. Der Haubentaucher redet einfach am liebsten gar nichts. Er tut vielleicht alles für seine Familie und liebt diese aus tiefstem Herzen - nur sagt er das nicht. Er meint, dies müsste doch aufgrund seines Verhaltens, oder aufgrund einer einmaljährlichen Erklärung ohnehin klar sein. Das ist es aber nicht. Der Haubentaucher versteht dann die Welt nicht mehr, wenn er eines Tages verlassen wird, oder vereinsamt, weil die anderen aufgehört haben, sich um ihn zu bemühen.

Denken Sie an völlig überarbeitete Chefs, die lieber alles selber machen, bevor sie sich dem "kommunikativen Stress" ausliefern, ihren Mitarbeitern zu erklären, was diese zu tun haben. Die ihre Mitarbeiter nie loben, sondern nur das Notwendigste an inhaltlicher Information austauschen. Auch sie werden sich einsam und ausgenützt fühlen, wenn sie völlig überarbeitet und noch dazu nicht einmal besonders beliebt mit Herzbeschwerden oder Magengeschwüren im Krankenhaus landen.

Haubentaucher mögen im Grunde ihrer Seele die nettesten Menschen sein - ob sie da sind, oder nicht, ist jedoch nahezu belanglos. Sie melden sich ohnehin nicht zu Wort. Haubentaucher sehen auch zu oder verschwinden unauffällig, wenn jemand anderem Schaden zugefügt wird. Nie würden Sie eingreifen, um jemand anderem zu helfen. Sie kommen gar nicht auf die Idee, das Lichtschwert zu schwingen - schon der Gedanke daran versetzt sie in Angst und Schrecken.

Kennen Sie das? Eine Gruppe sitzt beisammen, um etwas zu besprechen, oder auch zu feiern. Ein Teilnehmer stört durch negative Beiträge, reißt das Wort ununterbrochen an sich, oder benimmt sich sonstwie daneben und geht allen auf die Nerven. Jeder denkt still für sich: *"Wann hört der denn endlich auf?!"*, oder: *"Ohje, schon wieder der!"* - aber niemand meldet sich zu Wort und sagt dem Störefried seine Meinung. Lauter Haubentaucher! Lassen sich lieber stundenlang quälen, als einmal jemand anderen in seine Grenzen zu verweisen.

Unserer Erfahrung nach ist der Haubentaucher in unterschiedlich starker Ausprägung seiner Eigenschaften - zumindest hier bei uns - der weitaus häufigste Menschentyp. Da er damit allen anderen Haubentauchern so sehr ähnelt, scheint es ihm auch wenig Anlass zu geben, etwas zu verbessern. Er findet sein Verhalten ganz normal. Das Verhalten aktiverer oder expressiverer Menschen ist ihm oft richtiggehend peinlich. Er hält die hohe Energie, die diese ausstrahlen, schwer aus. So zieht er sich am liebsten zurück, um in Ruhe sein unauffälliges Dasein dahinzufristen...

Sie haben sich in dieser Beschreibung wiedererkannt und haben sich selbst gerade als Haubentaucher identifiziert?

Nehmen Sie das nicht allzu tragisch, der weitaus größte Teil der Menschen ist hauptberuflich Haubentaucher. Sie befinden sich also in bester Gesellschaft. Was allerdings nicht heißt, dass diese Gesellschaft ein Vorbild wäre! Im Gegenteil: Sie verschläft ihr Leben! Einmal erkannt, ist die Sache leicht zu ändern. Also los, starten Sie Ihr Aktionsprogramm:

So kann ein Haubentaucher zum Freund werden

Ihre Grundeinstellung zum Leben ist ohnehin positiv. Das ist ja schon einmal eine optimale Voraussetzung. Das Wichtigste für Sie ist ab sofort das Auftauchen.

→ **Melden Sie sich öfter zu Wort!** Was Sie sich denken ist absolut wirkungslos, wenn Sie es nicht sagen. Ihre Wortmeldungen sollten überwiegend positiv oder **positiv personenbezogen** sein. Sagen Sie nette Dinge, geben Sie anderen Kraft, machen Sie anderen Mut, machen Sie Geschenke und Liebeserklärungen und bedanken Sie sich öfter.

Investieren Sie auf diese Weise in die Trägerfrequenzen zu anderen Menschen. Ganz besonders zu jenen, mit denen Sie in häufigem Kontakt stehen.

Nehmen Sie sich täglich eine bestimme Anzahl von positiven Beiträgen vor. Kontrollieren Sie sich selbst. Und lassen Sie sich an Ihre Vorsätze erinnern. Die Technik bietet unterschiedliche Möglichkeiten, sich an etwas erinnern zu lassen. Mobiltelefone, Computer, Uhren.... Sie alle bieten die Möglichkeit, Alarmfunktionen einzustellen, die Sie an Ihre Vorsätze erinnern. Sollten Sie über keines dieser Mittel verfügen, tut es auch der klassische Knopf im Taschentuch.

Wenn es Ihnen Überwindung kostet, sich zu Wort zu melden, rufen Sie sich in Erinnerung, dass Ihr Schweigen allen anderen Gesprächsteilnehmern Energie kostet. Schweigende Gruppenteilnehmer verunsichern die anderen, weil nicht einzuschätzen ist, wie sie zur Sache oder zu den Personen stehen. Während andere Gesprächsteilnehmer Energie in die Situation investieren und für gute Stimmung sorgen, konsumieren Sie dann nur und ziehen den Energie-gebern systematisch Kraft ab. Es ist also nicht energie-neutral, nichts beizutragen. Es ist energiemindernd. Aufgrund Ihrer positiven und konstruktiven Grundeinstellung ist es vermutlich überhaupt nicht Ihre Absicht, andere auf diese Weise zu belasten.

In den seltenen Fällen, in denen es ernst wird und jemand einen anderen bedroht oder Schaden zufügt, raffen Sie sich auf: Tauchen Sie auf und hauen Sie dem "Bösen" eins über die Rübe! Verbal nur, versteht sich. Aber deutlich. Das Lichtschwert ist perfekt dazu geeignet.

Das war das Wichtigste. Im übrigen kann es Ihnen weiterhelfen, wenn Sie auch die Empfehlungen zu den anderen Typen lesen, weil alles dazu beitragen wird, Ihr Verständnis zum Wert von PALES© und allen anderen positiven Wortmeldungen zu erhöhen und sich Schritt für Schritt zu einem wirklichen Freund zu entwickeln. Durch Ihre positive Grundeinstellung brauchen Sie ohnehin nur an Ihrer Expressivität zu arbeiten. Sobald Sie damit beginnen, werden Sie von Ihrer Umwelt mit soviel positiven Rückmeldungen belohnt werden, dass es Ihnen richtig Spaß machen wird. Sie werden daraufhin entsprechend rasche Fortschritte machen.

7.1.2. Der Haubenvampir

Einstellung negativ, Expressivität niedrig

Der Haubenvampir ähnelt in seinem Verhalten dem Haubentaucher. Auch er vermeidet, wann immer es geht, kommunikative Beiträge - was aufgrund seiner negativen Lebenseinstellung ein Glück für alle Beteiligten ist. Auch er "taucht ab", wenn seine Mitmenschen seine Unterstützung brauchen könnten. Auf den ersten Blick sind die beiden also kaum zu unterscheiden. Eine Unterscheidungsmöglichkeit ergibt sich erst dann, wenn der Haubenvampir doch einmal etwas sagt: Dann ist es nämlich negativ, pessimistisch, problemlastig, vernichtend - und gibt damit seine innere Haltung wieder. Haubenvampire haben es schwer im Leben, weil sie erstens kaum in Erscheinung treten und zweitens - wenn sie doch einmal auffallen - dies negativ tun. Die wenigen Beiträge, die sie leisten, ziehen anderen Energie ab und wären daher durchaus verzichtbar.

Sowohl im Berufs- als auch im Privatleben erkennt man Haubenvampire an ihren seltenen, aber vernichtenden Wortmeldungen oder am Lamentieren über die Probleme des Lebens und der Welt - ganz besonders der Welt des Vampirs selber. Es sind Menschen, die Ideen und die Begeisterung anderer durch negative, vernichtende, oft inhaltlich-fachliche Gegenargumente zerstören, bevor diese überhaupt erst richtig ausgesprochen wurden.

Haubenvampire sind nicht beliebt und auch nicht erfolgreich. Wer fühlt sich schon mit einem missmutigen, pessimistischen, grimmig vor sich hinschweigenden und manchmal zubeißenden Menschen wohl?

Für den Haubenvampir selbst ist das oft sehr schlimm. Durch sein Verhalten macht er sich unbeliebt. Dadurch vereinsamt er - und genau dies bestätigt seine negative Weltsicht zu 100%. In seinem Weltbild hat er absolut "Recht", zu schimpfen, zu jammern und pessimistisch zu sein. Er weiß nicht, dass er mit exakt demselben Energieaufwand glücklich sein könnte, wenn er sich auf die schönen Dinge des Lebens konzentrieren und diese - wenigstens hin und wieder - auch aussprechen würde.

Sie haben diese Zeilen mit Schrecken gelesen und befürchten nun, dass Sie sich nicht nur als Haubentaucher, sondern sogar als Haubenvampir einstufen müssen?

Nur keine Aufregung. Vermutlich neigen Sie aufgrund Ihrer generellen Weltsicht dazu, sich negativer zu beurteilen, als Sie tatsächlich von anderen wahrgenommen werden. Wenn Sie sich ändern wollen, werden Sie das auch schaffen. Je intensiver Sie es wollen, desto leichter ist es. Hier die Anleitung dazu:

So kann ein Haubenvampir zum Freund werden

→ Arbeiten Sie an Ihrer **Einstellung**. Sie können sicher sein, dass die Welt unendlich viel schöner ist, als es Ihnen meistens erscheint. Es gilt hierzu alles in diesem Buch über persönliche Weltsicht und das Finden von Zielen Gesagte, wie z.B. im Kapitel über den inneren Dialog und gleich im Folgenden beim Energievampir beschrieben.

→ Verbessern Sie außerdem Ihre **kommunikativen Fähigkeiten**. Alle Empfehlungen dieses Buches werden Sie darin unterstützen. Konzentrieren Sie sich im ersten Schritt auf die Förder-Techniken. Investieren Sie in Trägerfrequenzen, sagen Sie nette Dinge und hören Sie mehr zu. Lesen Sie dazu auch die Hinweise beim Haubentaucher und beim Freund.

Wenn Sie diese Anleitungen befolgen, werden Sie ungeahnte Erfolge erzielen. Sie werden sehen, wie Sie selber und Ihre Umwelt aufblühen. Das wird Sie motivieren, weiterzumachen und Sie werden mit Dankbarkeit an den Tag zurückdenken, an dem Sie ehrlich zu sich selber waren und begonnen haben, sich zu ändern.

7.1.3. Der Energievampir

Einstellung negativ, Expressivität hoch

Energievampire vereinen ihre negative Weltsicht mit hoher Expressivität. Sie reden viel und richten damit viel Schaden an. Sie verbreiten ihren Pessimismus lautstark oder belasten andere durch ständiges Gejammer über ihre immer gleichbleibenden Probleme.

Stell dir vor, was mir heute wieder passiert ist! ... Alles ist so schrecklich! ... Das Leben ist ein einziger Kampf! ... Ich bin schon wieder so depressiv! ...

Mit Vorliebe zerstören sie Wünsche und Ideen anderer durch lautstarke Gegenargumente oder durch klagendes Gejammer.

Das wird sicher nichts! ... Wenn das funktionieren würde, hätte es jemand anderer schon erfunden! ... Tu mir das nicht an! ... Jetzt muss ich mir wieder Sorgen um dich machen! ... Was da passieren kann! ... Was das kostet! ... Das kannst du dir sicher nicht leisten! ... Wer hoch hinaufsteigt, fällt tief hinunter...

Energievampire kämpfen bis zum bitteren Ende um ihr negatives Weltbild. Es ist nicht einmal möglich, ihnen eine Freude zu machen, da sie sich intensiv gegen die Möglichkeit wehren, glücklich zu sein.

Nein, danke, ich brauch' nichts ... Hauptsache, dir geht es gut ...

Sie sind kommunikative Killer, denn sie zerstören Lebensfreude, Ideen und Begeisterung. Dies tun sie üblicherweise unter dem Deckmantel, dass sie es "gut meinen". Oder dass man ja schließlich "auch kritisch sein müsse", statt das Leben durch die"rosarote Brille" zu sehen. Sie verwechseln dabei ihre eigene Destruktivität mit konstruktivem, lösungsorientierten Denken und Handeln. Zweiteres bedeutet, konstruktiv zu sein und Lösungen zu suchen. Vampire suchen hingegen immer Gründe, warum etwas nicht funktionieren könnte. Und sie sind Profis darin, diese immer und bei jedem Thema zu finden.

Energievampire leben davon, dass sie anderen Energie abziehen. Sie gewinnen dadurch ihre Lebenskraft. Wenn sie ihre Gesprächspartner fertig gemacht haben und diese geknickt von dannen ziehen, haben sie einen Sieg davon getragen. Mit neuer Kraft gefüllt stehen sie dann ihrem Opfer wieder zur Seite und trösten es liebevoll.

Ooooch, ist ja nicht so schlimm... Wird schon wieder werden... Jaja, so ist das eben, das ist halt die Realität, aber mach dir nichts draus...

Es gibt Menschen, die absichtlich anderen schaden. Die meisten Energievampire tun dies jedoch gar nicht so bewusst. Sie sind ja überzeugt, dass ihre negative Weltsicht stimmt. Um an diesem Bild festzuhalten, wollen sie - bewusst oder unbewusst - mit allen Mitteln verhindern, dass es anderen besser geht, dass andere erfolgreicher oder glücklicher werden als sie. Dann würde ja ihr Bild nicht stimmen und sie selbst wären erfolglos. Dies lassen sie nicht zu. Sie sehen an jeder Sache die negative Seite und an jeder Idee die Gefahren und Risiken. Sie finden immer Gründe, warum etwas nicht funktionieren wird. Und sie kämpfen mit hohem Einsatz darum, andere Menschen ihres Umfeldes nicht wachsen zu lassen, sondern sie kleiner zu halten, als sie selbst sich fühlen.

Energievampire unterstützen uns dabei, **Verlierer** zu werden. Ein Verlierer ist eine Person, die tendenziell Verhaltensweisen wählt, die ihre Potenziale an der Entfaltung hindern. Energievampire beraten uns dahingehend, dass wir genau solche Verhaltensweisen wählen oder Entscheidungen treffen, die uns unsicher, kraftlos, mutlos - kurz: zu Verlierern macht.

Im Extremfall wird sich ein Energievampir sogar von uns abwenden oder uns verlassen, bevor er zusehen muss, wie wir erfolgreich und glücklich werden, statt auf seine oder ihre Ratschläge zu hören.

Das klingt schlimm und ist es auch - der schlimmste Energievampir in unserem Leben sind jedoch meistens wir selber. Die schon beschriebene innere Stimme, die oft so vernichtend mit uns spricht, wie es sonst kein Mensch wagen würde, erstickt den überwiegenden Teil der Ideen und Gedanken, die uns zu mehr Glück und Erfolg verhelfen könnten, im Keim. Wie Sie den Energievampir in sich selber ruhigstellen, habe ich bereits im Kapitel "Wie der innere Dialog das eigene Leben bestimmt" beschrieben. Dies ist essentiell für Ihr Wohlbefinden, Ihren Erfolg und Ihren Spaß im Leben. Wie Sie mit Vampiren Ihres Umfeldes umgehen, finden Sie am Ende dieses Kapitels beschrieben. Wie sieht es nun aber aus, wenn Sie sich anderen gegenüber selbst als Vampir verhalten?

Sie haben sich gerade selbst als Energievampir entlarvt? Zumindest für Phasen Ihres Lebens?

Wenn Sie sich das überhaupt eingestehen und trotzdem weiterlesen, sind Sie bereits am Weg der Besserung. Nehmen Sie es nicht allzu schlimm. Die meisten Menschen sind manchmal Vampire. Wenn sie gerade müde, ausgelaugt oder unglücklich sind, können sich die positivsten Menschen zu vernichtenden Kommentaren hinreißen lassen. Anderen gegenüber genauso wie sich selbst gegenüber. Vielleicht sind Sie ja nur ein Gelegenheits-Vampir, vielleicht aber auch ein gewohnheitsmäßiger. Wie auch immer, es gelten dieselben Grundsätze:

So kann ein Energievampir zum Freund werden

Wie beim Haubenvampir ist der wichtigste Schritt die Arbeit an sich selbst. Sie brauchen eine positivere Einstellung und konstruktivere Denkgewohnheiten. Überlegen Sie für sich, was Sie in Ihrem Leben erreichen wollen. Klare, hohe und begeisternde Ziele sind die zentrale Voraussetzung für eine positive Grundhaltung.

→ Was sind Ihre **Ziele**? Welche **Werte** sind Ihnen wichtig? Welches Leben würden Sie sich wünschen, was würde Sie so richtig begeistern, wenn alles möglich wäre?!

Denken Sie dabei nicht über das "wie" nach. Fragen Sie sich ausschließlich, wozu Sie wirklich Lust haben. Welchen Job hätten Sie gerne? Womit würden Sie sich am liebsten beschäftigen? Wie sollen Ihre Freundschaften und Beziehungen aussehen und sich anfühlen? Welche Länder wollen Sie bereisen, welche Abenteuer erleben, mit welchen Hobbys würden Sie sich am liebsten beschäftigen? Wieviel Geld hätten Sie gerne und was würden Sie damit anfangen? In welchem Umfeld möchten Sie leben? Wie möchten Sie sich jeden Tag fühlen? Was sind die Werte, für die Sie bis zum letzten Atemzug mit Begeisterung und Überzeugung kämpfen würden? Beschäftigen Sie sich mit diesen Gedanken und lassen Sie positive, zuversichtliche Lebensgefühle aufkommen. Schreiben Sie nieder, was Ihnen wichtig ist - solange, bis Sie sicher sind, was Sie wollen. Erst wenn Sie ein starkes Gefühl der Begeisterung - verbunden mit hoher Energie und dem klaren Wissen, was Sie wollen - spüren, liegen Sie richtig.

Weiters ist es wichtig, Ihre Denkgewohnheiten schrittweise von problemorientiert in Richtung lösungsorientiert umzustellen.

→ Wenn jemand einen Vorschlag macht oder eine Idee hat, dann widerstehen Sie dem Impuls, Gründe zu finden, die dagegen sprechen. Fragen Sie sich statt dessen, was dafür sprechen könnte und sagen Sie das auch.

Achten Sie ab sofort auf Ihre Wortwahl und werden Sie sensibler für alle negativen Kommentare.

→ Konzentrieren Sie sich auf die Kommunikationstechniken zur Unterstützung der Dimension Fördern. Arbeiten Sie an der Verbesserung Ihrer **Trägerfrequenzen** und üben Sie sich intensiv im **Zuhören**. Lassen Sie negative Kommentare schrittweise weg und ersetzen Sie diese durch positive. Üben Sie sich in PALES© .

Dass Sie sehr expresssiv sind, ist für Sie ein Vorteil. Sie müssen nun nur noch Ihre negativen Kommentare streichen und durch konstruktive, lösungsorientierte, energiegebende ersetzen. Und ansonsten mehr und aktiv zuhören. Wenn Sie zuhören, bleibt automatisch wenig Raum für Kommentare. Das erleichtert das Umlernen. Achten Sie auch auf Ihre innere Stimme. Lassen Sie es nicht zu, sich selbst zu schaden.

Ähnlich wie der Haubenvampir werden auch Sie rasante Fortschritte machen, sobald Sie Ihre innere Haltung und den einen oder anderen Ihrer Kommentare zu ändern beginnen. Sie werden sehen, dass Ihre Umwelt geradezu ausgehungert nach positiven Lebenszeichen von Ihnen ist. Sie werden den Tag loben, an dem Sie begonnen haben, sich zu ändern. Lesen Sie gleich das Kapitel über den Freund, um eine starke und positive Vision zu erhalten.

7.1.4. Der Freund

Einstellung positiv, Expressivität hoch

Freunde sind hoch expressive Menschen mit positiver Lebenseinstellung. Sie fördern unsere Potenziale und fordern uns, um unsere Ziele zu verfolgen. Sie sind lösungsorientiert und konstruktiv. Sie geben uns Kraft und Mut und unterstützen uns, wann immer wir Unterstützung brauchen. Wir fühlen uns wohl, geborgen und sicher in ihrer Nähe.

Freunde stehen zu uns und hinter uns. Sie fördern uns und bekräftigen uns darin, unsere Ziele zu verfolgen. Im Ernstfall mischen sie sich auch ein: Sie werden nicht tatenlos zusehen, wenn wir Fehler machen oder Verhaltensweisen wählen, die uns schaden. Sie werden darüber ernst und eindringlich mit uns sprechen.

Wirkliche Freunde sind Menschen, die uns dabei unterstützen, Gewinner zu werden. Unter einem **Gewinner** verstehen wir eine Person, die tendenziell Verhaltensweisen wählt, die ihre Potenziale zur Entfaltung bringen. Freunde beraten uns dahingehend, dass wir genau solche Verhaltensweisen wählen oder Entscheidungen treffen, die uns sicher, stark, mutig - kurz: zu Gewinnern macht. Im Extremfall würden uns Freunde sogar verlassen, bevor sie zusehen, wie wir unser Leben systematisch verpfuschen.

Dies ist ein wichtiger Aspekt am Typ des Freundes und das häufigste Missverständnis, wenn man an einen „Freund" im allgemeinen Sprachgebrauch denkt. Ein Freund im Sinne unserer Typologie wird anderen nicht zusehen, wie sie offensichtlich Fehler machen, oder Wege gehen, die ihnen in Folge schaden können! Das allgemeingültige Verständnis über die Eigenschaften eines Freundes schließt dies ja nicht unbedingt ein, sondern meint eher einen „Jasager", der nicht Stellung bezieht, auch wenn er an uns Verhaltensweisen bemerkt, von denen er findet, dass sie uns selbst oder anderen schaden.

Wer, wenn nicht unsere Freunde, kann uns darauf aufmerksam machen, wenn wir Fehler machen? Und wem, wenn nicht unseren Freunden, können wir diesbezüglich vertrauen? Was hilft uns der beste Freund, wenn er unserem Untergang zusieht, sich seinen Teil dazu denkt, uns diesen aber nie sagt?

Erinnern Sie sich an die Technik des Zuhörens und der Ich-Botschaft? Wir sollen uns aus den Problemen anderer heraushalten, wann immer diese in der Lage sind, sie selbst zu lösen.

Unsere Meinung - als Ich-Botschaft und ohne Druck vorgebracht - kann aber sehr wohl hilfreich sein, weil sie das Blickfeld des anderen erweitert und neue Perspektiven bringt.

Beispiel für das Mitteilen der persönlichen Meinung als Ich-Botschaft, die ein Freund zu den Angelegenheiten eines anderen Freundes hat:

Du weißt ja, ich habe das Ganze nur am Rande mitbekommen. Vielleicht irre ich mich, mein Eindruck ist aber folgender:....

Die Techniken des Lichtschwertes sind dann die richtige Variante, wenn wir die Konsequenzen eines bestimmten Verhaltens ganz klar kommen sehen und diese unserem Partner, unseren Kindern, oder unseren Mitarbeitern verständlich machen wollen.

Lichtschwertformulierungen für Freunde:

Wenn du das nicht änderst, wird folgendes passieren:...
Wenn du dich nicht änderst, wirst du gekündigt werden.
Wenn du dich nicht an die Anweisungen des Arztes hältst, kannst du einen schweren Rückfall bekommen.
Wenn du dieses Verhalten nicht änderst, werde ich mich von dir scheiden lassen.

Ein Freund kündigt Konsequenzen an, die eintreffen werden, oder die er selber treffen wird, weil er damit dem anderen die Chance gibt, etwas zu ändern, um diese Konsequenzen zu verhindern. Werden die Konsequenzen nicht klar angekündigt, ist das nicht freundschaftlich, nicht liebevoll und nicht nett. Es ist konfliktscheu und feige. Freunde haben Mut und sagen uns das, was sie sich über uns und unser Verhalten denken. Sie mischen sich dadurch nicht in unsere Angelegenheiten ein. Was wir tun und wie wir uns entscheiden, bleibt ja immer noch uns selbst überlassen. Freunde sehen nicht tatenlos zu, wie wir unser Schiff in den Untergang steuern. Sie verhelfen uns zu einer erweiterten Informationsbasis, aufgrund derer wir unsere Entscheidungen besser treffen können.

Sie schätzen sich in Ihrem Verhalten als Freund ein - zumindest für Phasen Ihres Lebens?

Wundervoll! Ihr Umfeld kann sich glücklich schätzen! Wahrscheinlich setzen Sie die Empfehlungen dieses Buches ohnehin um, weil Sie generell davon ausgehen, dass es sinnvoll ist, Neues zu testen. Am besten werden Sie wirksam, wenn Sie die Techniken des Forderns und des Förderns in möglichst ausgeglichenem Ausmaß einsetzen. Auch als Freund laufen Sie Gefahr, eine dieser beiden Dimensionen besonders zu forcieren und damit die andere zu vernachlässigen. Achten Sie auch darauf, von Ihrer Umgebung positive Beiträge und Kraft einzufordern, um emotionell nicht auszubrennen.

Durch Ihre positive Grundeinstellung und Ihre hohe Expressivität bringen Sie die besten Voraussetzungen mit, in der Fordern-Fördern-Matrix eine ausgewogene Einstellung auf der Ideallinie weit rechts oben zu verwirklichen. Dies sind die idealen Faktoren für Erfolg und Wohlstand in jeder Beziehung, beruflich wie privat.

Sie entsprechen damit dem "Ideal-Typ" unserer Kommunikationstypologie. Wunderbar! Genießen Sie es!

7.2. Umgang mit Haubentauchern, Haubenvampiren und Energievampiren

Wir haben uns nun mit der Frage beschäftigt, was Sie tun können, um sich schrittweise immer mehr zum Freund zu entwickeln. Wie können Sie sich aber verhalten, wenn Sie es mit Haubentauchern, Haubenvampiren und Energievampiren zu tun haben? Wie können Sie mit diesen umgehen? Was können Sie tun, wenn diese negativ auf Sie und auf andere wirken?

Zuerst einmal ist es wichtig, die verschiedenen Typen als solche zu erkennen. Wie schon gesagt, existieren sie meist nicht in der hier beschriebenen extremen Form. Hinweise für eine bestimmte Grundtendenz sind aber immer zu erkennen. Sehr häufig vereint jedoch ein- und derselbe Mensch Verhaltensweisen mehrerer Typen.

Umgang mit dem Haubentaucher

Haubentaucher sind ja grundsätzlich friedliche, konstruktive Menschen, die jedoch wenig oder nichts für andere beitragen. Dies hat sehr oft den Effekt, dass sich ihr Umfeld nicht beachtet und geliebt fühlt und sehr unter diesem vermeintlichen Liebesentzug leidet. In privaten Beziehungen ist dies somit zum Schaden der Familie und der Freunde des Haubentauchers. In beruflichen Beziehungen ist es zum Schaden seiner Kollegen und Kunden - und außerdem zu seinem eigenen Schaden, da er sich weit unter seinem Wert verkauft. Immer schadet dieses Verhalten auch dem Haubentaucher selbst. Er fühlt sich missverstanden und ungerecht behandelt. Er versteht nicht, was die anderen dauernd an ihm bemängeln, wo er doch so ein netter Mensch ist und sich so bemüht.

→ Wenn Sie einen Haubentaucher zum Auftauchen bringen wollen, müssen Sie ihm den "**Schnorchel zuhalten**".

Das heißt, um einen Haubentaucher aus seiner kommunikativen Reserve zu locken, müssen Sie ihm Druck machen. Alle Forder-Techniken sind dazu bestens geeignet. Da Haubentaucher verzweifelt versuchen werden, unter Wasser zu bleiben, werden Sie erfahrungsgemäß auch das Lichtschwert benötigen. Der Haubentaucher muss verstehen, dass es ernst ist und dass er weder in seinen Beziehungen, noch in seinem Beruf Erfolg haben wird, wenn er nicht kommuniziert. Scheuen Sie sich nicht, das Lichtschwert einzusetzen.

Beispiel für eine Lichtschwert-Botschaft an einen Haubentaucher-Kollegen:

Wenn Sie nicht lernen, mehr mit Ihren Kollegen und Chefs zu kommunizieren, werden Sie beruflich nicht weiterkommen und vielleicht sogar diese Stelle verlieren.

Beispiel für eine Lichtschwert-Botschaft an einen Haubentaucher-Partner:

Wenn du nicht anfängst, dich mir gegenüber deutlich liebevoller zu verhalten, wird unsere ganze Familie darunter leiden und vielleicht werde ich dich deshalb sogar verlassen.

Bemitleiden Sie Ihren Haubentaucher nicht, wenn Sie ihn kurzfristig stressen. Nur so hat er eine Lernchance. Ohne Druck wird er mit Sicherheit unter Wasser bleiben und sein gesamtes Leben lang weit unter seinen Möglichkeiten dahintauchen.

Umgang mit dem Haubenvampir

Der Umgang mit dem Haubenvampir ist ähnlich wie der mit dem Haubentaucher. Auch ihm müssen Sie den **Schnorchel zuhalten**, damit er überhaupt aus der Reserve kommt. Zusätzlich dazu braucht er die klare Information, dass er seine negativen Kommentare durch Positive ersetzen muss. Ihm muss genauso das **Lichtschwert** angesetzt werden mit einer klaren Forderung, was Sie wünschen, was Sie ablehnen und welche Konsequenzen es haben wird, wenn er sich an diese Wünsche nicht hält.

Nur zu. Fassen Sie Mut. Sie üben sich damit im Fordern und Ihr Haubenvampir erhält eine enorme Lernchance, durch deren Hilfe er - wie sein gesamtes Umfeld - zu einem unvergleichlich schöneren Leben gelangen kann.

Reagiert der Haubenvampir nicht und leiden Sie unter seiner negativen Art, dann treffen Sie Ihre Konsequenzen oder vermeiden Sie den Kontakt mit ihm. Der beste Sender kann nichts ausrichten, wenn der Empfänger die Botschaft nicht hören will. Es ist schade um Ihre Lebensqualität und Lebenszeit, wenn Sie sich mit Vampiren herumschlagen.

Umgang mit dem Energievampir

Energievampire sind eine hohe Belastung für Ihr Umfeld, weil sie gnadenlos Energie, Begeisterung und Lebensfreude absaugen, wo immer sie welche wittern. Sie ernähren sich davon. Für den Umgang mit dem Energievampir haben wir zwei Empfehlungen:

→ **Wehren** Sie sich klar und eindeutig gegen seine energie-raubenden Wortmeldungen. Lassen Sie sich nicht ausnüt-zen und ausrauben. Schwingen Sie das Lichtschwert und setzen Sie Grenzen und Konsequenzen.

Beispiele für Lichtschwert-Botschaften an Energievampire:

Ich möchte nicht, dass du so mit mir sprichst.
Du motivierst mich nicht, sondern du nimmst mir Kraft. Ich möchte so etwas nie wieder hören.
Hör' sofort auf, so mit mir zu sprechen.
Diese Wortmeldung ist ausschließlich negativ und persönlich beleidigend. Ich möchte so etwas nie wieder von Ihnen hören.
Wenn das so weitergeht, dass du nur über deine Probleme jammerst und mir überhaupt nicht zuhörst, dann möchte ich dich nicht mehr treffen.

→ **Vermeiden** Sie den **Kontakt** zu Energievampiren.

Dies ist oft nicht einfach, besonders wenn Energievampire innerhalb der eigenen Familie leben. Vielleicht können Sie zu-mindest den Kontakt einschränken. Heben Sie das Telefon nicht ab, wenn Sie wissen, dass ein Vampir dran ist. Treffen Sie sich nicht mit Vampiren. Wenn Sie dem Vampir eine Chance geben wollen, etwas zu lernen und sich zu verändern, können Sie ihm sagen, weshalb Sie ihn oder sie nicht mehr treffen wollen. Sie müssen dies aber nicht tun. Wenn Sie keine Lust dazu haben, nehmen Sie die nächstbeste Ausrede. Sie müssen nicht immer nett sein - ganz besonders nicht zu Leuten, die zu Ihnen nicht nett sind. Wenn Sie oft genug "keine Zeit" haben, werden sich die Vampire ohnehin beleidigt zurückziehen und Sie können sich freuen: Sie sind sie los!

Suchen Sie sich statt dessen Freunde, die Sie motivieren und die für Sie da sind. Es gibt sie! Wenn wirkliche Freundschaften zu Ihren Zielen zählen, werden Sie diese auch finden. Sie sind nicht auf Menschen angewiesen, die Sie schwächen und sich schlecht fühlen lassen. Sie verdienen sich Freunde, die wirklich für Sie da sind. Und die gibt es.

Im Berufsleben können Sie sich - je nach Ihrer Position - Ihre Kollegen nicht oder nur beschränkt aussuchen. Sie können hier Energievampiren auch nur beschränkt ausweichen. Tun Sie das eben, soweit es möglich ist und suchen Sie den Kontakt zu konstruktiven, netten Kollegen.

Sobald Ihnen klar ist, woran Sie wirkliche Freunde erkennen können, wird es leicht für Sie sein, Freunde zu finden. Und je mehr Sie selbst sich zum Freund entwickeln, und je mehr Sie sich mit wirklichen Freunden umgeben, desto schöner, entspannter, bereichernder und erfüllter wird Ihr Leben werden. Ungeahnte Möglichkeiten werden sich auftun, wundervolle Erlebensbereiche werden sich Ihnen erschließen. Genießen Sie Ihr Leben in vollen Zügen! Viel Spaß!

SCHLUSSWORT

Damit sind wir am Ende dieses Buches angelangt. Schön, dass Sie bis zum Schluss mit dabei waren! Dr. Winterheller und ich haben in diesen beiden Büchern unser Wissen zum Thema Kommunikation aus unserer bisherigen Berufs- und Lebenserfahrung zusammengefasst. Wir haben uns zum Ziel gesetzt, dies möglichst klar, verständlich und umsetzungsorientiert niederzuschreiben.

Mein persönliches Ziel war es, Ihnen mit diesem Praxisbuch eine Unterlage zur Verfügung zu stellen, mit deren Hilfe Sie auf einfache und möglichst effektive Weise jene Bereiche in Ihrer Kommunikation und in Ihrem Leben verbessern können, mit denen Sie noch nicht zufrieden sind.

Ich weiß mit absoluter Sicherheit, dass diese Dinge funktionieren. Das heißt übrigens nicht, dass ich sie deswegen selbst perfekt beherrschen würde. Im Gegenteil. Ich kenne überhaupt niemanden, der das perfekt beherrscht. Das ist auch gar nicht notwendig. Es geht darum, die Dinge zu tun, zu verbessern, zu üben und schrittweise zu einem erfolgreicheren Kommunikationsverhalten zu gelangen. Es geht darum, sich besser zu fühlen und in zunehmendem Ausmaß das zu erreichen, was wir bezwecken. Wann immer Sie etwas davon anwenden, werden Sie Wirkungen erzielen. Beobachten Sie einfach die Ursache-Wirkungs-Zusammenhänge. Sie werden sehen, es funktioniert! Was wir tun, erzielt immer Wirkungen. Je bewusster und gezielter wir agieren, desto besser gelingt, was wir bezwecken.

Ich wünsche Ihnen bei der Umsetzung unserer Empfehlungen viel Erfolg und viel Freude! Jede Anregung, die Sie umsetzen, wird entsprechende Effekte erzielen. Das ist das Wesentliche. Vielleicht bedarf es ein paar Übungseinheiten. Wie beim Schifahren. Vielleicht funktioniert es auch sofort. Jede Spur einer Veränderung Ihres Bewusstseins, Ihrer inneren Haltung und Ihrer kommunikativen Fähigkeiten in die Richtung, wie wir sie hier beschrieben haben, wird eine wundervolle, bereichernde Verbesserung Ihrer Lebensqualität darstellen. Und es wird die Lebensqualität der Menschen beeinflussen, die mit Ihnen zu tun haben. Es ist so wohltuend und so einfach.

Nun ist es an der Zeit, mich von Ihnen zu verabschieden. Dies war mein erstes Buch und es hat mir großen Spaß gemacht, es zu schreiben. Aus einem leeren Bildschirmdokument sind über 300 Seiten geworden, in denen ich - unbekannterweise - mit Ihnen kommuniziert habe. Ich kenne Sie persönlich nicht, aber ich habe in diesen Monaten des Schreibens einen intensiven "einseitigen Dialog" mit Ihnen geführt. Er wird mir richtig fehlen, sobald dieses Buch in Druck geht.

Es würde mich freuen, wenn Ihnen das Buch gefallen hat. Und besonders, wenn Sie von den Dingen, die ich für Sie geschrieben habe, wirklich profitieren können. Das wünsche ich Ihnen jedenfalls von Herzen.

Ihre
Claudia Jiménez Arboleda

PS: Wenn Sie Fragen, Wünsche oder Anregungen haben, oder mir einfach schreiben wollen, können Sie dies unter office@jimeneztraining.com tun. Ich freue mich, von Ihnen zu hören!

DANKSAGUNGEN ...

... zur ersten Auflage „Wie Sie Berge versetzen", 2003

Mein größter Dank gilt meinem Chef, Coach und Mentor, Dr. Manfred Winterheller, der die Basis für alles gelegt hat, was ich in Sachen Kommunikation gelernt habe und Ihnen nun mit diesem Buch weitergebe. Diese Kommunikations-Lehre ist die Grundlage unseres unternehmerischen Agierens und Zusammenlebens und ich habe das Glück, sie sowohl im täglichen Berufsleben in ihrer Praxis zu erleben, als auch in meinem Beruf als Trainerin an andere weiterzugeben. Ich danke, dass ich die Chance erhalten habe, am Projekt „Kommunikationsbuch" mitzuwirken und letztlich das gesamte Praxisbuch zu schreiben. Ich danke für die wirklich faszinierende Zusammenarbeit, in der wir in stundenlangen Diskussionen das, was wir leben bzw. was das Ziel unseres Tuns ist, systematisch herausgearbeitet haben, um es als umfassendes Werk an andere weiterzugeben.

Mein Dank gilt weiters meinen Freunden, durch die und mit denen ich so viel lernen konnte, allen voraus Irmi Weinhandl, meiner Freundin und Chefin, die mir in Sachen Fordern und Fördern ein großes Vorbild ist.

Danken möchte ich auch meinen Trainings- und Seminarteilnehmern. Durch die intensive Arbeit mit ihnen allen habe ich im Laufe der Jahre die Systematik in der Erklärung sämtlicher Kommunikationstechniken zu dem entwickelt, was Sie nun in diesem Buch lesen können. Systematik, Struktur und Beispiele wurden auf diese Weise unzählige Male getestet und immer weiter ausgefeilt.

Ich danke allen Korrekturlesern und allen anderen Freunden, die durch ihre Fragen und Anregungen ihre Beiträge zur Verständlichkeit dieses Buches geleistet haben.

Ganz besonders danke ich Alonso, der mich in meiner Arbeit unterstützt und fördert und mir alle Freiräume gewährt, die ich benötige, um diese zu tun. Und der dieses Buch durch seine Darstellungen und Layout in gewohnt liebevoller Weise zu dem gestaltet hat, was Sie nun in Händen halten.

Von ganzen Herzen danke ich auch meinen Kindern Laura und Maximiliano, die meine fast ununterbrochene Schreibtätigkeit der letzten 6 Monate voller Selbstverständnis akzeptiert haben und während der gesamten Sommerferien - auch ohne mein Mitwirken - herrlich viel Spaß hatten.

DANKE!   Graz, im September 2003

QUELLENHINWEISE

Winterheller, Manfred, Wenn die Berge sich hinwegheben. Die außergewöhnlichen Wirkungen der Kommunikation nach der WINTERHELLER methode©, Verlag Dr. Manfred Winterheller, Graz, 2003.

Winterheller, Manfred, start living! Das 6 Wochen Training. Eine außergewöhnliche Anleitung, zu sich selbst zu finden. Verlag Dr. Manfred Winterheller, 8. Auflage, Graz, 2003.

Gordon, Thomas, Die Managerkonferenz, Heyne Sachbuch, 1989

Gordon, Thomas, Zaiss, Carl D., Das Verkäuferseminar. Psychologie des effektiven Verkaufens, Heyne, 1999

Friedmann, Riggio, Effect of individual differences in nonverbal expressivness on transmission of emotion in Journal of Nonverbal Behavior 6(2), 1981

Friedmann et mult alt, Understanding and assessing nonverbal expressivness: the affective communications test in Journal of Personality and Social Psychology Vol. 39, Nr 2, 1980

ZUSAMMENFASSUNG DER ÜBUNGEN ZU DEN KOMMUNIKATIONSTECHNIKEN

Trägerfrequenz Übung 1: Sagen Sie positive Dinge. Und das möglichst oft am Tag.

Seite 86

Trägerfrequenz Übung 2: Nehmen Sie sich vor, jeden Tag mindestens einen PALES -Beitrag zu leisten. Kontrollieren Sie die Erfüllung Ihres Ziels. Sobald es Ihnen leicht fällt, erhöhen Sie die Planzahl.

Seite 94

Übung Ich-Botschaft: Üben Sie sich darin, über sich selbst zu sprechen, wenn Sie sich selbst meinen. Wann immer Sie Ihre Meinung, Ihre Eindrücke oder Gefühle schildern möchten, verwenden Sie Ich-Botschaften. Sagen Sie "ich" statt "man" und vermeiden Sie Urteile und Du-Botschaften. Schildern Sie statt dessen Ihre ganz persönliche Sichtweise.

Seite 110

Übung Ich-Botschaft oder Du-Botschaft: Lernen Sie zu unterscheiden, in welchen Fällen eine Ich-Botschaft und in welchen Fällen eine Du-Botschaft die dem Zweck der Botschaft entsprechende Form ist und handeln Sie danach.

Seite 115

Übung energiestarke Kommunikation: Achten Sie auf Ihre Wortwahl und auf die Wortwahl anderer. Welche Worte schwächen oder schränken das Gesagte ein? Welche geben Kraft und Zuversicht? Üben Sie sich darin, Abwertungsbemerkungen durch starke, kraftgebende Worte zu ersetzen. Vermeiden Sie Abwertungsgesten und gewöhnen Sie sich statt dessen ein ruhigeres und zugleich energievolleres Auftreten an.

Seite 117

Übung Kraft geben in schwierigen Situationen: Einstiegsübung: Lassen Sie einmal am Tag einen negativen Kommentar über eine negative Situation weg. Übung: Sagen Sie in negativen Situationen etwas Positives, stark Kraftgebendes.

Seite 123

Zuhören Übung 1: Üben Sie, generell besser zuzuhören. Nehmen Sie sich vor, einmal am Tag jemand anderen mit Ruhe, Zeit und Aufmerksamkeit aktiv zuzuhören.

Seite 157

Zuhören Übung 2: Lernen Sie, Situationen, in denen Sie Empfänger sind, nach dem oben dargestellten Kriterium Ihrer Beteiligung zu unterscheiden und dementsprechend zu handeln.

Seite 157

Übung erweitertes aktives Zuhören: Üben Sie das erweiterte aktive Zuhören mit den Techniken des Türöffners, des Ansprechens der Gefühle/der Trägerfrequenz und mit Paraphrasieren. Üben Sie dies vor allem in entspannten Situationen. Wenden Sie es an, wenn Ihr Gesprächspartner ein Problem hat.

Seite 194

Übung Senden: Drücken Sie sich klar, verständlich, positiv und energiestark aus. Fassen Sie jene Faktoren in Worte, die erstrebenswert sind, die motivieren, die Kraft geben und die lösungsorientiert sind. Vermeiden Sie negative, schwächende und problemorientierte Formulierungen.

Vermeiden Sie Symbole. Beschreiben Sie statt dessen den Sachinhalt Ihrer Botschaft möglichst klar. Am besten verständlich sind Sie, wenn Sie auch Ihr Gefühl zu dieser Sache in Worte fassen.

Seite 207

Übung Feedback: Üben Sie sich in der Feedbacktechnik, wenn Sie möchten, dass Ihr Gesprächspartner ein Verhalten ändert. Investieren Sie in die Trägerfrequenz, schildern Sie klar und vorwurfslos, was Sie stört und schildern Sie die inhaltlichen und emotionalen Folgen dieses Verhaltens für sich. Schlagen Sie keine Lösung vor und kündigen Sie keine Konsequenzen an.

Seite 229

Übung Lichtschwert Stufe 1: Setzen Sie klare Grenzen, indem Sie öfter das tun, was Ihnen ein Anliegen ist und das ablehnen, was Sie nicht wollen.

Seite 239

Übung Lichtschwert Stufe 2: Üben Sie das Lichtschwert in entspannten Situationen, wenn Sie möchten, dass Ihr Gesprächspartner ein Verhalten ändert. Investieren Sie in die Trägerfrequenz, schildern Sie, was Sie stört und warum Sie das stört. Kündigen Sie eindeutige Konsequenzen an, falls Ihr Gesprächspartner zu keiner Verhaltensänderung bereit ist und ziehen Sie diese durch.

Seite 250

Übung Lichtschwert Stufe 3: Setzen Sie das Lichtschwert in gespannten Situationen ein, in denen jemand Sie oder andere stört, belästigt oder Schaden anrichtet. Intervenieren Sie in Akutsituationen und setzen Sie klare Grenzen. Sagen Sie, was Sie stört, erteilen Sie Anweisungen, was zu tun ist und kündigen Sie Konsequenzen an oder treffen Sie diese sofort.

Seite 255

GRAFIKVERZEICHNIS

Sie erreichen die Autorin unter:

Jimeneztraining
Kommunikationstrainings,
Seminare, Coaching, Beratung
Telefon: +43/676/5103433
office@jimeneztraining.com

www.jimeneztraining.com

Wenn Sie mehr wissen wollen...

Schreiben Sie uns,
- wenn Sie Mut brauchen,
- wenn Sie Erfolge zu berichten haben,
- wenn Sie die Kommunikation nach der
  WINTERHELLER methode© live erleben wollen,
- wenn Sie Fragen/Wünsche/Anregungen haben.

an: office@start-living.com
oder: WINTERHELLER management
Radetzkystraße 6/5, A-8010 Graz
Telefon: +43/316/8010-680
Fax. +43/316/711557
www.start-living.com

In diesem Verlag sind bisher erschienen:

Wenn die Berge sich hinwegheben
Kommunikation nach der
WINTERHELLER methode©

Dr. Manfred Winterheller
EUR 19,90
ISBN 3-902148-02-0

start living 1
Das 6 Wochen Training
Dr. Manfred Winterheller
EUR 15,90
ISBN 3-902148-00-4

start living 2
...die zweiten 6 Wochen
Dr. Manfred Winterheller
EUR 15,90
ISBN 3-902148-12-8

start living für Jugendliche
Dr. Manfred Winterheller
2 CDs
EUR 14,90
ISBN 3-902148-11-X

Über die Wirksamkeit
ausbleibender Ratschläge
Gespräch mit Manfred Winterheller
Teil 1
Dr. Manfred Winterheller
1 CD
EUR 14,90
ISBN 3-902148-10-1

Winterheller LIVE CDs aus dem Vortragszyklus von Dr. Manfred Winterheller

Teil 1: Endlich leben! statt überleben

Dr. Manfred Winterheller
4 CDs + Booklet (193:75 Min.)
EUR 34,90
ISBN 3-902148-04-7

Teil 2: Erfolgreich sein! statt recht haben

Dr. Manfred Winterheller
4 CDs + Booklet (166:91 Min.)
EUR 34,90
ISBN 3-902148-05-5

Teil 3: Beharrlich sein! statt keine Fehler machen

Dr. Manfred Winterheller
4 CDs + Booklet (166:85 Min.)
EUR 34,90
ISBN 3-902148-06-3

Dr. Manfred Winterheller LIVE in Graz

Dr. Manfred Winterheller
1 CD + Booklet (41:56 Min.)
EUR 9,90
ISBN 3-902148-07-1

Erschienen im Verlag Dr. Manfred Winterheller
Bestellen online unter www.start-living.com